HEYNE
BÜCHER

ESOTERISCHES
WISSEN

# GNOSIS

## Texte des geheimen Christentums

*Herausgegeben von*
*Hans Christian Meiser*

*Originalausgabe*

WILHELM HEYNE VERLAG
MÜNCHEN

HEYNE ESOTERISCHES WISSEN
Herausgegeben von Michael Görden
08/9637

# Inhalt

# Vorwort

Das vorliegende Buch über die Gnosis stellt maßgebliche Texte jener religiös-philosophischen Richtung vor, die von etwa 200 v. Chr. bis ca. 200 n. Chr. das Denken von Theologen und Philosophen der alten Welt entscheidend beeinflußte. Die Einleitung von Hans Leisegang gibt einen umfassenden Überblick über die Thematik und die Quellenlage der Gnosis. Daß wir uns heute mit dem so dunklen und geheimen Wissen der frühchristlichen Epoche beschäftigen können, ist dem Philosophen Wolfgang Schultz zu verdanken. Denn dieser Gelehrte (1881 Wien – 1936 München) war es, der die Eigenart des mystischen Denkens und die philosophische Erkenntnis der Gnosis zum erstenmal fast vollständig zusammentrug und in seiner Übersetzung der Öffentlichkeit zugänglich machte. Sein großes Werk hieß »Dokumente der Gnosis« und erschien 1910 bei Eugen Diederichs, Jena. Der Verleger Axel Matthes veröffentlichte dieses Buch 76 Jahre später erneut und bereicherte es mit Aufsätzen von Georges Bataille, Henri-Charles Puech und Wolfgang Schultz selbst. Das hier vorgelegte Werk stellt ein Exzerpt jener »Dokumente der Gnosis« dar. Leider konnte Wolfgang Schultz den aufsehenerregenden Handschriftenfund bei Nag Hammadi in Oberägypten nicht mehr erleben, als 1945/46 am Fuß des Gebel et-Tarif dreizehn Papyrusbücher entdeckt wurden – Originalschriften der koptischen Gnostiker. Wer sich zusätzlich mit diesen Texten beschäftigen will, der sei auf den zweiten Band der großen Artemis-Ausgabe »Die Gnosis« verwiesen (s. Bibliographische Notiz).

Daß die Texte der Gnostiker heute wieder von allgemeinem Interesse sind, ist nicht nur auf die Bedeutung jenes »Geheimwissens«, sondern auch auf die Besinnung auf die Ursprünge des Christentums zurückzuführen. Der Leser wird also bei der Beschäftigung mit dem vermittelten Wort etwas entdecken, das zwar in seinem Original fast zweitausend Jahre lang vergessen war, ohne das jedoch eine Vielzahl heutiger Denk- und Glaubensrichtungen nicht möglich wäre. Das liegt daran, daß diese Systeme von der hellenisch-jüdisch-christlichen Tradition leben, die sich ihrerseits auf die Gnosis stützt. Da es kirchlich-gläubige und nicht kirchliche Gnostiker zugleich gibt, vereint die Gnosis altorientalische Philosophie, jüdische Theologie und alexandrinische Mystik. Heute wird gnostisches Gedankengut – wenn auch in großer Abwandlung – von der Gnostisch-Katholischen Kirche gelehrt, die eine Tochterorganisation des Orientalischen Templerordens mit Sitz in Zürich ist. Ihr Ziel ist es, »das reine Urchristentum in unserer Zeit und in zeitgemäßer Form wiederherzustellen. Sie will die unverfälschte Heilsbotschaft des wahren Christus, des Gesalbten, verkünden und die geheimen Heilswunder des Sakraments der Eucharistie enthüllen und zugänglich machen«.

Alle gnostischen Kirchen unserer Tage, wie z. B. die Gnostisch-Apostolinische Kirche, stehen zu den herkömmlichen Kirchen in großem Widerspruch. Sie stehen deshalb im öffentlichen Ansehen auch eher den Geheimbünden und Sekten nahe.

Aus welcher Tradition auch immer aber die gnostischen Richtungen entsprungen sein mögen, alle sind von dem Gedanken getragen, daß »Vollendung und Heil des Menschen in seiner Selbsterkenntnis« liegt. Daher stammt auch das Wort »Gnosis« selbst, denn es bedeutet nichts anderes als »Selbsterkenntnis«. Nicht umsonst also verkündet die Inschrift des Apollotempels zu Delphi: »Gnothi seauton« – »Erkenne Dich selbst«.

# Einleitung

# Hans Leisegang:
# Begriff und Ursprung der Gnosis

Gnosis ist Erkenntnis des Übersinnlichen, das in und hinter der durch die Sinne des Körpers wahrnehmbaren Welt »in ewigem Geheimnis unsichtbar sichtbar« als treibende Kraft alles Geschehens angenommen wird. In einem gnostischen Fragment wird als Wesen der Gnosis angegeben die »Erkenntnis, wer wir sind und was wir geworden sind; woher wir stammen und wohin wir geraten; wohin wir eilen und wovon wir erlöst sind; was es mit unserer Geburt, was es mit unserer Wiedergeburt auf sich hat«.[1] Und an anderer Stelle heißt es: »Anfang der Vollendung ist die Erkenntnis des Menschen; Gottes Erkenntnis ist die vollständig erreichte Vollendung.«[2] Das Übersinnliche selbst aber wird als ein System von Ideen gedacht, die zugleich kosmische Kräfte sind und als persönliche, göttliche Wesen, als Dämonen, Geister, Engel oder als Gestalten der heidnischen und christlichen Mythen vorgestellt wurden, die das Schicksal der Welt und des Menschen in ihren Händen tragen. Die Erkenntnis der Überwelt vollzieht sich durch das Zusammentreffen eines von der sinnlichen und eines anderen von der übersinnlichen Natur ausgehenden Aktes. Durch Pflege des auf die geistigen Wesenheiten gerichteten Denkens, das sich bis zur Ekstase steigern, und eines durchgeistigten Lebenswandels, der bis zur Askese führen kann, reckt sich der Mensch der Welt des Geistes entgegen. Sie aber neigt sich in der Offenbarung zu

1) Clemens Alexandrinus: Excerpta ex Theod. 78, 2.
2) Hippolytos, Elenchos V 6, 6.

ihm nieder und läßt sich erschauen, sobald die Vorbedingungen hierzu vollständig vorhanden sind. Solche Erkenntnis wurde in der Antike zu allen Zeiten gesucht und gepflegt: im primitiven Zauber, in gelehrter Magie und Dämonenbeschwörung, in der enthusiastischen Mantik, im Mysterienkult und der sich an ihn anschließenden religiösen Spekulation, vor allem aber in verfeinerter Form in der auf die Erforschung der den Kosmos und das Menschenleben beherrschenden geistigen Kräfte gerichteten Philosophie. Insbesondere wurden die Mythen und Kulte in den Kreis gnostischen Spekulierens gezogen. Hinter ihnen ahnte man tiefste, auf uralte Offenbarung zurückgehende Weisheit, die sich dem Verständnis des Eingeweihten wieder erschließen mußte, wenn er nur den rechten Weg zu ihr fand. Dieser rechte Weg selbst wird schon als Gnosis bezeichnet. So spricht im Hymnus der Naassener der Erlöser:

»Und den verborgenen, heil'gen Weg,
der Gnosis heißet, tu' ich kund.«[3]

Als sich vor dem Griechen die weite Welt des Orients öffnete, als er die kolossalen Bauten Ägyptens und Babylons sah, die von einer Jahrtausende alten Kultur erzählten, der gegenüber er sich selbst jung und kindlich vorkam, suchte er in den religiösen Schöpfungen dieser alten Völker nach der Urweisheit ebenso wie in seinen eigenen Mythen und Sagen. Keine orientalische Religion, die in den Gesichtskreis der Griechen trat, entging dem Schicksal, mit den Mitteln griechischer Methode in eine tiefsinnige Mysterienweisheit umgedeutet zu werden. Auch das Alte Testament wurde in demselben Sinne von hellenistischen Juden in Alexandreia ausgelegt, während Palästina sich in den verzweifelten Kämpfen der Makkabäerzeit gegen den griechischen Einfluß wehrte und die Religion der Väter rein zu erhalten suchte.

3) Hippolytos, Elenchos V 10, 2.

Was sich hier innerhalb des Judentums vollzog, sollte sich alsbald in den christlichen Gemeinden wiederholen.

Die christlichen Evangelien, die in der hellenistischen Welt in griechischer Sprache erschienen, waren alle mehr oder weniger von gnostischen Motiven erfüllt oder durchsetzt. Der Apostel Paulus lebte im Weltbild der Gnosis und dachte in ihren Formen[4].

Als die Eigenart des Christentums in dem Meere gnostischer Weisheit unterzugehen drohte, erhob sich der Widerstand. Der Kampf gegen die Gnosis, die gefährlichste aller Häresien, begann, und wenn wir heute von Gnosis sprechen, so verstehen wir darunter immer noch zunächst die christliche häretische Gnosis, die in der Christenheit selbst der Kirche erwachsende Feindin, gegen die die Kirchenväter mit allen ihnen zu Gebote stehenden Mitteln zu Felde zogen.

Heiß umstritten ist die Frage nach dem Ursprung dieser Gnosis. Die Kirchenväter, die gegen sie in lebendiger Berührung mit ihren Anhängern kämpften, betrachteten sie als griechische Weisheit. Nicht aber nur die gelehrten Christen, sondern auch die griechischen Philosophen, die mit der gerade in den vornehmeren und gebildeteren Kreisen verbreiteten Gnosis in Berührung kamen und doch wohl etwas von der Philosophie verstehen mußten, hielten sie für eine aus der alten griechischen Philosophie erstandene Religion. So schreibt Porphyrios in seinem Lebenslauf des Plotin: »Zu seiner Zeit gab es unter den Christen viele, besonders aus der alten Philosophie hervorgegangene Häretiker wie die Anhänger des Adelphius und Aquilinus, die viele Schriften des Libyers Alexander und Philokomos und Demostratos und Lydos besaßen, Offenbarungen des Zoroaster und Zostria-

---

4) Eine Untersuchung und Darstellung des Denkens und der Weltanschauung des Apostels Paulus habe ich in meinem Buche »Denkformen«, Berlin, bei Walter de Gruyter, 1928, S. 87–127 gegeben.

nus und Nikotheos und Allogenes und Meos und anderer vorbrachten und damit andere betrogen, wie sie selbst betrogen waren, indem sie behaupteten, Platon sei nicht in die Tiefe der intelligiblen Wahrheit und Wesenheit eingedrungen. Daher gab Plotin selbst viele Widerlegungen in den Versammlungen, schrieb auch ein Buch, dem wir den Titel ›Gegen die Gnostiker‹ gegeben haben, überließ uns aber die Kritik des Übrigen. Amelius nun brachte es bis auf vierzig Bücher in seiner Streitschrift gegen das Buch des Zostrianus. Ich, Porphyrios, aber brachte gegen das Buch des Zoroaster häufige Beweise vor und wies nach, daß es ein unechtes und junges Machwerk sei, angefertigt von den Mitgliedern jener Sekte, um den Anschein zu erwecken, als seien die von ihnen gepriesenen Lehren wirklich die des alten Zoroaster.«[5]

Nach der Meinung des gelehrten Neuplatonikers, unter dessen Schülern sich auch Anhänger einer gnostischen Sekte befanden, ging also die Gnosis aus der »alten Philosophie« hervor, die gnostischen Propheten aber verleugneten ihren Ursprung und kleideten ihre Gedanken in orientalisch-antikes Gewand, eine durchaus nicht ungewöhnliche und gerade von den griechischen Philosophen zu allen Zeiten geübte Methode. Die moderne Religionswissenschaft hat den Versuch gemacht, dies Verhältnis umzukehren. Sie hat sowohl die Beziehungen zum hellenistischen Mysterienwesen und zur griechischen Philosophie aufgedeckt wie auch den Ursprung wesentlicher Motive des Gnostizismus in den orientalischen Religionen gesucht. Die einen Forscher nahmen Babylon, die anderen Ägypten, wieder andere den Iran als seine Heimat an; selbst nach Indien schweifte der nach Beziehungen suchende Blick. Die Theosophen aber führen die Gnosis auf eine geheime Urweisheit zurück, die allen Religionen zugrunde liegen soll und von den großen Lehrern der

5) Porphyr. De vita Plotini cap. 16.

Menschheit in jedem Volke und zu jeder Zeit anders, aber doch so verkündet wurde, daß sich für den Eingeweihten, der von der äußeren Form zum inneren Wesen vorzudringen vermag, ein übereinstimmender Inhalt der mannigfachen Lehren ergibt. Bei der in dieser Frage heute herrschenden allgemeinen Verwirrung und dem unsicheren Hin- und Hertasten tut es not, die Aufmerksamkeit auf folgende entscheidende Punkte zu lenken:

Die gnostischen Systeme, die wir kennen, atmen nicht den Geist einer bestimmten orientalischen Religion, sie enthalten vielmehr jüdische, christliche, persische, babylonische, ägyptische und griechische Elemente in verschiedener Stärke und Zahl nebeneinander, so daß sie gleichsam ein Mosaik darstellen, das aus unzähligen kleinen Steinen verschiedenster Art und Herkunft zusammengesetzt ist. Die religionswissenschaftliche und philologische Forschung hat bisher die mühsame Arbeit geleistet, dieses Mosaik auseinanderzunehmen und auf Grund sorgfältiger Untersuchungen die über die ganze von Rom bis Babylon sich dehnende Fläche zerstreuten Ursprungsorte der einzelnen Teile festzustellen. Es wurde dabei aber viel zu wenig darauf geachtet, daß dieses Mosaikbild, ganz abgesehen von der Herkunft seines Materials, etwas darstellt, das seinen Sinn in sich selbst hat, einen Sinn, der nur aus dem Geiste seiner Schöpfer begriffen werden kann. Sinn und Stimmung, die ein Bild ausdrückt, sind nicht nur von den Stoffen abhängig, die zu seiner Herstellung verwandt wurden, sondern vor allem von dem schöpferischen Willen und der ganzen geistigen Eigenart des Künstlers, die in ihm sich objektivieren. Sollen daher die uns seltsam erscheinenden Gebilde gnostischen Denkens auf ihre Herkunft untersucht werden, so hat man vor allem nach ihrer geistigen Struktur zu forschen: nicht nur das Was, sondern auch das Wie gibt ihnen den Charakter. Die ganze Art des Denkens und Schauens, des Kombinierens und Spekulierens, die innere Form und die geistige Struktur der Systeme werden sich hierbei als griechisch, das verarbeitete Material zum Teil als orientalisch herausstellen.

Die von den Gnostikern geübte Zusammenschau der in ihrem Wesen ursprünglich gänzlich verschiedenen orientalischen und griechischen Gottheiten, die Verkettung religiöser Begriffe, von denen jeder in seiner durch die Geschichte bedingten Atmosphäre einen ganz eigentümlichen, oft in einer anderen Sprache gar nicht wiederzugebenden Sinn hatte, die Verwischung und Verflachung aller nationalen Unterschiede ist vom Standpunkt orientalischer Religiosität aus nicht zu verstehen. Der Orientale hütet seine Religion eifersüchtig vor allen fremden Einflüssen. Eine die Tradition wahrende Priesterkaste sichert den konservativen Charakter der religiösen Einrichtungen und vor allem der heiligen Texte. Bei den Juden ist eine Thorarolle, in der aus Versehen auch nur ein Buchstabe zu viel oder zu wenig steht, rituell ungültig. Der Grieche dagegen besaß eine das ganze Volk bindende nationale Religion nicht; er hatte keine Priesterkaste. Wohl aber setzte schon früh, bei Homer und Hesiod, die Systematisierung und auch die Verschmelzung der lokalen Gottheiten ein. Und wie willkürlich sprangen Dichter und Philosophen mit den überlieferten alten Mythen um? Weit stand Griechenland auch zu allen Zeiten den orientalischen Kulten offen, und rasch war der Grieche bereit, die babylonische Ischtar mit seiner Aphrodite oder den ägyptischen Thot mit seinem Hermes in eins zu setzen, alle Unterschiede zu verwischen und das Fremde mit griechischen Augen zu sehen. Das philosophische und religiöse Denken machte dann vor allem mit Hilfe der allegorischen Methode das Unmöglichste möglich. Erst wird in griechische Mythen eine tiefsinnige Philosophie hineingedeutet, und als sich der Orient immer weiter erschloß, verfallen seine Gottheiten und alles, was von ihnen erzählt wurde, demselben Schicksal. Ein Poseidonios faßt bei Diodor den jüdischen Jahwe als stoische Weltvernunft auf, ein Plutarch legt den ägyptischen Mythos von Osiris und Isis im Sinne griechischer Weisheit aus, ein Philon findet im Alten Testament die platonische und stoische Philosophie wieder, und im Johannesevangelium wird aus Jesus der griechische Logos. Vergleicht man das in den griechischen Schriften verarbeitete orientalische Gut mit dem, was wir heute darüber aus den ursprünglichen, in den orientalischen Sprachen geschriebenen Quellen wissen, so stellt sich heraus, daß der Grieche keine orientalische Religion in ihrem innersten Wesen begriffen hat. Seine geistige Eigenart war viel zu stark ausgeprägt, als daß er sich mit selbstloser Hingabe in das Fremde, das ihn so rätselhaft anstarrte, hätte versenken können. So wie er in seiner Kunst nicht eher ruhte, als bis er die unheimlichen Naturgewalten, die er als göttliche Wesen verehrte, in die klaren, unmittelbar menschlich verständlichen Formen seiner edlen Götterbilder gebannt hatte, so wurden ihm die gigantischen und grotesken Schöpfungen orientalischer Religiosität erst faßbar, wenn er sie in seinen Vorstellungskreis überleitete, mit seinem Denken durchdrang und sie dabei rücksichtslos ihres eigentlichen Sinnes und Wesens beraubte. Griechische Kultur, Technik, Wissenschaft und Philosophie aber verbreiteten sich in den Reichen der Diadochen Alexanders und im Imperium Romanum bis weit in den Orient hinein. Überallhin trug der Grieche seinen Geist und seine Denkungsart, seine wissenschaftlichen und technischen Methoden. Er selbst lernte viel von den Orientalen; aber er verarbeitete das Gelernte sofort. Das Griechische wird die Weltsprache, und mit der Sprache lernen die fremden Völker griechisch denken. Die Juden in Alexandreia müssen schon im 3. Jahrhundert v. Chr. das Alte Testament ins Griechische übersetzen, weil die Gemeinde das Hebräische nicht mehr versteht, und an dem Beispiel der uns erhaltenen Werke Philons sehen wir, wie selbst der sonst die Eigenart seiner Religion so starr festhaltende Jude sie damals in griechische Philosophie und hellenistische Mysterienweisheit umformt, um sie dadurch dem gebildeten Griechen verständlich zu machen. So entsteht ein wechselseitiges Geben und Nehmen zwischen Orientalen und Griechen. Der Orient bietet das Material, der Grieche bearbeitet es, und von ihm lernt es wiederum der Orientale, die Fesseln nationaler und religiöser Gebundenheit zu lockern und, soweit er es kann, sich an der geistigen Durchdringung und Neuformung seiner Kulturgüter zu beteiligen. Eine große Zahl griechisch schreibender Philosophen der hellenistischen Zeit stammt aus dem Orient, insbesondere aus Kleinasien und Ägypten. Das darf aber nicht dazu verleiten, sie alle als Orientalen anzusehen. Ein im Orient geborener Gelehrter mit orientalischem Namen kann von griechischen Eltern stammen, und andrerseits haben es gerade die Nichtgriechen wie Philon und Paulus vorgezogen, sich mit einem gut klingenden griechischen oder römischen Namen zu schmücken. Nicht anders steht es mit den Begründern der christlichen Wissenschaft und Theologie, ebenso auch mit den Stiftern der gnostischen Sekten. Die Gnosis gehört in diese Atmosphäre hellenistischer Geistigkeit hinein. Wollen wir sie in ihrem Wesen verstehen, so haben wir das Material und die Art seiner Bearbeitung zu unterscheiden, wobei diese für das Verständnis wichtiger als jenes ist. Es gilt daher zunächst, die innere Struktur gnostischer Gebilde zu entwickeln, um dann an die Darstellung der einzelnen Zweige der Gnosis im engeren Sinne heranzugehen, so wie sie sich in ihrer geschichtlichen Entwicklung entfaltet haben.

# I. DER MENSCH UND DIE GNOSIS

# 1. Das Buch von der Schöpfung des Kindes

Wie geht die Schöpfung des Kindes vor sich? Jochanan sagte: Mit den Schriftworten: »Gott übt Großes, unerforschbar, Wunder, unzählig« (Hiob IX, 10) sind die großen Taten und Wunder gemeint, die der Heilige, gelobt sei er, bei der Schöpfung des Kindes verübt. Denn in der Stunde, da der Mensch sich anschickt, den Beischlaf bei seinem Weibe zu üben, ruft der Heilige, gelobt sei er, den Engel, der über die Schwangerschaft gesetzt ist, und sagt zu ihm: Wisse, dieser Mensch säet diese Nacht für die Bildung des Menschen. Und du geh hin und bewache jenen Tropfen. Tu ihn in ein Becken und zerstreue ihn in einer Scheune zu 365 Teilen.

Der Engel tut so, nimmt den Tropfen, bringt ihn vor den Heiligen, gelobt sei er, und sagt vor ihm: Herr der Welt, ich tat, wie du mich beauftragt hast. Was soll jetzt aus diesem Tropfen werden? Beschließe über ihn nach deinem Willen.

Sofort beschließt der Heilige, gelobt sei er, über ihn, ob er stark oder schwach, lang oder kurz, männlich oder weiblich, töricht oder weise, arm oder reich sein soll. Aber über Frömmigkeit oder Schlechtigkeit beschließt er nicht; denn wir sagen: Alles ist in Gottes Hand, mit Ausnahme der Frömmigkeit.[1]

Alsbald winkt Gott dem Engel, der über die Geister gesetzt ist, und sagt zu ihm: Bringe mir jenen Geist. Sofort

1) Andernfalls wäre der Mensch für seinen Wandel nicht verantwortlich.

kommt er vor den Heiligen, gelobt sei er, und verneigt sich vor ihm.

Da sagt der Heilige, gelobt sei er, zu ihm: Begieb dich in diesen Tropfen!

Da öffnet der Geist seinen Mund und sagt: Herr der Welt. Ich bin zufrieden mit der Welt, in der ich war seit dem Tage, da ich geschaffen wurde. Wenn es doch nicht dein Wille wäre, mich in diesen übelriechenden Tropfen zu bringen! Denn ich bin heilig und rein.

Da sagt zu ihm der Heilige, gelobt sei er: Die Welt, in die ich dich bringe, ist besser als die Welt, in der du warst. Und als ich dich bildete, bildete ich dich nur für diesen Tropfen.

Sofort bringt ihn Gott gegen seinen Willen in den Tropfen, und der Engel kehrt zurück und bringt den Geist in dem Tropfen wieder zurück in den Leib der Mutter und bestellt dort zwei Engel, die ihn hüten, daß er nicht falle, und sie setzen ein brennendes Licht über sein Haupt.

Und er schaut und sieht vom Anfang der Welt bis zu ihrem Ende.

Und des Morgens nimmt ihn der Engel und führt ihn in das Paradies und zeigt ihm die Frommen, die da in Ehren sitzen und sagt zu ihm: Weißt du, wessen jener Geist war? Er antwortet: Nein. Da sagt zu ihm der Engel: Jener, den du in jener Ehre und in jenem hohen Range siehst, ist wie du im Leibe seiner Muter gebildet worden, und ebenso dieser und dieser.

Und sie beachteten die Gesetze und Rechte des Heiligen, gelobt sei er. Wenn du so getan haben wirst, wie sie getan haben, und wenn du so gestorben sein wirst, wie sie gestorben sind, wirst du diesen Rang und diese Ehre verdienen, wie du es siehst. Wenn aber nicht, wirst du hingehen in den Ort, den ich dir zeigen werde.

Und des Abends führt er ihn in die Hölle und zeigt ihm die Frevler, die von den bösen Engeln gequält werden und die geprügelt und geschlagen werden mit Ruten von Feuer. Und sie schreien O und Weh, und man erbarmt sich ihrer nicht. Und da sagt der Engel zu ihm: Mein Sohn, weißt du, wer diese sind, die da verbrannt werden?

Und er sagt: Nein.

Und der Engel sagt zu ihm: Wisse, daß diese geschaffen wurden aus einem übelriechenden Tropfen im Leibe ihrer Mutter, und sie kamen in die Welt hinaus und beachteten nicht die Gesetze und die Zeugnisse des Heiligen, gelobt sei er, und deshalb verfielen sie in diese Schande.

Und nun, mein Sohn, wisse, daß du einst aus diesem Orte, aus dem Schoße deiner Mutter, hervorgehen wirst. Deshalb sei nicht schlecht, sondern sei gerecht, und du wirst ewig leben.

Und der Engel führt ihn umher vom Morgen bis zum Abend, und man zeigt ihm jeden Ort, den sein Fuß einst betreten wird, und den Ort, wo er wohnen wird, und den Ort, wo er wird begraben werden. Und hernach zeigt man ihm die Welt des Guten und des Bösen. Der Engel führt ihn aber immer wieder in den Leib seiner Muter zurück, und der Heilige, gelobt sei er, macht ihm Türe und Riegel. Und der Heilige, gelobt sei er, sagt zu ihm: Bis hierher sollst du kommen und nicht weiter. Und es liegt das Kind in dem Schoße seiner Mutter neun Monate.

Die ersten drei Monate wohnt es in der untersten Kammer, die drei mittleren in der mittleren Kammer, und die drei letzten in der obersten Kammer. Und es ißt von allem, wovon seine Mutter ißt, und es trinkt von allem, wovon seine Muter trinkt, und führt keinen Kot ab; denn sonst würde seine Mutter sterben.

Und sobald jene Zeit gekommen ist, daß es hinausgehe, kommt jener Engel und sagt zu ihm: Gehe hinaus; denn die Zeit ist gekommen, daß du hinausgehest in die Welt. Und der Geist des Kindes antwortet: Ich habe bereits vor demjenigen, der da sprach, und die Welt ward, gesagt, daß ich es mir genügen lasse an der Welt, in der ich gewohnt habe. Und der Engel antwortet ihm: Die Welt, in die ich dich bringe, ist schön. Und ferner: Wider deinen Willen bist du im Leibe deiner Mutter gebildet worden und wider deinen Willen wirst du geboren, um hinauszugehen in die Welt.

Sofort weint das Kind. Und weshalb weint es? Wegen jener Welt, in der es war und die es jetzt verläßt.

Und wie es hinausgeht, schlägt es der Engel unter seine Nase und verlöscht das Licht über seinem Haupte. Er bringt es gegen seinen Willen hinaus, und es vergißt alles, was es gesehen hat. Und wie es hinauskommt, weint es.

Und weshalb weint es? Weil man ihm sieben Welten in jener Stunde austauscht. Die erste Welt gleicht einem Könige, den alle grüßen, die ihn sehen. Alle küssen das Kind und wollen es umarmen, weil es ein Jahr alt ist.

Die zweite Welt gleicht einem Schweine, das beständig im Kote lebt. So ist das Kind im Alter von zwei Jahren immer in Kot und Unrat.

Die dritte Welt gleicht einem Bocke, der auf der Weide herumhüpft. So hüpft das Kind hin und her, bis es fünf Jahre alt wird.

Die vierte Welt gleicht einem Pferde, das mit Stolz einhergeht. So geht das Kind stolz einher und prahlt mit seiner Jugend, wenn es achtzehn Jahre alt ist.

Die fünfte Welt gleicht einem Esel, dem man einen Sattel auf die Schulter legt. So belastet man den Menschen, gibt ihm eine Frau, er erzeugt Söhne und Töchter und geht die Nahrung für seine Kinder und das Hausgesinde suchen.

Die sechste Welt gleicht einem Hunde, der seinem Unterhalte nachgeht und von hier mit Frechheit für sein Mal raubt und von dort stiehlt und von einem anderen Orte errafft, ohne Scham.

In der siebenten Welt gleicht der Mensch dem Nichts; denn er ist von allem entfremdet, auch sein Gesinde flucht ihm, und sie begehren seinen Tod, und selbst kleine Kinder verspotten ihn.

Und wenn schließlich die Zeit des Sterbens da ist, kommt der Engel zu ihm und fragt ihn: Kennst du mich? Und er sagt: Ja, und fragt: Warum bist du heute zu mir gekommen? Und der Engel antwortet: Um dich aus dieser Welt zu führen. Da beginnt der Mensch zu weinen und läßt seine Stimme hören vom Anfang der Welt bis zum Ende der Welt. Und kein Geschöpf kann seine Stimme hören, mit Ausnahme des Hahnes.

Und der Mensch sagt zum Engel: Du hast mich doch aus zwei Welten heraus und in diese Welt hereingeführt, in der ich wohne. Und der Engel spricht: Ich habe dir doch gesagt, daß du gegen deinen Willen gebildet und geboren wurdest und ebenso sterben und einst Rechenschaft geben wirst vor dem Könige der Könige, vor dem Heiligen, gelobt sei er.

Der vorstehende Text, der von Rabbi Jochanan unter Benützung der schon im Talmud niedergelegten Lehren von der Entstehung des Kindes, aber sicherlich auch unter Berücksichtigung mündlicher Tradition zusammengestellt wurde und heute einer Sammlung traditioneller jüdischer Schriften, kleine Midraschim genannt, angehört, spricht mit schlichten Worten eine ergreifende Sprache. Aber schon auf den ersten Blick gibt er zu zahlreichen Fragen Anlaß. Was bedeutet die Tenne mit den 365 Teilen des Samentropfens, weshalb vermag bloß der Hahn die Stimme der sterbenden Seele zu hören? Und je genauer man zusieht, desto mehr Probleme ergeben sich. Nur die wichtigsten, deren Erläuterung für das wirklich eindringende Verständnis unerläßlich ist, sollen hier besprochen werden.

Zwei Grundgedanken treten hervor: erstens daß der Mensch im Mutterleibe das höchste Wissen über alle Dinge (wie die Juden zu sagen pflegen, die ganze Thora) durch unmittelbare, übernatürliche Anschauung empfängt und mit diesem Lichte von einem Ende der mikrokosmischen Welt, in der er sich befindet, bis zum anderen sieht, aber bei der Geburt diese Leuchte verliert; zweitens daß seine Lebensalter zu einer Reihe von Tieren in Beziehung stehen. Beide Gedanken sind umrahmt von zwei ehedem nahe verbundenen mythischen Motiven, nämlich von der Dreschtenne mit den 365 Samenkörnern und dem Hahn, der den Schrei der Seele aushält. So systematisch durchdacht die Darlegung des R. Jochanan ist, so deutlich sieht man doch auch, daß sie erst durch zwei fernere, in ihr bloß leise angedeutete Lehren ihre völlige Aufklärung erhält, die wir aus anderen Überlieferungsketten kennen, nämlich durch die Lehre von der Wiedergeburt und durch die gedanklich enge mit ihr verknüpfte von der Wiedererinnerung. Und diese sechs »Bestandteile« unseres Stückes bedürfen eben weiterer Aufklärung.

Anklänge an die jüdische Lehre begegnen uns auf ägyptischem Boden.»Man sagt,« berichtet Plutarch, »daß Heraiskos aus der Gebärmutter hervorkam und den Schweigen gebietenden Finger an die Lippen hielt, ganz wie die Ägypter fabeln, daß Horus geboren wurde, und noch vor Horus Re. Da ihm jedoch der Finger an die Lippen angewachsen war, bedurfte es eines Schnittes. Und für immer blieb die abgeschnittene Lippe bei uns allen als Zeichen für die Geheimnisse der Geburt zu sehen.« Während also die Juden das Grübchen unter der Lippe aus dem Fingerdrucke des Engels erklärten, mit dem er dem Kinde den Mund zum Schweigen verschließt, leiteten es die Ägypter davon ab, daß der Finger des Kindes losgeschnitten werden mußte. Und Heraiskos war auch eins mit Harpokrates, zu dem man beim Opfer betete: »Die Zunge ist Fügung, die Zunge ist Verhängnis«. Ferner finden wir in jüdischer Überlieferung selbst (Talmud, Traktat Niddah 30 b) die Ansicht, daß »das Kind im Mutterschoße einer zusammengelegten Schreibtafel gleiche. Die Hände liegen an den Schläfen, die Ellenbogen an den Fußknöcheln, die Fersen an den Lenden und das Haupt ruht zwischen den Knien.« Nun ist aber die wächserne Schreibtafel ein uns in hellenischer Philosophie, nämlich bei Platon, wohl bekanntes Gleichnis für das Gedächtnis, und noch heute halten wir an dem Bilde fest, wenn wir von einem »unbeschriebenen Blatte« (tabula rasa) sprechen. Sonst aber läßt Platon die Seelen über die ewigen Wahrheiten nicht, wie die jüdische Doktrin, im Mutterschoße, sondern in der Unterwelt, bevor sie ein neues Lebenslos erlangen, belehrt werden. Daraus folgt, daß eben die Gebärmutter identisch ist mit der Unterwelt, d. h. vielmehr richtiger, daß sich in ihr die ganze Weltordnung nachgebildet findet, also auch die Unterwelt – wie ja auch der Engel dem Kinde im Mutterleibe Himmel und Hölle zeigt. Wir werden noch an zahlreichen Stellen diese Gleichsetzung immer von neuen Gesichtspunkten bestätigt finden. Aber auch das weitere Vorstellungselement, daß das Leben erlost wird, ist wichtig; denn wenn auch in einer ganz anderen Kulturschicht, kennen wir doch eine Erzählung, die von der Begabung der Menschen und der Tiere mit ihren Alterslosen berichtet. Sie findet sich unter den Grimmschen Kinder- und Hausmärchen als Nr. 176, und die Methode, welche wir, indem wir dieses »Märchen« heranziehen, anwenden, ist die der vergleichenden Mythenforschung.

Um aber nicht mißverstanden zu werden, sei hier ein Wort über dieses Verfahren eingefügt. Niemand denke, daß die Forschung heute noch wie bis vor kurzem die Märchen für Ergebnisse einer willkürlich schaltenden Volksphantasie hält. Ganz im Gegenteil hat sich vielmehr gezeigt, daß diese Stoffe eine über die weitesten Kulturgebiete und Epochen hinwegreichende Beständigkeit aufweisen und eigentlich nur durch das Fluktuieren in der Aneinanderreihung der festen Motive sowie durch mancherlei Mißverständnisse und Verwirrungen, welche die mündliche Überlieferung zur Folge hatte, sich von den ältesten Mythen der Menschheit unterscheiden, für die sie trotzdem, da alle in ihnen vorkommenden Störungen meist nur zufälliger Natur sind, sogar fast stets eine bessere Quelle sind als die absichtlich deutend und symbolisierend umgestalteten Mythen der Kultgötter, denen der Mythologe bisher die allermeiste Beachtung zu schenken gewohnt war. Eben deshalb auch weil diese Märchen uralte Themen behandeln, sind Übereinstimmungen zwischen mythologischen Motiven, die sich aus der Märchen- und Mythenvergleichung ergeben, beileibe nicht im historischen Sinn als Anzeichen literarischer Abhängigkeit zu deuten. Niemand wird annehmen wollen, R. Jochanan habe aus deutscher Volkssage oder diese aus palästinensischen Erzählungen geschöpft, wenngleich sich auch hier wie dort zu so ganz verschiedenen Zeiten bis in Einzelheiten hinein verwandte Vorstellungen finden. Vielmehr weisen diese Übereinstimmungen wohl bloß auf Zusammenhänge in der Urzeit hin, bei deren Beurteilung man allerdings äußerst vorsichtig sein muß.

Treten wir nun nach dieser Abschweifung an das erwähnte Grimmsche Märchen heran, so finden wir in demselben geschildert, daß Gott jedem Wesen 30 Jahre als Lebenszeit zuteilen wollte. Zuerst kam der Esel, aber ihm dünkte diese Zeit zu lang, und Gott ließ ihm 18 Jahre nach. Dann kam der Hund, dem 12 Jahre geschenkt wurden, endlich der Affe. Auch ihm schienen 30 Jahre zu lang, da er viele Verspottungen zu erdulden habe. So erläßt ihm Gott 10 Jahre. Als aber der Mensch kam, war er mit seinen 30 Jahren nicht zufrieden.

Da gab ihm Gott noch die 18 Jahre des Esels, die 12 Jahre des Hundes und die 10 des Affen, so daß seine Lebenszeit 70 Jahre beträgt. Vergleicht man jetzt die jüdische Fassung, so sieht man, daß alle ihre Abweichungen Entstellungen sind. Der König gehört wohl kaum unter die Tiere, und auch das Nichts muß auf einem Irrtum beruhen. Aber noch ist davon die Rede, daß der Mensch in seinen letzten Jahren verspottet wird, also offenbar dem Affen gleicht. Dann folgten aber auch in der jüdischen Überlieferung früher Esel, Hund, Affe genau so auf einander wie im deutschen Märchen, dann waren die 70 Jahre des Menschen der Anlaß, 7 Lebensalter einzuführen, dann sind König, Schwein, Bock und Pferd jüngere Auslegung, während in dem Mythos von der Begabung der Wesen mit den Schicksalslosen die Tiere nur durch Esel, Hund und Affe vertreten sein konnten.

Jetzt erst ist es auch an der Zeit, den Rahmenelementen unseres Textes nachzuspüren. Da derselbe die Lehre von der Wiedergeburt voraussetzt, gehört der Hahn zur Tenne, auf welcher ja der neue Körper für die eben verschiedene Seele vorbereitet wird. Und wenn der Hahn ihren Schrei aushält, wird er wohl ihr Widersacher sein. Auch hierüber gibt die Mythenvergleichung Aufschluß. Wieder ist es ein deutsches Märchen, das am allernächsten anklingt. Man findet es in der bekannten Bechsteinschen Sammlung unter dem Titel »Der alte Zauberer und seine Kinder«. Brüderchen und Schwesterchen suchen, ihm zu entfliehen. Wie er sie das erste Mal einzuholen droht, verwandeln sich die Geschwister in Teich und Fisch, beim zweiten Male in Kapelle und Altar, beim dritten Male in ein Korn, das von ungefähr auf der Tenne liegt. Da verwandelt sich der Zauberer in einen schwarzen Hahn, um das Korn aufzupicken, der Bruder aber aus der Tenne in einen Fuchs, der ihm den Hals abbeißt. Auch in 1001 Nacht klingt das Motiv in der Geschichte des dritten Bettlers im Märchen von dem Lastträger und den drei

Schwestern (Reclam, Universal-Bibliothek I, 113) an. Dort verwandelt ein Ifrite einen Königssohn in einen Affen, und ein Mädchen unternimmt es, ihn zu entzaubern. Da erscheint der Ifrite, und es beginnt ein Kampf zwischen ihm und dem Mädchen. Die Gestalten, in die sie sich verwandeln, sind: Löwe-Schwert, Skorpion-Schlange, Adler-Geier, Kater-Wolf; dann verwandelt sich der Kater in einen Granatapfel, der auf dem Estrich des Schlosses zerspringt und seine Kerne über den Boden zerstreut, und der Wolf in einen Hahn, der sie aufpickt. Der Kampf in den vier Elementen, der dann folgt, interessiert uns nicht. Auch sind offenbar die Rollen vertauscht, da das Mädchen dem Fruchtkern feindlich ist und nicht der Zauberer. Immerhin aber sehen wir unser Motiv vom Fruchtkerne, den der Hahn aufpicken will, auch im Orient bekannt. In die arabische Märchensammlung dürfte es wohl durch persische Vermittlung geraten sein. Am deutlichsten aber, und vereint mit einem Motiv, welches wieder in der jüdischen Fassung fehlt, nämlich mit dem des Würfelns um die Seele, ursprünglicher wohl um das Lebenslos, begegnet das Thema im nordischen Mythos, wie er sich in einem farörischen Liede erhalten hat (in Übersetzung bei Rosa Warrens, Germanische Volkslieder der Vorzeit, Bd. IV, S. 183–194). Dort heißt es:

> Würfelt der Ries, und der Bauersmann,
>   verlor der Bauer, der Riese gewann.
> »Gewonnen hab ich im Wettstreit hier,
>   nun begehr ich den Sohn von dir.
> Nun begehr ich den Sohn von dir,
>   es sei denn, daß du ihn birgst vor mir!«

Zuerst birgt ihn Odin als Korn in einer Ähre. Der Riese mäht das Feld ab, aber das Körnlein entspringt ihm. Dann birgt ihn Hönir als Flaum an dem Halse eines Schwanes. Der

Riese fängt den Schwan, beißt ihm den Hals ab, aber die Flaumfeder entschwebt ihm. Endlich wandelt ihn Loki in ein Roggenkorn im Bauche eines Fisches. Der Riese fängt den Fisch, aber Loki entreißt ihm behende das Korn und tötet den Riesen. Nun ist aber Loki im Märchen allüberall der Fuchs, wie dies auch sein Name zu bedeuten scheint. Also entspricht der Riese dem Hahn, der Sohn dem Mädchen im Kindermärchen, dessen hilfreicher Bruder eben Loki ist. – Dem ursprünglichen Sinn des Mythos nachzugehen, dessen Umrisse immer deutlicher vor unser geistiges Auge treten, ist hier nicht der Platz. Es genügt, zu erkennen, daß Hahn und Fuchs, Tenne und Korn, mythologisch eng zueinander gehören, so daß man aus der jüdischen Quelle wohl den Schluß ziehen darf, daß irgend einmal der Hahn als Satan, der Fuchs als der gute Engel, das Samenkorn als der unsterbliche Teil der Seele gegolten habe.

Da nun aber das Korn auf der Tenne nicht vereinzelt liegt, da auch der Granatapfel in viele Körner zerfällt, ist die Nachricht, daß der Engel den Samen auf der Tenne in 365 Teile, d. h. doch wohl Körner, zu zersprengen hat, sehr bedeutungsvoll. Auch der astrologische Hintergrund dieser Zahl wird jetzt klar. Unter den Tagen des Jahres ist nur einer, der letzte, fast vergessene, unvollständige, *keimhaft*, da aus ihm das neue Jahr, d. h. im mikrokosmischen Sinne das neue Menschenleben, hervorgeht.

## 2. Der Hymnus von der Seele

Im Königreich des Vaters,
da ruh ich lange Zeit
als ein ganz kleines Kindlein
in Reichtum, Seligkeit.
Noch konnt ich gar nicht sprechen,
da schickt man mich hinaus
mit prächtigen Geschenken
aus meinem Vaterhaus,
aus meinem Reich des Aufgangs,
aus meinem Kinderglück,
Die lieben Eltern gaben
mir manches schöne Stück
von ihren reichen Schätzen,
von Gold und Edelstein,
von indischen Karfunkeln,
von Perlen, schimmernd rein,
von strahlenden Demanten
und kostbarem Geschmeid.
So wurde denn der Ranzen
allmählich schwer und breit.
Doch mir schien er zum Wandern
noch immer leicht genug.
Jedoch die Prachtgewandung,
die ich bis dahin trug,
die sie für mich gefertigt
in liebendem Verein,
die mich in meiner Kindheit
umstrahlt im hehrsten Schein,

die meinem Maß entsprechend
bis dahin mich umhüllt,
die taten sie zur Seite
und sprachen ernst und mild:

Jetzt ziehst du in die Fremde.
Ägypten heißt das Land,
wohin von deinen Eltern
du jetzo wirst entsandt.
Präg tief in deine Seele
den Auftrag, der dir wird,
daß du ihn stets bedenkend
erfüllest unbeirrt.
Dort gibt es einen Brunnen,
davor ein Drache wacht,
und eine Perle ruht
dort tief in dem Brunnenschacht.
Kannst du die Perle heben
und kehrst mit ihr zurück,
dann findest du zu Hause
dein altes Kinderglück;
dann findest du den Mantel,
die Königsherrlichkeit,
herrschend mit deinem Bruder
allhier die ganze Zeit.

So sprachen sie und gaben
mir zwei Geleiter mit,
die mich behüten sollten
bei jedem Schritt und Tritt.
Ich war ja noch ein Kindlein,
der Weg war rauh und schwer,
rings drohten viel Gefahren –
da braucht ich sie gar sehr.

An Maishans Hafenplätzen
zog ich vorbei im Flug,
durchwanderte auch Babel,
betrat die Stadt Sarbug
und kam dann nach Ägypten
an den ersehnten Ort.
Die beiden Weggefährten
verließen mich alldort.
Da sah ich auch dem Drachen
schon in sein Angesicht
und blieb verlassen, harrend
und wartend, ob mir nicht
es doch vielleicht gelänge,
dem Untier, wenn es schlief,
die Perle zu entreißen,
die ruht im Brunnen tief.

So ward ich fremd und einsam
in einem fremden Land,
bis ich an dieser Stelle
den Weggenossen fand.
Ein frei geborner Jüngling,
voll Liebenswürdigkeit,
ein Reis von meinem Stamme,
der war mir hilfbereit,
der kam zu mir und wurde
mein allerbester Freund.
Was ich erwarb, genoß er
gar treu mit mir vereint.
Ich warnt ihn vor den fremden
Ägyptern, ihrem Schmutz,
und sann dann, für uns beide
zu finden rechten Schutz,
daß man mich nicht verfolge,

daß es nicht werde kund,
daß ich die Perle suche
auf tiefen Brunnens Grund.
So tat ich um die Schultern
ägyptisches Gewand,
daß man mich nicht erkenne
in diesem fremden Land.
Doch währt', es nicht zu lange,
so ward ich doch erkannt.
Da haben ihre Listen
sie alle aufgewandt.
Da ich von ihrer Speise,
die sie mir boten, aß,
da war's, daß ich die Eltern
und auch mein Ziel vergaß,
daß ich vergaß die Perle,
um die man mich gesandt,
daß ich sie heimwärts bringe
aus dem Ägypterland.
Ich diente ihren Herrschern
und lag in tiefem Bann.
Das hatte mir die Speise
und ihre List getan.

Doch meine Eltern wußten
sogleich, was mir geschehn,
und ließen einen Aufruf
durchs ganze Reich ergehn,
es möchten alle Großen
zu Hof sich finden ein,
die Fürsten und Vasallen
des lieben Vaters mein.
Sie kamen und berieten
mit sorglichem Bedacht,

wie ich zu retten wäre
aus der Ägypter Macht,
und schrieben einen Brief mir,
mit Siegeln wohl versehn,
darauf die Unterschriften
von allen Großen stehn:

Der Herr des Reichs, dein Vater,
er aller Herrscher Zier,
die Königin des Aufgangs,
die Mutter, und nach ihr
dein Bruder, unser Zweiter:
dir ins Ägypterland
als unsrem lieben Sohne
sei unser Gruß entsandt!
Erwach aus deinem Schlafe
und höre unser Wort:
Gedenke deiner Herkunft,
wirf alle Fesseln fort!
Sieh, welchen Herrn du frohnest
dort im Ägypterland;
gedenke doch der Perle,
nach der wir dich entsandt,
gedenke deines Mantels,
der Weltenherrscherzier,
die du zurückgelassen
in unsrem Reiche hier,
daß du sie einst besitzest,
kehrst du zu uns zurück,
an deines Bruders Seite
in ungetrübtem Glück.

So ward der Brief versiegelt
von meines Vaters Hand,

von königlichen Zeichen
beschützt an mich entsandt.
Dem König aller Vögel,
dem Adler gleich im Flug,
blieb er verschont von Babel,
den Bösen von Sarbug,
und ließ sich zu mir nieder
und ward vor mir zum Wort.
Vor seinem Heimatrauschen
schwand aller Schlummer fort.
Ich nahm ihn auf und küßte
sein Siegel tief bewegt;
denn was sie mir da schrieben,
das war mir eingeprägt
seit je in meine Seele,
da ich mich jetzt entsann,
daß ich, ein Königssprößling,
ein großes Werk begann,
daß ich die Perle suchte,
die ruht auf tiefem Grund.
Das hatt ich ganz vergessen;
jetzt war's mir wieder kund.
Den Drachen, der als Hüter
zischend den Born umschlang,
begann ich einzuwiegen,
indem ich Lieder sang
und zauberstarke Namen,
den trauten Vater rief,
die Mutter, meinen Bruder,
bis daß der Drache schlief.
Da raubte ich die Perle
und floh das fremde Land.
Auch ließ ich den Ägyptern
mein unreines Gewand.

Der Heimat galt mein Pilgern;
dem Licht des Aufgangs zu
nahm ich den Weg zum Vater.
Geleiter warst mir du,
mein Brief, mein teurer Mahner,
auf dessen Seidengrund
in wohlbedachten Zügen
die Heimatsbotschaft stund.
Du warst mein lieber Leiter,
du warst mein heller Stern,
du mahntest mich zur Eile
nach meiner Heimat fern.
So zog ich rasch des Weges,
seitab vom Land Sarbug
und auch vorbei an Babel
trug mich der Reise Flug
nach Maishans Hafenplätzen,
dem großen Handelsort.
Da traf ich zwei Gesandte
von meinen Eltern dort.
Die brachten mir den Mantel
der Königsherrlichkeit,
den ich zurück gelassen,
das lichte Sternenkleid.
Ich war ja noch ein Kindlein,
da ich's zuletzt geschaut,
und seine Bildung war mir
nicht mehr, wie einst, vertraut.
Doch als ich es jetzt plötzlich
vor mir entfaltet fand,
da hab ich wie im Spiegel
mich selber drin erkannt.

Ich stand mir gegenüber,
da das Gewand mir glich,
und fand trotzdem als einen
gerade damals mich.
Das was ich selber schaute,
ward auch den Boten klar:
sie sahen mich verdoppelt
als einen, der ich war.
Denn meines Vaters Zeichen
war sichtbar im Gewand,
aus seinen Königshänden
kam mir das Unterpfand,
durch seine Boten sandte
er mir's mit Gold verziert,
in glänzend schönen Farben
höchst kunstreich ausgeführt.
Es blinkte von Achaten,
Rubinen, Demantschein,
Beryllen und Onyxen,
von Perlen, schimmernd rein.
Des höchsten Königs Bildnis
trug es zu seiner Zier,
das glänzte schillernd mitten
in bläulichem Saphir
und war in jedem Teile
als Ganzheit eingewebt.
Auch waren seine Züge
von höchstem Geist belebt.

Ich hörte Klang von Tönen,
und sprechend ward es laut:
»In allen Taten tätig
bin ich dir wohl vertraut.
Mein Vater, der vollzieht es

und übt das Werk der Tat;
in mir siehst du entfaltet,
was er geschaffen hat.«
Und siehe – es umfloß mich
das herrliche Gewand,
so daß ich herrschermächtig
von ihm umflutet stand.

So trat ich hin zum Tore,
wo man mich froh empfing;
doch dünkte ich mir selber
in Demut gar gering.
Ich ehrte meinen Vater,
der mich voreinst entsandt,
zu dem ich jetzt gehorsam
mich wieder heim gewandt,
von dem mein Glanz entstammte,
von seinem nur ein Teil,
der mich ermahnt, geleitet
zu meinem Seelenheil.
Und an dem Tore trat ich
hinzu zur Fürstenschaar
und brachte vor dem Throne
die Huldigung ihm dar.
Da freute sich mein Vater
und nahm mich auf bei sich,
und alle die Getreuen,
sie priesen ihn und mich
mit ihres Geistes Stärke,
der sie jetzt überkam,
da mich ihr Herr, der Vater,
an seine Seite nahm.

Auch hat er mir versprochen
sein schirmendes Geleit,
wenn ich zum König trete,
dem Herrn der Herrlichkeit,
und ihm als Opfer bringe
die Perle, die ich fand,
da ich auf Erden weilte,
fern im Ägypterland.

Dieses Gedicht wurde früher dem Bardaisan zugeschrieben. Aber ob es wirklich von diesem gnostischen Poeten stammt, bleibt zweifelhaft. Meine Übersetzung richtet sich hauptsächlich nach dem originaleren syrischen Texte und zieht die hellenische Übersetzung nur aushilfsweise heran .

Obgleich der Gedankengang überaus schlicht ist und die Gleichnisse schon beim ersten Durchlesen einen tiefen Sinn ahnen lassen, konnte ich doch in der ganzen Literatur über dieses Stück bisher noch kein Zeichen finden, daß es wirklich jemals wäre verstanden worden. Doch nach den zur Einführung vorangeschickten Bemerkungen läßt sich der Hymnus leicht verstehen. – Das Königreich des Vaters ist das Paradies im Mutterschoße. Es wird als Reich des Aufgangs bezeichnet, weil der Garten Eden »gegen Aufgang« gepflanzt war. Der Königssohn ist das Kindlein. Wie es das Haus der Eltern, nämlich den Mutterleib verläßt, kann es noch nicht sprechen. Der mit Gaben gefüllte Ranzen ist sein eigener Körper, der ihm gar leicht zu tragen dünkt. Seine Prachtgewandung ist die Eihaut, die den Embryo umgibt, und die schon Empedokles unter dem Namen Schafhaut kannte. Sie muß das Kind, wenn es aus dem Mutterleibe hervortritt, abstreifen. Im System des Dichters nimmt sie zugleich als Symbol für die vor der Geburt vorhandene tiefere und größere Erkenntnis des Kindes eine ähnliche Stelle ein wie bei

R. Jochanan das Licht, das über dem Haupte des Kindes befestigt ist und bei der Geburt erlischt. Daß der Mensch die Prachtgewandung nach dem Tode wieder erhält, erklärt sich sodann daraus, daß er eben geistig wiedergeboren wird. Die Ermahnung durch die himmlischen Eltern entspricht der Belehrung durch den Engel. Aber die Lebensaufgabe des Menschen wird anders gedeutet. Er soll in der Fremde, in Ägypten, d. h. in seinem Erdenwallen, die Perle der Gnosis aus dem Brunnen des Lebens emporholen, den der Drache, das Symbol der Begehrlichkeit, bewacht. Die beiden Geleiter sind die leiblichen Eltern des Kindes, die es durch die Gefahren der Jugend hindurch auf den Schauplatz des Lebens bringen und dort verlassen. Der Gefährte, der sich nun dem Königssohn gesellt, mag die Gattin oder die Freunde vertreten, und die Speise der Ägypter bedeutet die Sinnengenüsse des Lebens, die da bewirken, daß der Auftrag der himmlischen Eltern vergessen wird. Die Beratung der Eltern und die Versammlung der Fürsten findet im Himmel statt, der ja in der Gebärmutter nur sein Abbild hatte, so daß die Fürsten die Beherrscher der Gestirne sind, für welche schon den alten Babyloniern, namentlich wenn sie die Planeten meinten, der Ausdruck »Fürst« geläufig war. Der Brief ist die Heilslehre, die dem Menschen vom Himmel herzu kommt, um ihn an sein früheres Wissen und seine überirdischen Pflichten zu erinnern. Denn statt, wie die jüdische Lehre, den Menschen durch Gottes Ratschluß sein himmlisches Wissen bei der Geburt verlieren zu lassen, nimmt unser Dichter an, daß diese Kenntnis durch die Verfehlungen der Seele, die von der Speise der Ägypter ißt, also durch ihre eigene Schuld, entschwinden. Eigenartig ist der Zug, daß ein Adler die Heilslehre bringt, während der andere, daß sie zum Worte (Logos) wird, sich ganz in dem Bereiche der üblichen Gedankengänge vom Erlöser-Logos hält. Auch das Siegel, ein Hinweis auf die geheimnisvolle Verschlossenheit der Lehre, besaß seinen Sinn, der in späteren Stücken, die ich daher zu vergleichen bitte, wiederholt anklingen wird. Die Namen, mit denen der Drache bezaubert wird, sind geheime Gottesnamen, vielleicht auch solche Christi, Mariae, des heiligen Geistes usw., wie sie noch genauer besprochen werden. Der Bruder des Königssohnes ist Christus selbst, das unreine Gewand, das den Ägyptern verbleibt, der Körper. Die von ihm losgelöste Seele eilt der Heimat zu, geleitet vom Glauben an die Heilslehre, nämlich von dem Briefe der himmlischen Eltern, bis sie die beiden Todesengel trifft, die ihr das Gewand ihrer früheren Herrlichkeit wieder antun. Aber da die Seele nicht mehr körperlich sondern bloß noch vollkommene Erkenntnis ist, ist ihre Hülle, das Gewand, auch ihr Inhalt, den es aus sich selbst heraus in Worten verkündet, deren Anklang an die Erdgeistszene in Goethes Faust wohl nicht eigens hervor gehoben werden muß. Auch hier besteht natürlich keine literarische Abhängigkeit, wohl aber liegt die Beziehung auf den nämlichen mystischen Grundgedanken von der Seele oder Natur als Gewand der Gottheit vor. Die Vereinigung der durch dieses Gewand wieder zum Weltall erweiterten und also gewissermaßen wieder geborenen Seele mit dem Vater könnte den Schluß des Gedichtes bilden. Trotzdem überreicht der heimgekehrte Sohn nicht schon seinem Vater die Perle sondern hofft vielmehr, daß dieser ihn erst zu dem Herrn der Herrlichkeit empor führen werde, dem er das Kleinod darbringen will. Hieraus ist zu schließen, daß der Vater des Königssohnes in dem Systeme unseres Dichters noch nicht die höchste Gottheit sondern erst selbst wieder deren Sohn ist, wie wir ein solches Verhältnis in mehreren gnostischen Systemen, am verwandtesten aber wohl in Nr. VI, ausgeprägt finden.

# II. JUDAISTISCHE SYSTEME

# 3. Die Gnosis des »Justinos«

Drei Prinzipien des All sind unentstanden; zwei männliche, ein weibliches. Das erste, männliche, heißt Guter. Es hat nur diesen einen Namen, und der Gute weiß alles vorher.

Das zweite, männliche, ist der Vater aller entstandenen Dinge. Er wird Eloëim genannt und besitzt weder Voraussicht noch Sehvermögen.

Das dritte, weibliche, ist ohne Voraussicht, erzürnbar, doppelter Meinung, doppelten Körpers, bis zur Scham Jungfrau, unten eine Schlange. Dieses Mädchen heißt Edem (Erde) und Israel.

Das sind die Prinzipien des All, die Wurzeln und Quellen, von denen alles entstand. Etwas anderes gab es nicht.

Als nun der Vater jene doppeltgestaltete Jungfrau, nämlich die Edem, unwissend der Zukunft, sah, geriet er in Begierde zu ihr.

Nicht minder aber begehrte auch die Edem des Eloëim. Und die Begierde führte sie zusammen zum Wohlgefallen einer Liebe.

Aus dieser Liebe zeugt der Vater von der Edem sich zwölf Engel.

Und in gleicher Weise sind der mütterlichen Engel, welche die Edem sich aus der Liebe des Eloëim erzeugt hatte, zwölf.

Von diesen vierundzwanzig Engeln stehen die väterlichen auf der Seite des Vaters und tun alles nach seinem Willen. Die mütterlichen sind bei der Mutter Edem.

Die Gesamtheit dieser Engel ist das Paradies, von welchem Moses sagt: Es pflanzte Gott einen Garten in Edem gegen

Aufgang« (Gen. II. 8), das ist vor dem Antlitze[1] der Edem, damit die Edem den Garten sehe, das heißt die Engel, durch alle Zeit.

Die Engel des Gartens werden auch Hölzer genannt. Und das Holz des Lebens ist der dritte väterliche Engel, Baruch.

Aber das Holz des Wissens von der Kenntnis des Guten und des Bösen ist der dritte mütterliche Engel, Nahaš (Schlange).

In versteckter Weise hat Moses es gesagt, weil nicht alle der Wahrheit zu folgen vermögen.

Als das Paradies aus dem gemeinsamen Wohlgefallen des Eloëim und der Edem entstanden war, nahmen die Engel des Eloëim von der besten Erde, das heißt nicht von dem tierischen Teile der Edem sondern aus den über ihrer Scham gelegenen und gepflegten Gebieten der Erde, und machten den Menschen.

Aus den tierischen Teilen entstanden die wilden Tiere und die übrigen Lebewesen.

Den Menschen machten sie zum Symbol ihrer Vereinigung und ihres Wohlgefallens und legten ihre Fähigkeiten in ihn, Edem die Seele, Eloëim das Pneuma.

Und es entstand gleichsam als Siegel und Merkzeichen der Liebe und als ewiges Symbol der Ehe der Edem und des Eloëim der Mensch, der Adam. Entsprechend entstand auch Eva als Bild und Symbol zur ewigen Bewährung des Siegels der Edem.

Dem entsprechend wurde auch in die Eva die Seele von der Edem gesetzt, das Pneuma von dem Eloëim.

Und es wurde ihnen der Auftrag gegeben: »Wachset und mehret euch, und füllet und unterwerfet die Erde« (Gen. I. 28), das ist die Edem.

---

1) Dem hebräischen Worte des Bibeltextes kann sowohl die Bedeutung »gegen Aufgang«, wie »vor dem Antlitze« unterlegt werden.

Denn so soll man es schreiben; denn ihre ganze Macht, gleichsam als eine Wesenheit, hat die Edem in der Ehe dem Eloëim hingegeben.

Daher bringen in Nachahmung jener ersten Ehe bis auf den heutigen Tag die Weiber den Männern eine Ausstattung mit, gehorsam dem väterlichen Gesetze, welches von Eloëim gegen Edem erfloß.

Als nun das All gegründet war, wie es bei Moses geschrieben steht, der Himmel und die Erde und alles in ihnen, da wurden die zwölf Engel der Mutter in vier Prinzipien geteilt.

Und jeder Vierteil derselben wurde als Fluß bezeichnet: Pheison und Geon und Tigris und Euphrates, wie dies Moses schreibt.

Diese Engel schreiten umher, in Vierteile unter einander verschlagen, und steuern die Welt, im Besitze der Herrschaft über das Weltall, und mit Satrapengewalt ausgestattet von der Edem.

Sie bleiben aber nicht immer an denselben Orten, sondern wie in einem kreisenden Tanze schreiten sie umher, wechseln Platz um Platz und räumen einander in Zeit und Abstand die zugemessenen Orte ein.

Wenn der Pheison die Herrschaft über die Plätze ausübt, entsteht Hunger, Mangel, Unglück in dem betreffenden Teile der Erde. Vernichtend nämlich wirkt die Stellung dieser Engel.

Und ebenso entstehen bei jedem einzelnen Teil von den vieren nach der Gewalt und Natur eines jeden Unglücksfälle und Seuchen.

Und nach dem Vorherrschen der Vierteile umkreisen für ewig gleichsam fließende Ströme der Schlechtigkeit nach dem Willen der Edem ohne Unterlaß die Welt.

Der Zwang zur Schlechtigkeit entstand aber aus folgendem Anlasse.

Der weltschöpferische Eloëim hatte aus gemeinsamem Wohlgefallen das Weltall bereitet und wollte in die erhöhten Teile des Himmels eindringen und schauen, ob nicht in der Gründung etwas mangelhaft geworden sei.

Dabei nahm er seine Engel mit sich; denn er bewegte sich nach oben und ließ die Edem unten zurück.

Denn da sie Erde war, wollte sie ihrem Gatten nicht nach oben folgen.

Als nun der Eloëim zu der oberen Grenze des Himmels kam und ein Licht sah, das stärker war als das, welches er selbst geschaffen hatte, sagte er: »Öffnet mir die Tore, damit ich eintrete und den Herren anerkenne; denn ich glaubte, selbst der Herr zu sein« (Ps. CXVII, 19f.).

Ihm wurde von dem Lichte eine Stimme, welche sagte: »Diese Türe ist des Herren: Gerechte treten durch sie ein.«

Und sogleich öffnete sich die Türe, und der Vater trat ein, getrennt von den Engeln, zu dem Guten und sah, was das Auge nicht gesehen und das Ohr nicht gehört hat und was in das Herz des Menschen nicht eingedrungen ist (I. Cor. II, 9).

Da sprach zu ihm der Gute: »Laß dich nieder zu meiner Rechten« (Ps. 109, 1). Der Vater aber antwortete dem Guten: »Laß mich, Herr, die Welt, die ich gemacht habe, bekehren! Denn mein Pneuma ist an die Menschen geknüpft, und ich will es zurücknehmen.«

Da sprach zu ihm der Gute: »Du kannst nichts Schlimmes tun, da du bei mir bist; denn aus gemeinsamem Wohlgefallen habt ihr die Welt gemacht, du und die Edem. Laß also die Edem die Gründung behalten, so lange sie will, du aber bleibe bei mir.«

Damals erkannte die Edem, daß sie von dem Eloëim verlassen war.

Und traurig darüber stellte sie sich ihre Engel zur Seite und schmückte sich herrlich, woferne der Eloëim in Begierde zu ihr geriete und zu ihr herab käme. Als aber der Eloëim, vereint mit dem Guten, nicht mehr zu ihr herab kam, trug die Edem dem Babel, das ist der Aphrodite, einem der mütterlichen Engel, auf, Ehebruch und Ehescheidungen unter die Menschen zu bringen, damit, wie sie von dem Eloëim getrennt sei, auch das Pneuma des Eloëim, das sich in den Menschen befindet, durch derartige Trennungen schmerzhaft geprüft werde und das Nämliche erleide wie die zurückgelassene Edem. Und die Edem gab große Macht ihrem dritten Engel, dem Nahaš, auf daß er mit allen Qualen quäle das Pneuma des Eloëim, das in den Menschen ist, damit durch das Pneuma Eloëim selbst gequält werde, da er gegen die getroffenen Vereinbarungen seine Gattin zurück gelassen hatte.

Als dies der Vater Eloëim sah, entsandte er den Baruch, den dritten seiner Engel, dem Pneuma zu Hilfe, das in den Menschen ist.

So kam Baruch wieder und stellte sich in die Mitte der Engel der Edem, das heißt in die Mitte des Paradieses, und verkündete dem Menschen:

»Von jedem Holze, das in dem Garten ist, darfst du essend genießen; aber von dem Holze der Erkenntnis des Guten und des Bösen darfst du nicht genießen« (Gen. II, 17). Denn es ist der Nahaš.

Das heißt: den anderen elf Engeln der Edem darf man gehorchen; denn die elf bringen Unglücksfälle, Gesetzesverletzung bringen sie aber nicht.

Der Nahaš jedoch bringt auch Gesetzesverletzung. Denn er kam zur Eva, täuschte sie und brach mit ihr die Ehe, was gesetzwidrig ist.

Er kam auch zu Adam und gebrauchte ihn als Lustknaben, was ebenfalls gesetzwidrig ist.

So entstand der Ehebruch und der Verkehr mit Männern.

Damals herrschte das Übel unter den Menschen und das Gute, beide aus dem einen Prinzipe des Vaters entstanden.

Denn der Vater, der zu dem Guten emporgestiegen war, zeigte den Weg denen, die emporsteigen wollen.

Aber indem er sich von der Edem trennte, veranlaßte er den Ursprung des Bösen für das Pneuma, das in den Menschen ist.

Gesendet wurde Baruch zu Moses, und durch ihn sprach er zu den Kindern Israels, sie möchten sich zuwenden dem Guten.

Der dritte Engel der Edem aber, welcher wegen der Seele, die von der Edem stammt, in Moses wohnte wie in allen Menschen, verhüllte die Aufträge des Baruch und bewirkte, daß die seinen vernommen wurden.

Denn die Seele ist dem Pneuma untergeordnet und das Pneuma der Seele; denn die Seele ist Edem und das Pneuma Eloëim, wechselweise in allen Menschen, in Weibern und Männern verteilt.

Wieder hernach wurde Baruch zu den Propheten entsandt, damit durch die Propheten das Pneuma, das in den Menschen wohnt, die Botschaft vernehme und die Edem und das böse Blendwerk fliehe, wie sie geflohen hatte der Vater Eloëim.

Dem entsprechend und in demselben Sinne aber setzte Nahaš vermittels der Seele, die in den Menschen zusammen mit dem Pneuma wohnt, die Propheten herab.

Und sie alle frevelten und folgten nicht den Worten des Baruch, die ihnen aufgetragen hatte Eloëim.

Endlich wählte sich Eloëim aus den Unbeschnittenen Herakles zum Propheten und sagte ihm, daß er die zwölf Engel der Edem nieder kämpfe und den Vater befreie von den zwölf bösen Engeln der Schöpfung.

Das sind die zwölf Kämpfe des Herakles, die Herakles kämpfte vom ersten bis zum letzten, der Löwe, die Schlange, der Eber und die übrigen.

Denn in diese Namen der Heiden sind die Namen der mütterlichen Engel umgeändert infolge der Macht des Nahaš, damit die Menschen die wahren Namen nicht vernehmen.

Wie es aber den Anschein hat, als hätte er sie nieder gekämpft, verbindet sich mit ihm Omphale, das ist Babel, die Aphrodite, und setzt den Herakles herab und vernichtet seine Gewalt, die Aufträge des Baruch, die ihm aufgetragen hatte Eloëim, und entkleidet ihn der Gewalt und zieht ihm an ihr eigenes Gewand, d. h. die Gewalt der Edem, der unteren Gewalt.

Und so blieb die Prophetie des Herakles zusammen mit seinen Werken unvollendet.

Zum Schlusse aber in den Tagen des Königs Herodes ward Baruch entsandt, nieder gesandt von Eloëim, und als er nach Nazareth kam, fand er Jesus, den Sohn des Joseph und der Maria, beim Schafehüten, ein zwölfjähriges Knäblein.

Und er verkündete ihm von Anfang alles von Edem und Eloëim, was geschehen war, und alles, was nachher sein wird, und er sprach:

»Versuche also, da alle Propheten vor dir gefrevelt haben, nicht zu freveln, du Jesus, Sohn des Menschen.

Sondern künde dieses Wort den Menschen und melde ihnen von dem Vater und dem Guten und steige empor zu dem Guten und laß dich dort nieder mit Eloëim, dem Vater von uns allen!«

Und es folgte dem Engel Jesus und sprach: »Herr, ich will alles tun.« Und er verkündete.

Aber auch diesen wollte der Nahaš herab setzen; es gelang ihm aber nicht. Denn Jesus blieb treu dem Baruch.

Erzürnt jedoch, daß er ihn nicht herabzusetzen vermochte, bewirkte Nahaš, daß Jesus an den Pfahl (Kreuz) kam. Jesus jedoch ließ den Körper der Edem bei dem Holze zurück und stieg empor zu dem Guten.

Zur Edem jedoch sagte er: »Weib, du hältst ab deinen Sohn«, das ist den seelischen Menschen und den irdischen Menschen.

Er selbst aber legte seinen Geist in die Hände des Vaters und kam hinauf zu dem Guten.

Der Gute aber ist Priapos, der, bevor etwas war, geschaffen hat. Deshalb heißt er Priapos, weil er alles zuvor geschaffen hat.[2]

Deshalb steht er in jedem Tempel, verehrt von aller Schöpfung, und trägt die Früchte ober sich, das sind die Früchte der Schöpfung, deren Ursache er ist, indem er die Schöpfung vorher gegründet hat, die früher nicht war.

Und hört einer von den Menschen, wie sie sagen, daß der Schwan zur Leda kam und Kinder mit ihr zeugte, so ist der Schwan der Eloëim und Leda die Edem.

Und wenn die Menschen sagen, daß der Adler zu Ganymedes kam und Kinder aus ihm zeugte[3], so ist der Adler der Nahaš, Ganymedes aber der Adam.

Und wenn sie sagen, daß das Gold zur Danae kam und Kinder aus ihr zeugte, so ist das Gold der Eloëim, Danae die Edem.

Wenn also die Propheten sagen: »Höre Himmel und lausche Erde, der Herr hat gesprochen« (Jes. I, 2), so meinen sie mit dem Himmel das Pneuma, das in den Menschen ist und

---

2) Der Name wird durch ein Wortspiel in der hellenischen Sprache so gedeutet.
3) Offenbar galt Ganymedes für manche Mythen als mannweiblich.

dem Eloëim zugehört, und mit der Erde die Seele, die in den Menschen zusammen mit dem Pneuma ist, mit dem Herren jedoch den Baruch, mit Israel die Edem.

Denn die Edem, die Gattin des Eloëim, wird auch Israel genannt. »Denn Israel kannte mich nicht« (Jes. I, 3). Denn wenn sie mich gekannt hätte, daß ich bei dem Guten bin, hätte sie nicht aus ihrer ursprünglichen Unkenntnis das Pneuma, das in den Menschen ist, bestraft.

Vernimm auch den Eid, den diejenigen schwören, welche diese Geheimnisse hören und vollendet sein wollen vor dem Guten.

Diesen Eid schwur unser Vater Eloëim, als er zu dem Guten kam, und es reute ihn nicht der Schwur, von dem geschrieben steht: »Es schwur der Herr, und es wird ihn nicht reuen« (Ps. CIX, 4).

Der Eid aber ist folgender:

*Ich schwöre bei dem Guten, der oberhalb aller Dinge ist, zu bewachen diese Geheimnisse und sie niemandem zu sagen, und auch nicht von dem Guten weg mich zuzuwenden der Schöpfung.*

Wer diesen Eid geschworen hat, kehrt zu dem Guten ein und sieht, »was das Auge nicht gesehen und das Ohr nicht gehört hat und was in das Herz des Menschen nicht eingedrungen ist« (1. Kor. II, 9).

Und er trinkt von dem lebendigen Wasser, das das Reinigungsbad und die Quelle des sprudelnden, lebendigen Wassers ist.

Denn es ist in der Mitte zwischen Wasser und Wasser geschieden, und es gibt ein Wasser, das unterhalb des Raumes der bösen Schöpfung ist, in welchem sich die irdischen und seelischen Menschen waschen.

Und es gibt ein Wasser, welches oberhalb des Raumes des Guten ist, ein lebendiges, in welchem sich die geistigen, lebendigen Menschen waschen, in dem sich Eloëim gewaschen hatte, und den es nicht reute, nachdem er sich gewaschen hatte.

Und wenn der Prophet sagt: »Nimm dir ein Weib der Unzucht, damit die Erde durch Unzucht unzüchtig sei im Rücken des Herrn« (vgl. Gen. I, 6, 7), so ist das die Edem im Rücken des Eloëim.

Er spricht deutlich das ganze Geheimnis aus, und nur wegen der Schlechtigkeit des Nahaš wird es nicht vernommen.

Die Sekte, deren System unser Text nach dem Auszuge des Hippolytos entwickelt, hatte zahlreiche Schriften, darunter auch eine, die das »Buch des Baruch« betitelt war und aus welcher vielleicht auch die Vorlage des Hippolytos schöpfte. Hippolytos benennt sie nach einem gewissen Justinos, der sonst nicht wieder erwähnt wird. Da sie aber das einfachste unter allen gnostischen Systemen verwandten Baues ist, und wohl auch eben deshalb eines der ältesten, halte ich dafür, daß Hippolytos einen anderen Namen der Sekte als den, mit welchem sich ihre Mitglieder selbst bezeichneten, nämlich »Gnostiker«, gar nicht kannte und daß seine Erwähnung des Justinos auf einem groben Mißverständnisse beruht. Justinos hieß, soviel wir wissen, einer der ersten Schriftsteller gegen die Gnostiker. Nichts ist wahrscheinlicher als daß das hier vorliegende System ohne besonderen Titel einfach als »Gnosis« in dem Buche des Justinos beschrieben und auch widerlegt war, daß aber später, zu einer Zeit, da Gnosis immer mehr der Name für die ganze Richtung und das Werk des Justinos selten geworden war, Abschreiber, welche dieses Kapitel bei Justinos exzerpierten, seinen Namen darüber setzten und so den Hippolytos verleiteten, seinen eigenen Glaubensbruder für den Urheber der Irrlehre zu halten. In diese Meinung konnte er um so eher verfallen, als in seinen Schriften sich keine Spur einer direkten Benützung des Buches des Justinos findet, so daß es sogar zweifelhaft ist, ob selbst sein Lehrer Irenaios, dem er in vielen Punkten folgt, den Justinos vor sich liegen hatte. Diese literarhistorische Vermutung ermöglicht es erst, die Wichtigkeit unseres Dokumentes richtig einzuschätzen. Dasselbe enthält wohl in der Tat die Lehre einer der ältesten Sekten, deren Mitglieder sich selbst als »Gnostiker« bezeichneten.

Schon ein erster Überblick über das Exzerpt zeigt, wo die Wiege dieser »Gnosis« stand. Gleich der Buchtitel »Baruch« bringt uns ein hebräisches Wort; denn Baruch heißt der Gebenedeite, der hier die Rolle des göttlichen Mittlers (Logos) spielt und sich unter den Menschen. 1. Moses, 2. die Propheten, 3. Herakles, 4. Christus, also, ganz im Sinne der Merkabalehre, vier Arten von Verkündern, erwählt. Der Weltschöpfer heißt Eloëim, das entsprechende weibliche Prinzip Edem, wieder zwei hebräische Worte, deren erstes »Gott« bedeutet, während das zweite »Erde« heißt. Auch die Schriftstellen, die erwähnt werden, gehören ausschließlich dem alten Testamente an, und was von Jesus vorkommt, setzt noch nicht die Textgestalt der Evangelien voraus. Diese Tatsachen, noch mehr aber der Stil der Darstellung, sprechen für jüdischen Ursprung. Ja an manchen Stellen drängt die eigentümliche, im Hellenischen ungewöhnliche Wortfolge geradezu den Gedanken auf, daß der Schrift eine Übersetzung aus einem semitischen Idiom, also wohl entweder aus dem Hebräischen oder Aramäischen, zugrunde liegt. Dies das Ergebnis der äußeren Prüfung.

Bei der Betrachtung des Inhaltes hinwieder fällt auf, daß das Paradies mit seinen vier Strömen und den ihnen entsprechenden viermal sechs Engeln im Mittelpunkte des Systemes steht. Wie vertraut dieser Gedanke gerade der jüdischen Geheimlehre war, wurde oben betont. Ob das in dem Texte häufig vorkommende Wort Paradies der Übersetzung zuzuschreiben ist, oder schon im Originale stand, läßt sich nicht mehr ausmachen, aber wahrscheinlich dünkt es mir, daß schon hier jener fremde, persische Einfluß eingesetzt habe, dessen Merkzeichen dieses Lehnwort eben ist. Und in solchem Zusammenhange gewinnt die Ansicht des Hippolytos über den Grundgedanken des Systemes an Gewicht. Hippolytos wies nämlich auf den Anklang der Lehre seines »Justinos« an eine Erzählung von »Herakles« hin, welche Herodotos schon als bei den »Skythen« heimisch überlieferte. Den Inhalt der Erzählung bespreche ich später; denn zunächst fragt es sich: woher hat Hippolytos diese Wahrnehmung? Wohl kaum aus eigener Kombination. Seine Quelle ist ja wohl in unserem Falle, ohne daß er es selbst ahnte, Justinos. Aber woher nahm Justinos die Angabe? Nun, unser Exzerpt selbst erkennt dem Heraklesmythos Offenbarungswert zu. Mir scheint es daher am richtigsten, der Angabe des Hippolytos, daß unsere Gnostiker selbst sich auf die Geschichte bei Herodot beriefen, Glauben zu schenken. Diese Erzählung knüpft daran an, daß Herakles sich im Skythenlande auf der Fahrt nach den Rindern des Geryones befindet. Trifft unsere Annahme zu, dann müßte auch Geryones hierher gehört haben. Obgleich aber seiner zwar nicht in der »Justinos«häresie Erwähnung geschieht, läßt sich doch nachweisen, daß er in der Tat in dem Gedankenkreise dieser Sekte vorkam. Denn die Naassener, welche im Folgenden als Weiterbildner der betreffenden Lehren sich kennzeichnen werden, haben dem Geryones ausdrücklich eine prägnante Stelle in ihrem Systeme zugewiesen. Aber während die anderen Bestätigungen seiner Gnosis, die unser Pseudojustinos aus der Deutung heidnischer Mythen gewinnt, sich besser gelegentlich der Darlegung der naassenischen Lehre, bei der wir schon sozusagen ein Stück Geschichte der Gnosis überblicken werden, würdigen lassen, hatte die Geschichte von Herakles bei Herodotos nach den Angaben des Hippolytos einen anderen

Charakter. Sie soll ja eine Quelle für den Lehrinhalt dieses Systemes, nicht eine Bestätigung desselben gewesen sein, so daß also unsere Gnostiker selbst sie als solche angaben und wohl auch diskutierten. Wer dies zugibt, muß aber auch einräumen, daß offenbar ein »skythischer«, d.h. in diesem Falle, wo es sich um das Paradies handelt, ein iranischer Mythos, von ihnen als wesensverwandt mit ihrer Lehre hingestellt wurde. Wie es scheint, befinden wir uns wirklich an jener Stelle, an der noch eine Spur zu dem Ursprunge der für das gesamte Gebiet der Gnosis so wichtigen Vorstellung vom Paradiese hinüberleitet. Und nun erst wollen wir uns der Betrachtung des Mythos bei Herodot zuwenden.

Nach den Erzählungen der Hellenen am Pontos (schwarzes Meer) berichtet er: Als Herakles auf seiner Wanderung mit den Rindern des Geryones im Skythenlande eingeschlafen war, kamen ihm die Pferde vom Wagen abhanden. Auf der Suche nach ihnen gelangte er in das Land Hylaia und fand dort in einer Höhle ein Wesen mit Namen Echidna, Jungfrau bis zu den Hüften, unterhalb Schlange, das ihm die Pferde versprach, wenn er ihr beiwohne. Herakles zeugte mit ihr drei Söhne und hinterließ ihr drei Gaben: Bogen, Gürtel, Becher. Ursprünglich war wohl je eine dieser Gaben für je einen der drei Söhne bestimmt, Bogen und Herrschaft für den, der ihn spanne, Gürtel für den, dem er passe, Becher für den, der ihn leeren könne. Ferner war Echidna, wie eine ganz ähnliche, von einer »Keltine« erzählte, also auf die Kelten gedeutete Parallelsage zeigt, die Tochter des Geryones, und Herakles hatte nicht seine Pferde, deren er zum Weiden der Rinder kaum bedurfte, sondern eben die Rinder selbst verloren.

In dieser Erzählung mußten unsere Gnostiker den Geryones als Okeanos, als das Urwesen des Wassers, verstehen; denn so taten auch die Naassener. Ferner bot der Name des Landes, in dem sich Echidna befand, nämlich Hylaia, einen

willkommenen Anklang an Hyle, das hellenische Wort für
»Stoff«, »Materie«. Endlich war auch einer späteren orphischen Theogonie eine Echidna als Tochter des selber schlangengestalteten, aber auch geflügelten Urweltgottes Phanes
bekannt. Auch sie wird als Schlange mit Mädchenkopf geschildert. Aber ich glaube nicht zu irren, wenn ich vermute,
daß dieses Mädchen selbst einmal als geflügelte Schlange gegolten habe. Dann aber reicht sie wohl mit den Flügeln in die
Luft, ihr Körper bildet die Erde, ihr Schlangenleib erstreckt
sich in die Tiefe des Urmeeres, das unterhalb der Erde liegt.
Ihr Gürtel wäre dann Okeanos als Randstrom, die Höhle, in
der sie wohnt, die Welt, sie selbst die Mitte der Welt. Noch
Kaiser Julianos Apostata kannte den Mythos in diesem
Sinne, nur daß bei ihm der Gott nicht Herakles sondern Attis heißt, der an das Ende der Welt vordringt und sich dort in
einer Höhle mit einem zwiegestalteten Mädchen begattet,
das als »Stoff« gedeutet wird. – Bei unseren Gnostikern finden wir nur mehr Spuren dieser mythischen Gedanken. Aber
wieder die Naassener, die ihren Namen von Nahaš, dem dritten der mütterlichen Engel unseres Textes, herleiten, dem sie
eine weit prägnantere Stellung zuteilen, kennen ein merk-
würdiges Mischwesen, den Meersperber, der als Vogel in den
Luftbereich ragt, als Schlange in die Tiefen des Urmeeres hin-
abreicht und dessen Zentrum das (Schwerste, nämlich das)
Gold anstrebt. Dieser Meersperber also scheint in jenen anderen gnostischen Systemen, die dem vorliegenden in vielen
Punkten verwandt sind, der hier vorkommenden, nicht mehr
Echidna, sondern Edem oder Israel genannten Jungfrau zu
entsprechen. Anläßlich der Beleuchtung des Systemes der
Peraten (Nr. 8) soll das Thema wieder aufgenommen werden,
aber schon hier möge nicht unerwähnt bleiben, daß dieser
Meersperber nachgewiesen persischen Ursprunges ist.

Aber noch ein anderes, fremdes Element dieser Gnosis
darf nicht übersehen werden. Der Gute, der als Urgott auf-

tritt, und der immerhin prägnante dualistische Charakter des Systemes kann zwar im Grunde ebenfalls unter persischer Fernwirkung entstanden sein, worauf auch die Himmelstore deuten würden, durch die Eloëim zur Anschauung des Guten gelangte, aber seine spezifische Färbung als Priapos, als Gott der Fruchtbarkeit, ist, wie die Naassener zeigen, ägyptisch. So stellt sich denn heraus, daß vielfach wichtige Aufklärungen erst aus den weitergebildeten Lehren der Späteren gewonnen werden können, daß aber die Komponenten, aus denen sich das Gesamtbild dieser Art Gnosis ergab, auch jetzt schon ersichtlich sind.

# 4. Die Naasener

Die Naasener leiten ihren Namen von dem hebräischen Worte nahaš her, das »Schlange« bedeutet. Denn, sagen sie, Naas ist die Schlange, von der alle Tempel unter dem Himmel ihren Namen haben. Denn der Tempel heißt hellenisch naós und aus der lautlichen Verwandtschaft des hebräischen mit dem hellenischen Worte ergab sich für diese Sekte ein sprachlich-sachlicher Zusammenhang zwischen dem Naas (Nahaš), der als Schlange das Urwesen, und dem naos, der als Tempel die Verehrungsstätte dieses Urwesens darstellen sollte. Und auch der Geist, der am Anfang der Weltbildung steht, heißt hellenisch nûs, ein Wort, das neuerlich an Naas anklingt. Wenn aber, obgleich Gottesverehrung überall in Tempeln stattfindet, dennoch in den meisten Tempeln nicht der Naas verehrt wurde, so erwuchs eben seinen Anhängern die Aufgabe, durch deutende Vergleichung der religiösen Vorstellungen aller Völker zu erhärten, daß die von diesen Völkern tatsächlich verehrten verschiedenartigen Gottheiten nur scheinbar nicht der Naas seien, während die zu jeder dieser Kultstätten gehörigen Mysterien, wenn man sie recht verstehe, eigentlich die naassenische Lehre enthielten. Dann war aber auch ein Grund nachzuweisen, durch den sich begreifen ließ, wieso die ursprüngliche, reine naassenische Lehre getrübt und derart verunstaltet werden konnte, daß die heidnischen Kulte in ihrer bunten Mannigfaltigkeit aus ihr hervorgingen. Ganz ähnlich aber wie die Juden, als sie ihre Sprache für die Ursprache der Menschheit ausgeben wollten, den sündhaft vermessenen Turmbau zu Babel als Grund ausfindig machten, um zu erklären, wie aus dieser einheitlichen Ursprache die tatsächlich vorhandene Mannigfaltigkeit der Sprachen sich ergab, haben wohl auch die Naassener, wie wir aus den verwandten gnostischen Lehren mit aller Sicherheit schließen dürfen, eine Verfehlung gegen ein göttliches Gebot als die Ursache der für die Menschheit verhängnisvollen heidnischen Irrlehren, die erst durch ihre Lehre verstanden werden können, geltend gemacht. Nur haben sie nicht den Menschen, sondern selbst wieder einer Gottheit diese Verfehlung zugeschrieben, nämlich dem Schöpfer dieser Welt, der sich im Gegensatze zu dem Urgotte in seiner Unwissenheit selber für den Urgott hält, und nun dem Urgotte in jeder Weise entgegenwirkt. Dieser Gedankengang wird sich noch deutlicher weiter unten ergeben. Hier genügt es, den scheinbar eklektischen oder synkretistischen Charakter der naassenischen Lehre als eine naturgemäße Folge ihrer Auffassung vom Wesen der Heilslehre überhaupt und von deren Verhältnis zu den heidnischen Kulten angedeutet zu haben.

Es ist selbstverständlich, daß von den zahlreichen Schriften, die, wie wir wissen, auch diese gnostische Sekte besaß, der überwiegende Teil weniger der theoretischen Darstellung der Lehre, als vielmehr ihrer historisch-religiösen Erläuterung, d.h. also dem Nachweise des naassenischen Grundgedankens in den Kulten und Mythen der Völker, gewidmet sein mußte.

Von dem systematischen Aufbau des Lehrgebäudes hat uns Hippolytos nur einige Trümmer überliefert. Wohl das wichtigste Stück ist der nach einem arg verstümmelten Texte hier wiedergegebene Psalm.

## a) NAASSENISCHER PSALM

Allgemeines Gesetz im All war als erster der Geist,
als zweites das vom Erstentstandenen ausgeschüttete Chaos,
als Dritterschienenes die Seele, die die Welt schafft,
hernach aber, umhüllt von nichtiger Gestalt,
des Todes Andrang mühevoll besiegt.
Bald ist sie Königin und sieht das Licht,
bald weint[1] sie, in die Finsternis verstoßen.
Sobald sie weint, freut sie sich, sobald sie sich
freut, stirbt sie, sobald sie stirbt,
wird sie gerichtet, sobald sie gerichtet wird, wird sie geboren,
sobald sie geboren wird, hat die Unselige ohne Ausweg
irrend das Labyrinth der Sünde betreten.
Da sagte Jesus: Siehe Vater!
Die Sucht der Bösen auf der Erde
wird von deinem Hauche verscheucht werden.
Sie sucht das bittere Chaos zu fliehen
und vermag es nicht zu durchwandern.
Deshalb entsende mich, Vater!
Mit dem Siegel will ich hinab steigen,
alle Ewigkeiten durchwandern,
alle Geheimnisse aufschließen,
die Gestalten der Götter weisen
und das Verhüllte des heiligen Weges
Erkenntnis vollendend verkünden.

Von der Hauptschrift der Sekte, in der alles enthalten war,
was Jakobos, der Bruder des Heilands, einer weiter nicht bekannten Mariamne überliefert haben soll, kennen wir nicht
einmal den Titel, wohl aber scheinen die nicht allzu umfang-

---

1) Vgl. Nr. VI, wo die Entstehung der Elemente aus den Gemütszuständen
der Sophia, welche hier direkt als Seele auftritt, dargelegt ist.

reichen Auszüge, die Hippolytos *nicht* aus der später zu besprechenden Schrift »Vom Menschen« entnahm, aus diesem Werke zu stammen. Vielleicht aber ist dieses Buch mit dem »Ägypterevangelium«, welches Hippolytos gelegentlich ebenfalls erwähnt, identisch. Den wesentlichen Inhalt der naassenischen Lehre, so weit er für das Verständnis der nachfolgenden Stücke erforderlich und zugleich der Schlüssel zu der verkürzten Darstellung des obigen Psalmes ist, wiederhole ich daher in möglichstem Anschluß an die dieser Schrift entstammenden Angaben des Hippolytos, wobei ich aber gedankliche Lücken nach der Analogie der nächstverwandten gnostischen Systeme zu überbrücken trachte, wie folgt:

## b) SYSTEMATISCHER LEHRINHALT

Anfang der Vollendung ist die Erkenntnis des Menschen; Gottes Erkenntnis ist die unbedingte Vollendung.

Der Mensch heißt Adam, ist der Ursprung des All, männlich und weiblich zugleich. Deshalb heißt es im Liede von ihm:

Von dir ist »Vater« und durch dich ist »Mutter«, sind die beiden unsterblichen Namen, die Eltern der Ewigen, von dir die Bürger des Himmels, du berühmter MENSCH!

Dieser Mensch zerfällt in drei Teile: in den geistigen, irdischen, seelischen. Der erste Teil, der geistige, ist der älteste und reinste. Er ist der Stoff des Wassers und die Schlange; und kein Ding, nichts Unsterbliches und nichts Sterbliches, nichts Beseeltes und nichts Unbeseeltes, kann ohne ihn bestehen. Der zweite ist das von dem Erstentstandenen ausgeschüttete Chaos, dem der Stoff der irdischen Welt entstammt; der dritte ist die Seele (Sophia).

Die Naassener müssen, wie die Ophiten, angenommen haben, daß diese Seele von dem Menschen, d. h. von der

Schlange weg, aus der sie entstanden ist, in das Wirrsal des Chaos hinabgeriet, daß die Welt von der Seele in ihrer Trauer über ihren Fall geschaffen wurde und daß sie also ebenfalls aus drei Teilen besteht, nämlich aus dem Anteile der Schlange (des MENSCHEN), den die Seele mit sich in das Chaos hinabzog, aus dem Anteile des Chaos, den sie zu sich emporhob, und aus der Seele selbst. So daß die Seele gewissermaßen die Mittlerin ist und die Mitte hält zwischen dem ewigen MENSCHEN und dem Chaos, indem sie die Welt bildet. Auch müssen von ihr jene herrschenden Götter abstammen, deren vierter (und als Feuergott, wegen der systematischen Bedeutung der Vierzahl und ihrer Beziehung zu den vier Elementen, wohl auch letzter) Esaldaios ist, der die Welt gebildet hat, die wir bewohnen, und der wohl auch im Vereine mit anderen, von ihm hervorgebrachten Gewalten den irdischen, unbeseelten Menschen schuf, welcher die Seele erst durch die Gnade jener von dem ersten MENSCHEN getrennten, in das Chaos herabgesunkenen SEELE erhalten konnte. Ferner muß dieser Esaldaios ohne Erkenntnis seines Ursprunges gehandelt und den irdischen Menschen nur deshalb geschaffen haben, weil die SEELE ihm zurief, daß nicht er der Gott des Alls sei, sondern jener MENSCH. Um sich aber seinen Kreaturen gegenüber dennoch als der Gott zu bewähren, schuf er den (irdischen) Menschen, da er den Sinn des von der SEELE gebrauchten Wortes MENSCH nicht verstand, nach seinem eigenen Ebenbilde, welches dem MENSCHEN nur mehr in entfernter Weise glich. Kurz, die ganze Systematik der naassenischen Lehre muß sich in allen wesentlichen Zügen mit der nur etwas komplizierteren, aber ihrem Aufbaue nach streng entsprechenden Lehre der Ophiten (oder der noch verwickelteren des Valentinos; s. Nr. VI) gedeckt haben.

Der Mensch aber, den Esaldaios nach seinem eigenen Ebenbilde schuf, hat, sofern Esaldaios von Naas stammt, auch mit Naas eine Ähnlichkeit, und ferner besitzt er außer dem irdischen Körper die Seele von jener ersten SEELE, die von Naas stammt. Auch er also ist dreigeteilt, nämlich geistig, seelisch, irdisch. Und seine Seele ist, je nachdem sie dieser oder jener Seite zuneigt, ebenfalls dreigeteilt, so daß es nach dem Überwiegen der betreffenden Teile drei Arten von Menschen gibt, nämlich engelhafte, seelische, irdische. Und diese Menschen sind der Schauplatz, auf welchem der Kampf zwischen der SEELE, die den irdischen Menschen zum ersten MENSCHEN zurückführen will, und dem Weltherrscher, der mit seinen Kreaturen den Menschen an das Irdische zu fesseln sucht, stattfindet. Denn der Mensch gleicht in seiner Beschaffenheit dem All und vermag durch das in ihm Enthaltene zu erkennen, daß dieses seinem Inhalte verwandt ist. Denn durch seine, wenngleich entfernte Ähnlichkeit mit dem ersten MENSCHEN waltet auch in ihm der Nahaš, die Schlange.

Und der Nahaš ist der Gute und umschließt alles in sich gleichsam wie in dem Horne des eingehörnten Stieres (vgl. Deuteron. XXIII 17), nämlich in dem Füllhorne, dergestalt daß er Schönheit und Jugendreiz gemäß ihrer eigenen Veranlagung und Beschaffenheit an alle verteilt und gleichsam das All durchwandert wie der Strom, der da »ausging von Edem und sich teilte in vier Quellen« (Gen. II 10). Edem aber ist das Gehirn, gebunden und umhüllt von den es umgebenden Häuten gleichwie der Himmel von seinen Wölbungen. Und nur so weit der Kopf reicht, entspricht der Mensch dem Paradiese. Und dieser Fluß, der da ausgeht von Edem, nämlich von dem Haupte, »teilte sich in vier Quellen. Und der Name des ersten Flusses hieß Pheison, der das ganze Land Euilat umkreist, allwo das Gold ist. Und das Gold jenes Landes ist schön. Und dort ist auch die Kohle und der Smaragd« (Gen. II 11, 12). Dieser Strom ist das Auge. In seinem hohen Werte und seiner Farbenpracht liegt das Zeugnis für diese Lehre. Der Name des zweiten Stromes ist Geon, der das ganze Land

Äthiopien umkreist. Er entspricht dem labyrinthisch verschlungenen Gehöre. Und der Name des dritten ist Tigris. Er ist es, der den Assyrern entgegen fließt. Er entspricht dem Geruche, der da im raschesten Flusse dahin fließt. Den Assyrern strömt er entgegen, da beim Ausstoßen des Atems der von außen beim Einatmen eingezogene Hauch[2] schärfer und gewaltsamer wieder heraustritt. Denn das ist dem Aufatmen eigen. Aber der vierte Fluß heißt Euphrates. Es ist der Mund, durch den das Gebet hinaus und die Nahrung eintritt, die Pforte[3], die erfreut, nährt und gestaltet den geistigen und vollendeten MENSCHEN.

Diesem Wasser naht jede Kreatur und entnimmt ihm, was ihres Wesens ist, und aus diesem Wasser strömt auch jeglichem Wesen das ihm Heimische zu, heftiger noch als das Eisen dem Steine des Herakles (Magneten), oder das Gold dem Mittelpunkte des Meersperbers, oder die Schnitzel dem Bernsteine zustreben. Ist aber einer von Geburt an blind und schaut er nicht das wahre Licht, »das da erleuchtet jeden Menschen, der in die Welt kommt« (Joh. I 3), dann möge er auf Grund dieser unserer Lehre seine Augen aufschlagen und betrachten, wie aus ein und demselben Wasser der Ölbaum die Feuchtigkeit des Öles, die Rebe den Wein und überhaupt jedes Gewächs den ihm eigenen Saft an sich zieht.

Wer daher an diese Lehre glaubt, der gehört zu den geistigen Menschen, zu den vom lebendigen Wasser Auserwählten, von dem Wasser des Euphrat, der mitten durch Babel[3] fließt. Und er wird eintreten in die Heimat des Paradieses durch die wahrhafte Pforte[3], die Jesus ist, denn Jesus, der

2) Es liegt ein Wortspiel zwischen syro, d.h. ziehen, und As-syr-rer zu Grunde.
3) Der Euphrat fließt durch Babel, und »Bab-el« heißt »Tor Gottes«.

Sohn der Maria, war ein irdischer Mensch, ausgezeichnet durch besondere Tugenden, da er auch ein seelischer Mensch war. Aber zum engelhaften, geistigen, d.h. zum dritten Menschen, wurde er erst dadurch, daß aus dem Wasser des Jordan bei der Taufe dieser geistige Mensch in ihn einzog. Und das sind die drei Pforten zum Paradiese: die irdische, die seelische, die geistige, denen auch die drei Kirchen entsprechen: die irdische, nämlich die Gefangenen (Gemeinde), die seelische, nämlich die Berufenen (Priesterschaft), die geistige, nämlich die Auserwählten. Und nur diese sind die wahren Christen, nämlich die Auserwählten, die vor der dritten Pforte das Mysterium vollzogen und mit dem geheimnisvollen Öl aus dem Horne gesalbt wurden wie David, aber nicht aus dem irdenen Gefäße wie Saul, der Gemeinschaft pflog mit dem Geiste der fleischlichen Begierde.

# 5. Die Ophiten

Der MENSCH ist der Gott der Götter, der als seliges, unvernichtbares, grenzenloses Licht im Urgrund ewiglich verharrt.

Sein Gedanke aber geht von ihm aus und ist sein Sohn, den er entsendet. Dieser Sohn des MENSCHEN ist der zweite MENSCH.

Nach ihm kommt das heilige Pneuma.

Unterhalb dieser drei, so daß das Pneuma über ihnen ist, sind die vier Elementargewalten: Wasser, Finsternis, Abgrund, Klaffen.

Über ihnen schwebt das Pneuma, das das erste WEIB ist.

Der erste MENSCH und der zweite MENSCH entbrannten in Liebe in Folge der Schönheit des Pneuma, das heißt des WEIBES.

Und sie bestrahlend zeugten sie von ihr eine unvergängliche Leuchte, das dritte männliche Wesen, das der GESALBTE[1] heißt:

Den Sohn des ersten und des zweiten MENSCHEN und des heiligen Pneuma, des ersten WEIBES, wobei Vater und Sohn dem WEIBE, das deshalb auch Mutter der Lebenden heißt, beiwohnten.

Da aber das WEIB die Macht des Leuchtens weder ertragen noch in sich aufnehmen konnte, schäumte sie, übermäßig erfüllt, nach den linken Gegenden der Weltordnung hin auf.

1) Christós = Messias = Gesalbter.

Und so sonderte sich ihr Sohn, der GESALBTE, gleichsam auf der rechten Seite ab.

Er wurde im Wirbel nach oben emporgerissen, mitsamt seiner Mutter, hinauf zu dem unvergänglich Ewigen.

Die Mutter des GESALBTEN ist zugleich auch die wahre und heilige KIRCHE; denn KIRCHE ist der Name, die Zusammenkunft und die Vereinigung: des Vaters aller, des ersten Menschen, ferner des Sohnes, des zweiten Menschen, endlich des Gesalbten, ihres und jenes Weibes gemeinsamen Sohnes.

Die Kraft, welche aus dem WEIBE zur Linken emporsprudelte, die Schwester des Gesalbten, fiel, von einem Lichtschimmer benetzt, von dem Orte der Väter zur Tiefe hinab.

Sie heißt Weisheit, Hure und Mannweib.

Und sie schwamm in den Wassern und brachte sie, die bisher unbewegt waren, in Bewegung.

Und sie drang heftig vor bis zum Abgrunde hinab.

Und sie nahm von den Wassern Körper an und wurde damit belastet, da alles an ihre Benetzung des Lichtes sich herandrängte und sich an sie heftete, so daß sie in Gefahr geriet, von den Wassern ertränkt zu werden. Und sie wäre beinahe von dem Stofflichen aufgezehrt worden, wenn sie nicht mit Licht benetzt gewesen wäre.

Vom Körper gefesselt, der von dem Stoffe war, sah sie sich aufs äußerste beschwert.

Und sie besann sich eine Zeit.

Dann versuchte sie, das Wasser zu fliehen und zur Mutter empor zu steigen.

Aber wegen der Schwere des sie umgebenden Körpers vermochte sie es nicht. Und sie war äußerst unglücklich und versuchte, jenes Licht, das von oben stammte, zu verbergen; denn sie fürchtete, wie sie selbst, könne auch jenes Licht durch die unteren Elementarkräfte Schaden nehmen.

Und als sie nach dieser Sammlung von der Benetzung des Lichtes, das in ihr war, Kraft empfangen hatte, sprang sie zurück.

Und sie wurde in die Höhe gehoben und breitete sich aus. Und sie hüllte sich in das Weltall ein und bildete ihren Sohn, den Himmel, den wir sehen und der ihr Körper ist.

Und unter dem Himmel blieb ihr Erzeugnis zurück, die Erde, die noch jetzt die Gestalt eines schwimmenden Nachens hat.

Denn da sie die Sehnsucht nach dem oberen Lichte empfangen und die Kraft, über dem Wasser zu bleiben, für immer erhalten hatte, legte sie den Körper ab, von ihm befreit.

Der Körper aber, den sie, das Weib, ablegte, wird nach ihr als das Weib[2] bezeichnet.

Aber auch der Sohn des Weibes, nämlich der Weisheit, hatte nicht minder von der Mutter her ein Streben nach Unverderbtheit, das ihn zum Handeln trieb.

Mächtig geworden entließ er selbst aus den Wassern einen Sohn, ohne Hülfe der Mutter.

Und sein Sohn entließ in Nachahmung des Vaters einen ferneren Sohn.

Dieser dritte wieder zeugte einen vierten. Der vierte zeugte wieder einen Sohn. Vom fünften wurde ein sechster gezeugt, und der sechste zeugte den siebenten.

2) Die Formung der Menschen (Adam und Eva) erfolgt, wie sich zeigen wird, erst durch Ialdabaoth. Hier ist unter dem Weibe überhaupt alles Stoffliche, der unbeseelte Körper des All, zu verstehen.

So entstand eine Siebenheit, während die Mutter die achte ist. Und das ist die obere Siebenheit.

Und nach der Reihenfolge ihrer Entstehung sind auch ihre Ehren und Kräfte fortschreitend verteilt.

Der erste nach der Mutter heißt Ialdabaoth, der nach ihm Iao, der nach ihm Sabaoth, der vierte Adoneus, der nach ihm Eloëus, der sechste Oreus, der siebente und jüngste von allen Astapheus.

Diese Himmel, Fähigkeiten und Kräfte, diese Engel und Weltgründer, sitzen der Reihe nach in dem Himmel nach ihrer Entstehung und beherrschen unsichtbar himmlisches und irdisches Geschehen.

Ihnen geht voran Ialdabaoth, der jetzt Erzengel, Engel, Kräfte, Fähigkeiten und Herrschaften zeugte, wie er zuvor, ohne irgend eine Erlaubnis, Söhne und Enkel gezeugt hatte.

Da gerieten um dieser seiner Vorherrschaft willen mit ihm in Streit und Kampf die übrigen Söhne.

Hierüber betrübt und verzweifelt blickte Ialdabaoth in den unten liegenden Satz des Stofflichen und verkörperte seine Sehnsucht darin, und hieraus ward ein Sohn.

Dieser Sohn hieß Nuš (Geist) und hatte die Gestalt einer zusammengeringelten Schlange, die auch Geist genannt wird, dann die Seele und überhaupt alles Irdische bezeichnet.

Von da entstand alles Vergessen, Bosheit, Hoffart, Neid und Tod.

Dieser schlangengestaltete und zusammengeringelte Nuš verstrickte seinen Vater noch mehr in die Windungen der Sünde.

Denn er war mit ihm zusammen im Himmel und im Paradiese und bewunderte seinen Vater als den Schöpfer.

So kam es, daß Ialdabaoth sich vor allem, was unter ihm war, rühmte und sprach:

»Ich bin der Vater und Gott, und über mir ist niemand!«
Die Mutter (das erste WEIB) aber vernahm dies und rief gegen ihn:
»Lüge nicht, Ialdabaoth; denn über dir ist der Allvater, der MENSCH, und der MENSCH, der Sohn des MENSCHEN!«

Und alle waren über das neue Wort und die unerwartete Benennung verwirrt und frugen, woher der Ruf stamme.
Da sagte Ialdabaoth, um sie abtrünnig zu machen und zu verführen:
»Wohlan, lasset uns den Menschen machen, nach unserem Ebenbilde!«

Sechs Mächte, denen die Mutter den Gedanken an den Menschen gegeben hatte, um durch ihn den Ialdabaoth seiner Herrschermacht zu entäußern, kamen zusammen und formten den Menschen, ungeheuer an Länge und Breite.

Da er sich aber bloß schlängelte und nicht aufrecht zu stehen vermochte, brachten sie ihn zu seinem Vater – auch dies auf Betreiben der Weisheit, damit sie den Ialdabaoth der Benetzung mit dem Lichte entäußere, daß er sich nicht erheben könne gegen die, so über ihm sind, im Besitze der Macht. Dadurch aber, daß Ialdabaoth ihm den Weltensgeist einhauchte, wurde er unvermerkt seiner Macht verlustig.

Daher hat der Mensch Geist und Gedanken.
Und die sind es, durch die er gerettet wird.
Und sogleich dankte er dem ersten MENSCHEN, ohne sich um seine Erzeuger zu kümmern.

Eifernd wollte jetzt Ialdabaoth den Menschen seiner Macht entäußern durch das Weib.

Und er führte aus seinem Gedanken das Weib herbei, welches jene Hure aufnahm und unvermerkt der Tugend entäußerte.

Die übrigen aber kamen und bewunderten ihre Wohlgestalt und nannten sie Eva und trugen nach ihr Begehr und zeugten von ihr Söhne, die Engel.

Ihre Mutter aber sann darauf, durch die Schlange den Adam und die Eva zur Übertretung der Vorschrift des Ialdabaoth zu verführen.

Eva aber, die dies ihrer Meinung nach von dem Sohne Gottes vernahm, glaubte es leicht.

Und sie überredete den Adam, von dem Baume zu pflücken, von dem Gott gesagt hatte, man solle nicht von ihm pflücken.

Indem sie aber von ihm pflückten, erkannten sie die Macht über allem.

Und sie fielen ab von denen, die sie gezeugt hatten. Die Hure aber, die sah, daß diese Erzeuger durch ihr eigenes Gebilde besiegt waren, freute sich sehr und rief neuerlich:

»Da der Vater unvernichtbar ist, hat dieser Ialdabaoth, da er sich Vater nannte, gelogen!«

»Und da ehedem der MENSCH war und das erste WEIB, hat auch das erste WEIB durch Ehebruch gefrevelt!«

Ialdabaoth aber achtete infolge des Vergessens, das um ihn war, hierauf nicht.

Und er verbannte Adam und Eva aus dem Paradiese, da sie sein Gebot übertreten hatten.

Denn er wollte, daß ihm Söhne von Eva geboren würden.

Aber er erreichte es nicht.

Denn seine Mutter war ihm in allem entgegen.

Und insgeheim entäußerte sie Adam und Eva von der Benetzung mit dem Lichte: so daß das von Anfang an ihnen eigene Pneuma weder an Verfluchung noch Schmach teil hatte.

Derart entäußert des göttlichen Stoffes wurden sie von Ialdabaoth verflucht. Und sie wurden aus dem Himmel in diese Welt verbannt.

Aber auch die Schlange, die gegen ihren Vater gehandelt hatte, wurde von ihm in die Welt hinab geschleudert.

Adam und Eva hatten vordem leichte und glänzende, gleichsam geistige Körper, entsprechend ihrer Entstehung.

Als sie aber hierher kamen, wurden ihre Körper dunkler, dichter und träger. Auch ihre Seele wurde aufgelöst und matt, da sie von ihrem Schöpfer nur einen irdischen Lebenshauch besaßen.

Aber die Mutter erbarmte sich ihrer und gab ihnen den Wohlgeruch[3] der Benetzung des Lichtes zurück.

Dadurch kam ihnen die Selbsterinnerung, und sie erkannten, daß sie nackt und körperlich waren.

Und sie erkannten den Grund für Todesverachtung und Seelengröße, nämlich daß sie nur für eine begrenzte Zeit mit dem Körper umhüllt sind.

Unter der Anleitung der Weisheit erfanden sie Speise, und gesättigt vermischten sie sich fleischlich.

---

3) Die Benetzung des Lichtes ist das Pneuma (Geisteshauch), dem ein Wohlgeruch eigen ist, welcher sich gleichwie der Wohlgeruch der Spezereien beim Rauchopfer durch das All verbreitet.

Und sie zeugten den Kain, den die gefallene Schlange zusamt seinen Söhnen aufnahm und sofort zu Schanden machte.

Und sie erfüllte ihn mit irdischem Vergessen und riß ihn zu Torheit und Frechheit hin, so daß er seinen Bruder Abel tötete und zugleich Neid und Tod in die Welt brachte.

Hernach wurde gemäß der Voraussicht der Hure Seth geboren, später Norea[4]; von ihnen stammt die übrige Menge der Menschen.

Und von der unteren Siebenheit wurde dieses Menschengeschlecht zu allem Elend gebracht, zum Abfalle von der oberen Siebenheit, zum Götzendienst und zu jeder Art der Mißachtung.

Doch unsichtbar trat ihnen die Mutter immer von neuem entgegen und rettete das ihr Eigene, nämlich die Benetzung des Lichtes.

Aber erzürnt, daß sie ihn nicht als Vater und Gott verehrten und priesen, sandte Ialdabaoth den Menschen die Flut, um sie alle auf einmal zu vernichten. Aber auch hier wurden in Folge des Widerstandes der Weisheit Noah und die um ihn waren, in der Arche gerettet.

Und in Folge der Benetzung des Lichtes, die von ihr war, wurde wieder die Welt mit Menschen erfüllt.

Aus diesen Menschen wählte sich Ialdabaoth den Abraham.

Und er stellte den Bund mit ihm auf, ihm die Erde als Erbe zu geben, falls sein Same ihm dienen werde.

Hernach ließ er durch Moses herausführen aus Ägypten, die so von Abraham stammten, und gab ihnen das Gesetz und machte sie zu Juden.

---

4) Der Name ist wohl identisch mit Noria, dem Weibe Noahs. Sie wurde der Weisheit-Sophia gleichgesetzt.

Und die Juden erwählten sieben Tage, welche sie die heilige Woche nannten. Und jeder von ihnen wählte sich einen Herold zur Lobpreisung und Verkündung Gottes, auf daß auch alle anderen den Preis vernehmen und ebenfalls den von den Propheten verkündeten Göttern dienen sollten.

Und folgendermaßen verteilten sie die Propheten: Propheten des Ialdabaoth waren Moses und Jehoschuah und Amos und Habakuk.

Propheten des Iao waren Samuel, Nathan, Jonas, Micha. Propheten des Sabaoth waren, Elias, Joël und Zacharia. Propheten des Adonai waren Jesaias, Ezechiel, Jeremias und Daniel.

Propheten des Eloëus waren Tobias und Haggai. Propheten des Oreus waren Micha und Nahum. Propheten des Astapheus waren Esra und Sophonia.

Von ihnen pries ein jeder seinen Vater und Gott; und auch die Weisheit selbst sprach viel durch ihren Mund: vom ersten MENSCHEN, von dem unvergänglichen Ewigen und von jenem GESALBTEN, der oben ist und der ermahnt und zurück führt die Menschen zu dem unvergänglichen Lichte und dem ersten MENSCHEN, und ferner von der Herabkunft des GESALBTEN.

Die Fürsten um Ialdabaoth aber wurden hierdurch erschreckt, und sie wunderten sich ob der Neuheit dessen, was von den Propheten verkündet wurde.

Und Ialdabaoth bewirkte, ohne zu wissen, was er tat, daß aus zwei Menschen Wesenheiten ausströmten: aus der unfruchtbaren Elisabeth und aus der jungfräulichen Maria.

Und da die Hure selbst nirgends Ruhe fand vor den Anschlägen des Ialdabaoth, weder im Himmel noch auf der Erde, rief sie, tief betrübt, die Mutter zu Hülfe.

Die Mutter aber, das erste WEIB, erbarmte sich der Reue ihrer Tochter und verlangte vom ersten MENSCHEN, er solle ihr den GESALBTEN zu Hülfe schicken.

Und entsendet stieg er hinab zu seiner Schwester und zur Benetzung des Lichtes.

Als aber die Weisheit, die unten war, erkannte, daß ihr Bruder zu ihr herabsteige, ließ sie seine Ankunft durch Johannes verkünden und die Taufe der Buße vorbereiten.

Und sie selbst richtete den Jesus ein, auf daß der herabsteigende GESALBTE ein reines Gefäß finde[5], auf daß durch diesen Sohn des Ialdabaoth das WEIB, das ist das Pneuma, vom GESALBTEN verkündet werde.

Der aber stieg herab durch die sieben Himmel, indem er die Gestalten der sieben Söhne der Weisheit annahm und diese der Reihe nach ihrer Kräfte entäußerte.

Denn die ganze Benetzung des Lichtes strömte zu ihm.

Und der GESALBTE bekleidete sich im Herabsteigen zu dieser Welt mit seiner Schwester, der Weisheit.

Und beide jubelten in ihrer gegenseitigen Berührung.

Und so waren sie Bräutigam und Braut.

Jesus aber war, da er infolge der Veranstaltung des Ialdabaoth von der Jungfrau geboren war, weiser, reiner und gerechter als alle Menschen.

In ihn stieg herab der GESALBTE verbunden mit der Weisheit, so daß Jesus der GESALBTE wurde.

Viele seiner Schüler merkten nicht, daß der GESALBTE in Jesus herabgestiegen war.

---

5) D. h. sie schuf den leiblichen Jesus als Körper für den von der Höhe herab steigenden Christos.

Aber als er herabgestiegen war, begann Jesus seine Tugenden zu vollenden und den unerkennbaren Vater zu ehren und zu verkünden.

Und er bekannte sich unverhohlen als Sohn des ersten MENSCHEN.

Hierdurch erzürnt wirkten die Fürsten und sein Vater Jesu Tod.

Und als es dazu kam, entrückten sich der GESALBTE und die Weisheit zu dem unvergänglichen Ewigen.

Jesus aber wurde gekreuzigt.

Aber er vergaß seinen GESALBTEN nicht.

Vielmehr sandte er von unten zu ihm eine Kraft empor, welche ihm im Körper inne wohnte, nämlich seinen geistigen Körper.

Doch das Irdische ließ er in der Welt zurück.

Als aber seine Schüler sahen, daß er auferstanden war, da erkannten sie nicht nur ihn selber nicht, sondern nicht einmal jenen Jesus, um deswillen er von den Toten auferstanden war.

Und das war der größte Irrtum, der unter seinen Schülern entstand, daß sie meinten, er sei in seinem irdischen Körper auferstanden, da sie nicht wußten, daß »Fleisch und Blut das Reich Gottes nicht erben« (I. Kor. XV 50).

Aber daß der GESALBTE herab gekommen und wieder hinauf gestiegen ist, erkennt man daraus, daß weder vor der Taufe noch nach der Auferstehung von den Toten Jesus Großes vollbracht hat.

Achtzehn Monate verweilte er nach seiner Auferstehung, und sobald die Erleuchtung über ihn kam, lehrte er, was erhalten ist. Und nur wenige seiner Schüler, die er für diese Geheimnisse empfänglich wußte, lehrte er sie.

Und dann wurde Jesus in den Himmel aufgenommen.

Dort sitzt er rechts von seinem Vater Ialdabaoth, um die Seelen jener, die ihn anerkannt haben, nachdem sie ihr irdisches Fleisch zurückgelassen haben, in sich aufzunehmen zu seiner Bereicherung, ohne daß dies sein Vater merkt, oder daß er es auch nur sieht.

So daß, je mehr Jesus sich selbst mit den heiligen Seelen bereichert, auch sein Vater in Folge der Verluste abnimmt und vermittelst der Seelen seiner Macht entäußert wird.

Denn alsbald wird er keine heiligen Seelen mehr haben, die er neuerlich in den Weltenlauf entsenden könnte, sondern nur mehr solche, die aus seinem Stoffe sind, das heißt aus seinem Anhauche.

Das Ende aber tritt ein, sobald die ganze Benetzung mit dem Hauche des Lichtes gesammelt und in die unvergängliche Ewigkeit entführt ist.

Irenaios hat die Urheber des obigen Systemes als Ophiten bezeichnet, also als Verehrer der Schlange. Sie selbst nannten sich wohl eher Gnostiker. Schlangengestaltet ist nach ihrer Lehre der Mensch, den die sechs Fürsten unter Ialdabaoth formen, schlangengestaltet der Geist (nuš), den Ialdabaoth hervorbringt. Aber da der Mensch wohl auch hier »im Ebenbilde und in der Ähnlichkeit«, zwar nicht des MENSCHEN sondern des Ialdabaoth zu denken ist – denn die ganze biblische Geschichte kehrt wieder –, da ferner Ialdabaoth von dem MENSCHEN stammt, den wieder sein Name mit dem Menschen verbindet, so muß auch der MENSCH als Schlange vorgestellt gewesen sein. Hierauf ist alles so deutlich angelegt, daß Irenaios in seinem Berichte diesen Zug füglich übergehen konnte.

Das System selbst ist wesentlich komplizierter als jenes der

Gnostiker des »Justinos«, zeichnet sich aber vor diesem durch die innere Geschlossenheit aus, mit der es das ganze Weltgeschehen umfaßt und den neuen Bund mit dem alten in einen, nicht noch durch die Rücksicht auf heidnische Neben-offenbarungen durchbrochenen Zusammenhang bringt. Trotzdem sind auch hier die Propheten unter die sieben Für-sten der Welt verteilt, und man kann ahnen, daß in anderen Systemen auch die heidnischen Religionen den Weltherr-schern unterstanden. Auch sonst sind die Übereinstimmun-gen zwischen »Justinos« und unseren Ophiten nicht all zu prägnant. Denn die Schlange (Naas) jener Gnostiker, die dort nur ein dem Baruch entsprechendes Prinzip zweiten Ranges, u. z. eine böse Macht war, tritt hier als das Gute und in der bevorzugtesten Stelle auf. Es haben eben eine ganze Reihe fremder Elemente Platz gefunden und sind so einheitlich mit einander ausgeglichen worden, daß alles Frühere ganz neue Formen erhielt und sich dadurch auch inhaltlich vielfach än-derte. So ist Sophia, die Weisheit, als weibliches Prinzip der Echidna-Edem bei »Justinos« analog, nimmt auch eine Mitt-lerrolle an Christi Seite ein und befindet sich sogar kosmolo-gisch in der Mitte zwischen den oberen Wesen und dem un-teren Stoffe. Aber mehr hat sie von jener konkreteren Gestalt nicht an sich. Selbst wenn man auch sie sich schlangengestal-tet zu denken hätte, käme man zu dieser Vorstellung von ihr doch erst durch eine Folgerung aus der Gestalt der übrigen Urwesen. Und daß diese Schlangengestalt von der Echidna-Edem auf den MENSCHEN übergegangen wäre, ist gewiß nicht anzunehmen, so daß wir vor der Frage stehen: woher haben diese Gnostiker ihren schlangengestalteten Men-schen? Und noch weiter muß man fragen: Woher kommt es, daß Sophia als Mannweib, ja schließlich auch sowohl als Jungfrau wie als Mutter, wie als Hure gedacht wird? Denn auch Jungfrau muß sie sein, wenn Jesus von der Jungfrau Ma-ria dem Ialdabaoth, und Christus von der Sophia dem zweiten Menschen, der auch Gesalbter heißt, geboren wird; denn nach der ganzen Anlage des Systemes muß das Körperliche dem Geistigen streng entsprechen, und alle Unklarheit in diesem Punkte kann nur auf der Flüchtigkeit des Exzerptes bei Irenaios beruhen, da auch sonst die Jungfrau Maria der Jungfrau Eva in den gnostisch ophitischen Systemen entsprach und die Sophia selbst wieder ebenso nur eine Parallelgestalt der Eva-Edem, wie Ialdabaoth oder der durch Generationen von ihm getrennte erste MENSCH eine solche von Adam-Eloëim ist. So kommen eigentlich nur drei Gestalten in Frage: 1. Vater, 2. Mutter, 3. Sohn. Auch zeigt sich hierbei, daß der heilige Geist in der christlichen Dreifaltigkeit bei den gnostischen Systemen durch eine weibliche Muttergottheit ersetzt ist.

Ist aber Sophia mannweiblich (obgleich das weibliche Prinzip in ihr vorherrscht), dann müssen alle Personen des Systemes mannweiblich sein (obgleich in Vater und Sohn das männliche Prinzip vorherrscht), wie dies auch in zahlreichen gnostischen Systemen gelehrt wird. Also ist der Mensch ebenso wie der MENSCH nicht nur dort, wo dies ausdrücklich betont wird, sondern auch hier, wo bloß für Sophia der Name Mannweib überliefert ist, mannweiblich gedacht. Dann bedarf der »Vater« nicht mehr der »Mutter« zur Zeugung, dann muß auch der mannweibliche MENSCH aus einem anderen Gedankenkreise stammen als die Dreiheit Vater, Mutter und Sohn, dann müssen also zwei verschiedene Gedankenkreise in dem ophitischen Systeme mit einander verflossen sein. Es gilt, dieselben ausfindig zu machen.

Wir beginnen mit der Dreiheit: Vater, Mutter, Sohn. In unserem ophitischen Systeme ist Sophia die »Mutter«, diese Mutter aber ist Jungfrau, Mutter und Hure. Nur die große Göttermutter, die durch Jahrhunderte in Vorderasien verehrt wurde, kann dieser Gestalt zu Grunde liegen. Denn diese Göttermutter ist tatsächlich die »Mutter der Lebenden«, von den Ägyptern Isis, von den Babyloniern Istar, von den Juden Chawwah (hellenisiert Eva, vgl. Nr. 8), von den Hellenen Rhea, von den Phrygern Kybele geheißen, und stets mit Sophia erkennbar identisch. Sie ist Jungfrau, bevor sie Mutter wird, sie wurde an unzähligen Stellen in beiden Gestalten verehrt, sie aber war es auch, die in zahlreichen Tempeln der sakralen Prostitution vorstand. Diese Einsicht in das Wesen der Sophia-Eva-Maria-Edem haben gerade in der letzten Zeit eine ganze Anzahl von Forschern von einander unabhängig gewonnen und auf verschiedenen Wegen begründet, so daß dieselbe als gesichertes Ergebnis der Wissensschaft zu betrachten ist. Jedoch unter allen diesen Muttergottheiten ermöglicht es nur Kybele, mit Hilfe des phrygischen Mythos, den auch die Naassener benützten, den Sinn der Dreiheit Vater, Mutter und Sohn zu verstehen. Denn nach der Lehre der Phryger entstand aus dem Samen des Zeus (phrygisch Papa?), der ihm im Schlafe zur Erde entfloß, Agdistis, ein Zwitterwesen von solcher Macht, daß die Götter davor in Furcht gerieten, und es entmannten, so daß es nur mehr weiblich blieb. Und als weibliches Wesen heißt Agdistis Kybele. Doch aus dem Schamteile der Agdistis sproßte ein Mandelbaum (oder auch ein Granatapfelbaum) empor, von dessen Frucht Nana, die Tochter des Flusses Sangarios, schwanger wurde, so daß sie den mannweiblichen Attis gebar, zu dem die Mutter Kybele in Liebe entbrannte. Aber Attis fand bei seinem Vordringen in die äußersten Gebiete der Welt in einer Höhle eine gleich der Echidna zwiegestaltete Nymphe, die Tochter des Gottes Midas, mit der er sich begattete. Da verhängte Kybele aus Eifersucht über Attis Wahnsinn, und er entmannte sich selbst. Sein späterer Tod durch einen Eber wird kaum echt phrygisch sein. Vielmehr muß der Mythos doch wohl darauf hingezielt haben, daß aus dem Gliede des Attis wieder ein neues Wesen, wie ich vermuten möchte, eben neuerlich Agdistis, hervorgeht, so daß sich das Weltgeschehen wiederholt und wohl auch nur ein begreifliches Mißverständnis der Hellenen den Samen des schlafenden Zeus statt des Schamteiles des ersten Attis an den Anfang gesetzt und den Baum, der aus der Kybele-Erde erwächst, übergangen, also den Kreislauf des Mythos gewissermaßen aufgerollt und begrenzt hat. Aber wie dem auch sein mag, festzuhalten ist daran, daß die Mutter mannweiblich ist, daß ferner Vater wie Sohn einmal ihre im Systeme ihr selbst gegen über gestellte Mannheit waren.

Denkt man sich diesen Mythos in sein Gegenteil gewendet, so erhält man einen vorwiegend männlichen, göttlichen Urmenschen, der nun seinerseits als Zwitterwesen auftreten muß. Aber in dieser Form ist er allen arischen Mythen, dem germanischen von Ymir, dem hellenischen von Phanes und Dionysos, dem persischen von Gayomard, dem indischen von Purusha, gemein und also Stammgut dieser Völker. Zu untersuchen, aus welcher Veranlassung dem phrygischen Mythos die inverse Auffassung zu grunde liegt, würde hier zu weit führen. Für das Verständnis des ophitischen Systemes dürfte es genügen, daß gezeigt wurde, wie in ihm eben diese beiden gegensätzlichen Lehren vom Urmenschen ihren systematischen Ausgleich gefunden haben.

# III. HEIDNISCHE DOKUMENTE VERWANDTER RICHTUNG

# 6. Poimandres

Als ich einst über das Wesen der Dinge nachdachte und meine Vorstellungskraft mächtig in die Höhe gehoben wurde, da meine körperlichen Wahrnehmungen ähnlich wie bei denen, die in Folge der Sättigung mit Nahrung oder der Ermüdung des Körpers in Schlaf befangen sind, in Banden lagen, schien es mir, als ob ein Riese, der ein unüberblickbares Körpermaß besäße, meinen Namen riefe und zu mir spräche:

Was willst du hören und schauen und denkend lernen und erkennen?

Und ich: Wer bist du denn?

Ich, sprach er, bin Poimandres, der Geist der Herrschermacht; ich weiß, was du willst, und bin bei dir allüberall.

Und ich: Lernen will ich das Seiende, erdenken seine Beschaffenheit und erkennen Gott. Das, sprach ich, will ich hören.

Er sprach hinwieder zu mir: Halt fest in deinem Geiste, was du lernen willst, und ich werde es dich lehren.

Bei diesen Worten veränderte er die Gestalt, und sogleich tat sich mir alles auf im Fluge, und siehe: ein unbegrenztes Gesicht, da Alles zu fröhlichem, freudigem Lichte ward. Und ich war entzückt von dem Anblicke. Doch alsbald fiel ein schreckliches, trauriges Dunkel, das an einer Stelle entstanden war, herab, gesäet in schiefem Wurfe, dergestalt, daß ich es einer Schlange verglich. Alsdann schlug das Dunkel in feuchte Beschaffenheit um, die unsäglich verwirrt war und einen Qualm emporsandte, gleichwie Feuer, und einen Schall hervorbrachte, einen unfaßbaren, zauberhaften. Alsdann ward aus ihr ein ungegliederter Schrei entsandt, der Stimme des Feuers vergleichbar. Doch aus dem Feuer trat das seiner Beschaffenheit nach heilige Wort hervor, und reines Feuer sprang aus der feuchten Beschaffenheit zur Höhe empor. Leicht war es und scharf, zugleich auch wirksam. Und gar behende folgte die Luft dem Feuer und schritt bis zum Feuer empor von der Erde und dem Wasser, so daß sie an ihm zu hängen schien. Doch Erde und Wasser blieben mit sich gemischt, derart, daß man die Erde nicht ohne das Wasser sehen kann. Bewegt aber wird dies alles durch den Geisteshauch des Wortes.

Und Poimandres sprach zu mir: Hast du erfaßt, was dies Gesicht will? Und ich sagte: Ich werde es erkennen,

Das Licht, sprach er, bin ich, der Geist, dein Gott, der vor jener aus dem Dunkel stammenden feuchten Beschaffenheit erschien. Aber der strahlende Logos, der aus dem Geiste stammt, ist der Sohn Gottes.

Wieso? frug ich.

Folgendermaßen: Was in dir sieht und hört, ist der Logos des Herrn, der Geist in dir aber ist Gott, der Vater. Denn sie sind nicht von einander verschieden; denn ihre Einheit ist das Leben.

Ich danke dir, sprach ich.

Und Poimandres sagte: Doch nunmehr erdenke das Licht und erkenne es! Nach diesen Worten starrte er mich längere Zeit hindurch an, dergestalt, daß ich vor dem Anblicke erzitterte. Doch gewährte er mir, daß ich in meinem Geiste schaute das Licht, das in unzähligen Kräften war, und die Welt, die unbegrenzbar entstand, und wie das Feuer mit höchster Gewalt sie umschloß und wie sie, von ihm bewältigt, ihre Verfassung erhielt. Dies durchdachte ich, schauend, vermittelst des Logos des Poimandres.

Da ich jedoch von Staunen hingerissen war, sprach er hinwieder zu mir: Du sahest in dem Geiste die ursprüngliche Gestalt, den Uranfang des unbegrenzten Anfanges.

So sprach Poimandres zu mir.

Aber, sagte ich, woher entstanden die Grundstoffe der Natur?

Und er erwiderte darauf: Aus dem Ratschlusse Gottes, der das Wort (den Logos) mit dem Auge erfaßte und in der schönen Weltordnung nachbildete. Doch der Geist, der Gott, war mannweiblich, bestand aus Leben und Licht, und gebar einen anderen, weltbildenden Geist, der als Gott des Feuers und des Geisteshauches sieben Begründer schuf, die in Kreisen das wahrnehmbare Weltall umschließen. Und ihre Gründung heißt Verhängnis.

Alsbald sprang aus den niedersinkenden Grundstoffen der Logos Gottes zur reinen Schöpfung der Natur empor und vereinte sich mit dem weltschöpferischen Geiste; denn er war ihm gleich. Und unvernünftig (ohne Logos) blieben die niedersinkenden Grundstoffe zurück, so daß sie nur Stoff waren. Doch der weltschöpferische Geist zusamt dem Logos, der die Kreise umfaßt und sausend umschwingt, drehte seine Schöpfungen und ließ sie sich drehen von einem unbestimmten Anfang bis an ein unbegrenztes Ende. Denn dort, wo er aufhört, beginnt der Umschwung nach dem Willen des Geistes. Doch die unvernünftige Natur brachte aus den niedersinkenden Elementen unvernünftige Wesen hervor. Aber den Logos hatte sie nicht. Die Luft trug Geflügel, das Wasser Schwimmer. Auch sind Erde und Wasser von einander getrennt nach dem Willen des Geistes. Und die Erde brachte aus sich Vierfüßler und Gekreuch hervor, wilde Tiere und zahme.

Doch der Vater aller, der Geist, der Leben und Licht ist, gebar den MENSCHEN, sich selbst gleich, den er liebte als sein eigen Kind. Denn er war überaus schön, da er des Vaters Form hatte. Denn in Wahrheit liebte Gott seine eigene Gestalt. Ihm übergab er all seine Schöpfungen.

Und der MENSCH wieder wollte, als er die Gründung des Weltbildners gewahr wurde, auch selber in seinem Vater schöpfen, nämlich im Geiste, und dies wurde ihm auch von dem Vater gestattet. Und als er, da er alle Macht besaß, sich in der Kugel der Weltschöpfung befand, wurde er der Schöpfungen des Bruders, nämlich der von dem zweiten Geiste geschaffenen sieben Begründer, gewahr, die von Liebe zu ihm ergriffen wurden, so daß jeder ihm seine Stelle einräumte. Und als er ihr Wesen erfaßt und an ihrer Beschaffenheit teilgenommen hatte, da wollte er den Umkreis der Kreise zerreißen und die Macht des auf der Erde lastenden Feuers überwinden.

Und er, der die Gewalt der ganzen Welt in sich vereinte, sprang durch die Harmonie der sieben Kreise hindurch, so daß sie zerriß. Und er zeigte der niedersinkenden Natur die schöne Gestalt Gottes. Sie jedoch lächelte, als sie ihn in unsäglicher Schönheit, im Besitze aller Wirksamkeit der Begründer und in der Gestalt Gottes erblickte, in Liebe ihm zu, da sie ja gleichsam das Spiegelbild der allerschönsten Gestalt des MENSCHEN im Wasser erblickte und seinen Schatten auf der Erde. Aber auch er begann, als er die ihm gleiche Gestalt auf ihr entworfen und emportauchen sah in dem Wasser, sie zu lieben: Und er wollte dort wohnen. Doch zugleich mit dem Wollen wurde auch die Wirklichkeit, und er nahm Wohnung in der unvernünftigen Gestalt. Doch die Natur umstrickte den Geliebten vollends, und sie begatteten sich; denn sie waren verliebt.

Und das ist der Grund, weshalb im Gegensatze zu allen anderen Wesen auf der Erde der Mensch doppelt ist, sterblich dem Körper nach, unsterblich jedoch wegen des wesenhaften MENSCHEN; denn obgleich er unsterblich ist und die Gewalt hat über alles, erleidet er die Schicksale der Sterblichen, dem Verhängnisse unterlegen.

Und darauf sprach ich: Lehre mich alles, o du mein Geist; denn auch ich liebe den Logos.

Poimandres jedoch sprach: Das ist das Geheimnis, das bis auf diesen Tag verborgen ist, daß nämlich die Natur, als sie sich mit dem MENSCHEN begattet hatte, hervorbrachte das Wunder der Wunder. Denn da er den Einklang der sieben Begründer in sich umfaßte, hielt ihn die Natur nicht aus, sondern gebar alsbald sieben Menschen, den Beschaffenheiten der sieben Begründer entsprechend, alle mannweiblich und in die Luft ragend.

Und darauf ich: O Poimandres, eine große Begierde ist in mir erwacht, und mich verlangt es, zu hören. Weiche mir nicht aus!

Und Poimandres sprach: Darum schweige; denn noch habe ich meine frühere Lehre nicht völlig dargelegt.

Siehe, ich schweige, sagte ich.

Und er fuhr fort: Das also war der Ursprung dieser sieben Menschen: Das Weibliche war die Erde, und das Wasser das Brünstige; die Reife stammte aus dem Feuer, aus dem Äther empfing er den Geisteshauch. Aber nach der Gestalt des MENSCHEN brachte die Natur ihre Körper hervor. Entsprechend dem Leben und dem Lichte aber wurde der Mensch zu Seele und Geist; denn aus dem Leben wurde ihm die Seele, aus dem Lichte der Geist. Und so verblieben alle Teile der wahrnehmbaren Welt bis zum Ende des Umlaufes und zur Entstehung neuer Anfänge.

Nun höre ferner das Wort, das du zu hören wünschest!

Als der Umlauf erfüllt war, wurde die Fessel, welche alles umschlang, nach Gottes Ratschluß gelöst. Denn alle Wesen, die mannweiblich waren, wurden zugleich mit dem Menschen entzwei geteilt, und der eine Teil wurde männlich, der andere weiblich. Gott aber sprach sogleich mit heiligem Worte: »Mehret euch in Menge, und füllet in Fülle alle Gründungen und Schöpfungen. Und wieder erkennen möge der geistbegabte Mensch seine unsterbliche Beschaffenheit und die Liebe, die Ursache des Todes, und alle Dinge.« Als er dies gesagt hatte, vollzog die Vorsehung auf Grund des Verhängnisses und des Einklanges die Begattung und schuf die Geschlechter. Und alle Wesen wurden zu Arten vermehrt. Und er, der sich selber wieder erkannte, nämlich der Mensch, wandte sich dem umfassenden Guten zu. Doch wer von der Liebe zum Irrtum verleitet dem Körper anhängt, der bleibt irrend in dem Dunkel und erleidet mit seinen Sinnen den Tod.

Worin, frug ich da, fehlen denn diese Menschen so sehr, daß sie der Unsterblichkeit entäußert wurden?

Du scheinst nicht zu erwägen, was du vernahmst. Sagte ich dir denn nicht, du solltest es denken?

Ich denke es, und rufe es mir in Erinnerung, und zugleich danke ich dir.

Wenn du es bedacht hast, dann sage mir, weshalb jene des Todes würdig sind, die im Tode verharren.

Weil im stofflichen Körper das verhaßte Dunkel vorherrscht, aus dem die feuchte Beschaffenheit stammt, aus der wieder der in dieser Sinnenwelt befindliche Körper besteht, aus dem der Tod geschöpft wird.

Du hast es recht gedacht; doch weshalb kehrt, wer sich selbst gedacht hat, zu ihm zurück?

Und ich antwortete: Weil der Vater des Alls aus Leben und Licht besteht, woraus der Mensch geworden ist.

Du hast gut geantwortet. Licht und Leben ist der Gott und Vater, von dem der Mensch stammt, so daß also, wenn du erkennst, daß du aus Leben und Licht bestehst, und auch treulich glaubst, daß du aus ihnen zusammengesetzt bist, du wieder zum Leben zurückkehren wirst.

Dies sagte Poimandres, und ich sprach: O du mein Geist, sage mir aber auch wie ich zu dem Leben zurückkehren werde.

Und er erwiderte: So, wie Gott es sagte: Der geistbegabte Mensch möge wieder erkennen, daß er unsterblich ist. Haben denn nicht alle Menschen Geist?

Lästere nicht mit deiner Rede! Denn ich selbst, der Geist, komme nur zu den Frommen, Guten, Reinen, Mitleidigen und Ehrfürchtigen, und meine Anwesenheit bringt Hülfe, und alsbald erkennen sie alles und versöhnen den Vater durch Liebesgaben und sagen ihm Dank durch Lobpreisungen und Gesänge, von Liebe zu ihm hingezogen. Und bevor sie den Körper seinem Todesschicksale überlassen, ertöten sie die Sinne, da sie deren Macht genau kennen. Vielmehr will ich, der Geist, nicht zulassen, daß die auf den Körper treffenden Einwirkungen zur Reife kommen, sondern als Türhüter will ich die Pforten schließen und ausrotten die Begierden nach schlimmen und schändlichen Handlungen. Aber den Gedankenlosen und Schlechten, Verruchten und Gehässigen, den Habsüchtigen, Mördern und Gottlosen bin ich fern, da ich sie dem rächenden Dämon ausliefere, der die Schärfe des Feuers in diese Welt werfen wird, um sie zu quälen, und der das Feuer wider sie noch vermehren wird, der sie verletzen wird in allen ihren Sinnen und der sie noch zu ihren Widersetzlichkeiten wappnen wird, auf daß sie (die Welt) noch größerer Strafe verfalle. Und er wird nicht ablassen, seine Begierde an unerfüllbares Trachten zu heften, unersättlich im Kampfe für die Finsternis.

Trefflich hast du mich, wie ich es wünschte, alles gelehrt, o du mein Geist. Unterrichte mich aber jetzt auch, wie der Aufstieg von statten geht.

Darauf entgegnete Poimandres:

Bei der Auflösung des stofflichen Körpers überläßt der Mensch ihn selbst der Umwandlung, die Gestalt, die er besaß, verschwindet, und seine kraftlose Gesinnung liefert er dem Dämon aus. Auch die Sinne des Körpers kehren als Teile zu ihren Quellen zurück und treten wieder an anderer Stelle in Wirksamkeit. Und auch das Streben und das Begehren kehren zu der vernunftlosen Natur zurück. Und derart dringt schließlich der Mensch zur Höhe durch den Einklang hindurch und übergibt

dem ersten Gürtel seine Zunahme und Abnahme
      bewirkende Kraft,

dem zweiten Gürtel seine Anlage zur kraftlosen
      Schlechtigkeit,

dem dritten Gürtel die kraftlose, begehrliche
      Verblendung,

dem vierten Gürtel die kraftlose, herrschsüchtige
      Eitelkeit,

dem fünften Gürtel die kraftlose Zudringlichkeit der
      Frechheit,

dem sechsten Gürtel die durchaus nicht bereichernden,
      schlimmen Antriebe zur Habgier,

dem siebenten Gürtel die kraftlose Lüge, die auf der
      Lauer liegt.

Dann aber gelangt sie, befreit von den Einflüssen des Einklanges zur Beschaffenheit der Acht, im Besitze ihrer ureigenen Macht; und sie lobpreist zugleich mit den wahrhaft Vorhandenen den Vater. Und diese Anwesenden wieder freuen sich ihrer Anwesenheit. Und angeglichen den Anwesenden hört sie auch den Sang jener Kräfte, die oberhalb der Beschaffenheit der Acht mit eigener Stimme den Gott lobpreisen. Und dann steigen sie ihrem Range nach zu dem Vater empor, und die Kräfte selbst liefern sich dem Vater aus und werden zu Kräften in Gott. Das ist das gute Ende derer, so die Erkenntnis haben, nämlich daß sie zu Gott werden. Was willst du noch mehr?

Willst du denn nicht all dies in dich aufnehmen und ein Wegweiser sein für die Würdigen, auf daß der Menschheit Geschlecht durch dich von Gott gerettet werde?

Bei diesen Worten vereinte sich Poimandres mit mir durch die Kräfte. Aber ich, ich sagte Dank dem Vater des Alls und pries ihn und wurde von ihm entsandt, bekleidet mit den Kräften, unterrichtet über die Beschaffenheit des Alls, sowie über das gewaltige Gesicht, das mir geworden war.

Und ich begann, den Menschen die Lehre der Frömmigkeit und der Erkenntnis zu künden:

Ihr Völker, ihr Erdentstandenen, die ihr euch der Trunkenheit und dem Schlafe ausgeliefert habt und der Unkenntnis Gottes! Werdet nüchtern, tut Einhalt und besinnet euch, die ihr von unvernünftigem Schlafe berückt seid!

Und sie vernahmen mich und kamen zu Hauf. Und ich sprach:

Ihr Erdentstandenen, was liefert ihr euch dem Tode aus, da ihr doch die Macht habt, an der Unsterblichkeit teil zu nehmen? Ändert euren Sinn; denn ihr schreitet alle zusamt einen Irrpfad dahin und pflegt Gemeinschaft mit der Unwissenheit. Trennet euch von eurem finstern Lichte und lasset das Verderben fahren und nehmt statt dessen die Unsterblichkeit in Empfang!

Und einige unter ihnen wandten meine Worte zu törichtem Geschwätz und fielen ab, sich dem Pfade des Todes ausliefernd. Die anderen hingegen riefen mir, ich möge sie belehren, und warfen sich nieder zu meinen Füßen. Doch ich hieß sie aufstehen und wurde der Wegweiser meines Geschlechtes und lehrte sie die Lehren davon, wie sie würden gerettet werden. Und ich säete unter sie die Worte der Weisheit, und sie nährten sich von dem Wasser der Unsterblichkeit.

Als aber der Abend anbrach und das Licht der Sonne sich anschickte, gänzlich unterzugehen, empfahl ich ihnen, Gott zu danken. Und nachdem ihrer ein jeglicher seine Dankespflicht erfüllt hatte, wandten sie sich zu ihrer Lagerstatt. Aber dem Schlafe des Körpers entsprang die Ernüchterung der Seele, dem Schließen der Augen das wahre Schauen.

Dieses geschah, da ich von meinem Geiste, von Poimandres, das Wort der Herrschermacht empfing. Denn gottbegeistert drang ich bis zu dem Preise der Wahrheit, und deshalb preise ich Gott den Vater aus der ganzen Kraft meiner Seele:

*Heiliger* Gott, Vater des Alls;
*heiliger* Gott, dessen Ratschluß von geeigneten Kräften vollführt wird;
*heiliger* Gott, der erkannt sein will und von den Seinen erkannt wird;
*heilig bist du,* der durch den Logos das Vorhandene schuf;
*heilig bist du,* dessen Abbild die ganze Natur ist;
*heilig bist du,* den die Natur nicht gestaltete;
*heilig bist du, der* über alle Kraft erhaben ist;
*heilig bist du, der* jede Größe überragt;
*heilig*[1] *bist du, der* jedes Lob übertrifft!

---

1) Die Neunzahl der Heiligpreisung dürfte einen geheimen Hinweis auf die Bedeutung der Neun im Vereine der Urgottheiten enthalten. Der Hymnus ist »strophisch« gegliedert. Doch hat man hierbei nicht an Strophen im Sinne unserer Metrik zu denken, wo dieselben in rythmische Zeilen zerfallen. Vielmehr ist in diesen »Strophen« keine Spur von Versmaßen, wohl aber ein streng architektonisch geregelter Bau der Strophenglieder zu finden. Es ist D. H. Müllers Verdienst, diese Art Strophen in ihrer weiten Verbreitung durch das gesamte Gebiet orientalischer und orientalisch beeinflußter Literatur erkannt und nachgewiesen zu haben. In unserem Hymnus besteht das Prinzip des Strophenbaues darin, daß gleichlautende Versanfänge, die ich durch Kursivdruck hervorhob, die Strophengliederung anzeigen.

Nimm heilige Opfer des Gebetes entgegen,
die aus der Seele und dem Herzen zu dir empor steigen,
du Unaussprechlicher, Geheimer, durch Schweigen
Tönender, –
von mir, der dich bittet, die meinem Wesen mögliche Erkenntnis nicht irre zu leiten,
sondern mir sie zu gewähren und mich mit der Macht zu be-
kleiden,
und mich mit dieser deiner Gnade zu erfüllen,
*daß* ich erleuchte die Unwissenheit dieses Geschlechtes,
das da besteht aus meinen Brüdern und deinen Söhnen,
*da* ich glaube und Zeugnis gebe:
*daß* ich zum Leben und Lichte zurückkehre,
dieweil in Heiligkeit dein Mensch mit dir vereint sein will,
*da* du mir alle Macht übergeben hast.

Poimandres heißt der »Hirte«. Und als solcher hat er eine
Herde, eine Gemeinde, deren Heilsbote er war. Der nachfolgende Text ist eine der Schriften dieser Gemeinde, die nach
dem Urteil R. Reitzensteins nicht vor dem zweiten Jahrhundert v. Chr., aber auch nicht nach dem zweiten Jahrhundert
n. Chr., am wahrscheinlichsten aber etwa zur Zeit Christi, auf
ägyptischem Boden entstanden ist. Ihr Gedankengang ist älter, aber nahe verwandt mit dem anderer Gemeinden, die
statt des Hirten Poimandres den Hirtengott Hermes zum
Mittler und Logos der obersten Gottheit machten, und von
denen uns umfangreiche, aber weit jüngere Schriften in demselben, dem dreimal größten Hermes als Verfasser zugeschriebenen Korpus erhalten sind.

Das Dokument selbst ist schon durch seine literarische
Form interessant. Es ist ein Dialog, eine Unterweisung des
als Lehrer gedachten Gottes an seinen Schüler, den Menschen. Diese Darstellungsart ist aber für die gesamte ägyptische Offenbarungsliteratur charakteristisch. Schon Platon

hatte Kenntnis von solchen Schriften, in denen geschildert wurde, wie der ägyptische Hermes (Dhoute, der als Affe und Gott der Schreiber galt) den König Thammun unterwies.

Der Inhalt der Poimandresvision ist streng heidnisch; nur an einer einzigen Stelle findet sich ein leiser Anklang an das alte Testament. Die Tendenz ist ähnlich wie bei den Naassenern asketisch. Im Mittelpunkte des Gedankenganges steht wieder die mannweibliche Urgottheit, nämlich der MENSCH. Aber wichtig sind zwei unverkennbare Anklänge an Platons Gedankenwelt, die beide nicht aus der Benützung platonischer Schriften, welche gleichwohl in jenen Kreisen zur Hand waren, erklärt werden können. Einer derselben betrifft den MENSCHEN, der die Sphärenhülle durchreißend, sich in der Höhlung des Weltalls spiegelt, die andere den mannweiblichen, irdischen Menschen, der erst nach Ablauf der ersten Weltperiode in Mann und Weib zerteilt und zur Vermehrung aufgefordert wird.

Platon sagt nämlich im siebenten Buche seines Staates etwa Folgendes: »Siehe, die Menschen sind gleichsam in einer unterirdischen, höhlenartigen Behausung, welche entlang der ganzen Höhle einen großen, gegen das Licht zu offenen Eingang hat. In ihr befinden sie sich von Kindheit an, gefesselt an Gliedern und Nacken, so daß sie dortselbst bleiben müssen und nur geradeaus sehen, da sie in Folge der Fesseln nicht im Stande sind, die Köpfe im Kreise zu drehen. Oberhalb, ferne von ihnen und hinter ihrem Rücken, brennt ein Feuerlicht; zwischen dem Feuer und den Gefesselten erstreckt sich der Weg nach oben. Um ihn siehe eine Mauer aufgeführt, wie die Gaukler vor die Zuschauer einen Verschlag setzen, oberhalb dessen sie ihre Wunder zeigen. Siehe ferner Leute entlang dieser Mauer allerhand Geräte vorbei tragen, und Bildsäulen und andere, steinerne, hölzerne, oder auf sonst eine Art angefertigte Tiere, wie es sich trifft… Glaubst du, daß diese Gefesselten von sich selber und von einander etwas anderes sehen als Schatten, welche von dem Feuer auf die ihnen gegenüber liegende Wand der Höhle fallen? Und gilt nicht auch von den vorüber getragenen Gegenständen dasselbe?« Setzen wir hier an Stelle der gefesselten Menschen die Natur, an Stelle der äußeren Gegenstände den MENSCHEN, so haben wir Punkt für Punkt die Szenerie unserer Vision vor uns. Aber die Höhle ist dann nicht nur das Weltall, sondern auch sein Abbild, das Auge. Darüber kann kein Zweifel mehr walten; denn ausdrücklich verglichen auch die Doketen die von den Menschen bewohnte Welt zuerst mit einer Höhle, in welche der Strahl des Logos dringt, dann aber Höhle und Lichtstrahl mit dem Auge, seinen dem Himmel gleichenden Hüllen und dem Blicke, der daraus in die Höhe dringt. Auch kann schon bei Platon die »Mauer« nur als Iris, der Weg nur als Pupille verstanden werden. Schließlich aber vergesse man nicht, daß unser Poimandrestext aus Ägypten stammt, das von den Ägyptern selbst als Mitte des Weltalls, als das Schwarze im Auge der Gottheit, verstanden wurde.

Die zweite Stelle bei Platon ist die berühmte Scherzrede des Euryximachos im Symposion. Dort erzählt dieser Arzt in launiger Form, daß die Menschen ursprünglich doppelgeschlechtig, aber auch doppelgestaltet waren, daß jeder zwei Häupter, vier Ohren, vier Hände und vier Füße, also acht Gliedmaßen hatte. Wollten diese Wesen laufen, dann überschlugen sie sich mit ihren Gliedern, indem sie gleichwie Räder sich im Kreise fortrollten. Aber die Götter fürchteten die Macht dieser Geschöpfe (ähnlich wie die des Zwitters Agdistis.) und teilten sie in Männer und Weiber, die nun in Liebessehnsucht zu einander entbrannten, wovon die Vermehrung des Menschengeschlechtes durch Zeugung ihren Ausgang nahm. – Zwar werden die Zwittermenschen des Poimandres nicht zur Strafe zerteilt, sondern die Maßregel erstreckt sich auf die ganze Natur; aber ein Grund für sie ist nicht angegeben. Selbst der Anbruch des neuen Zeitalters wird nicht näher begründet, und es muß daher irgend ein Stück des Systemes bei dieser Niederschrift verloren gegangen sein. Die Trennung der Wesen ist die Ursache des Todes; vorher gab es nichts Sterbliches. Ferner wurde die Fessel, die das All umschlang, gelöst und dadurch das Zerfallen aller Welt in zwei Teile herbei geführt, aber damit auch der Tod. Woher stammt nun dieses Übel? Sollte es von dem traurigen Dunkel, das in schiefem Wurfe in das Licht der Welt herabgesäet ward, einem Drachen ähnlich an Gestalt, wirklich verschieden sein? Sollte dieses Böse sich nicht von außen, also aus dem Nichts, in die Weltordnung gedrängt haben? Dann ist aber dieses Stück der Lehre, wie schon der Zwittermensch vermuten ließ, iranisch gefärbt; denn die Perser waren es, die sich das Böse von außen in Drachenform in das einem Ei ähnlich gedachte Weltall eingedrungen vorstellten.

Auch sonst ist in dem Poimandressystem, wie es hier vorliegt, nicht alles so klar, wie es einmal gewesen sein dürfte. Denn während die von dem Weltbildner geschaffene Welt als *Acht* hingestellt wird, finden wir die himmlische Welt nirgends als *Neun*, die Menschheit nur andeutungsweise als *Sieben* gekennzeichnet. Trotzdem kann man die richtigen Glieder noch mit leichter Mühe finden, namentlich wenn man beachtet, daß offenbar schon der Urgott ebenfalls als MENSCH, und zwar mit acht Gliedern und dem Körper als neunter Einheit gedacht war, wobei jedem Gliederpaare ein Element entsprechen sollte. Denn der Urgott besteht aus Leben-Licht (1), Mann-Weib (2), ferner aus Seele-Geisteshauch (3) und Ratschluß-Wort (4). Diesen vier Paaren entsprechen aber auch Feuer (1), Wasser (2; vgl. den Ursprung der Brunst aus dem Wasser), Luft (3; resp. Äther), Erde (4). Ferner hat jedes der Glieder der beiden Paare doppelte Namen, u. z. heißt offenbar die *Seele* auch *Verhängnis*, der *Ratschluß* (eine weibliche Gottheit, da im Hellenischen das Wort dieses Geschlecht besitzt) auch *Natur*, und hinwieder entsprechend der *Geisteshauch* (Pneuma) auch Geist (nuš), nämlich *als Weltbildner*, das Wort *(Logos)* auch *Mensch*. Daher dürfte wohl folgende Systematik der Urwesen vorauszusetzen sein:

1.                 GEIST

2. u. 3.           umschließt

         LEBEN    –    LICHT

4. u. 5.       WEIB    –    MANN

           und zeugt:

6. u. 7. VERHÄNGNIS = SEELE – PNEUMA = GEIST als Weltbildner.

      Aus ihnen geht durch Vereinigung von Geist

        und Verhängnis die Acht hervor

           und zwar:

| | | |
|---|---|---|
| 1. erster Begründer | : | WACHSTUM 1. |
| 2. zweiter Begründer | : | SCHLECHTIGKEIT 2. |
| 3. dritter Begründer | : | VERBLENDUNG 3. |
| 4. vierter Begründer | : | EITELKEIT 4. |
| 5. fünfter Begründer | : | FEIGHEIT 5. |
| 6. sechster Begründer | : | HABGIER 6. |
| 7. siebenterBegründer | : | LÜGE 7. |
| 8. | EINKLANG | 8. |

8. u. 9. NATUR = RATSCHLUSS  –     LOGOS = MENSCH.

   Aus ihnen geht durch Vereinigung von Mensch und Natur

          die Sieben hervor und zwar:

             DIE SIEBEN MENSCHEN.

Wir haben in diesen Begriffen überall zugleich Personen vor uns und sehen so ziemlich schon die ganze Systematik der späteren Gnosis in unserem Texte vorausgesetzt. Aber woher stammt sie? Dieser Frage werden wir anläßlich des nächsten Stückes näher zu treten haben.

# 7. Abraxas

I. Hermes, dich rufe ich an,
der du das All umfassest,
mit jeglicher Stimme, in jeglicher Sprache;
dich besinge ich, wie dich zuerst besang,
den du bestelltest und dem du bewährtest
all deine Kunde von dir,[1]
ferner die Sonne – ACHEBUKROM –, die da die Flamme
zeigt,
und den Strahl, dessen Ruhm ist AAA EEE OOO,
dieweil sie durch dich in der Luft erschien,
dann auch dich, der du die anderen, herrlich gestalteten
Sterne befestigt und mit dem göttlichen Lichte das Weltall gegründet
und in ihm alles befestigt hast:
III AAA OOO SABAOTH ARBATH IAO ZAGURE.

II. Die erst erschienenen Engel sind: Araga (1), Adonai (2),
Basem (3), …[2] (4), Iao (5).
1. Der erste Engel preist dich in der Vogelsprache: ARAI, d.h.
wehe dem Feinde von mir. Und du setzest ihn ein zum
Rächen.
2. Die Sonne preist dich in der heiligen Sprache: LAILAM, hebräisch mit dem nämlichen Namen: ANOK BIATHIARBAR-
BERBIRSILATUBUPHRUMTROM in 36 Buchstaben und sagt:

---

1) Nämlich der vom Hermes erwählte Prophet
2) Der Name des vierten Engels ist ausgefallen.

ich gehe dir vor Herr, ich, die Sonne, die durch dich an dem Nachen aufgeht.

3. Der an dem Kahne mit ihm emporsteigend erscheint, der Hundskopfaffe, begrüßt dich in der eigenen Sprache der Hundeköpfe mit den Worten: du bist die Zahl des Jahres ABRAXAS.

4. Der Sperber begrüßt dich in der eigenen Sprache und schreit, daß er Nahrung empfange: CHI CHI CHI CHI CHI CHI CHI TIP TIP TIP TIP TIP TIP TIP.

5. Der Neungestaltige begrüßt dich in der heiligen Sprache: MENEPHOLPHOTH und sagt dreimal damit: ich gehe dir vor, Herr! Dies sagt er und klatscht dreimal.

III. Und der Gott lachte siebenmal: CHA CHA CHA CHA CHA CHA CHA. Da aber der Gott lachte, entstanden sieben Götter, die das All umfassen. Das aber sind die Ersterschienenen:

1. Als er zum ersten lachte, erschien das Licht, und der Glanz durchglänzte das All. Es entstand der Gott im Weltall und im Feuer: BESSEN BERITHEN BERIO.

2. Er lachte zum zweiten. Alles war Wasser, und die Erde hörte den Hall und sah den Glanz und erstaunte darob und wölbte sich, und das Feuchte ward dreigeteilt, und es erschien der Gott in der Abyssos (Urtiefe). Denn getrennt von ihm vermehrt sich weder das Feuchte, noch versiegt es. Sein Name ist ESCHAKLEO; denn du bist OE, ewig währender BETHELLE!

3. Als er zum dritten Lachen wollte, erschien aus der Bitterkeit des Gottes der Geist im Besitze des Herzens und ward genannt Hermes, durch den das All verkündet wird. Aber der, durch den das All verwaltet wurde, ist im Innern. Er wurde genannt SEMESILAMP.

4. Es lachte zum vierten der Gott, und es erschien, aller Dinge Samen waltend, Urmutter, durch die das All gesäet ward. Genannt wurde sie BAATETOPHOTH ZOTHAXATHOZ.

5. Er lachte zum fünften und lachend trauerte er, und es erschien Moira mit der Wage in der Hand, anzeigend, in ihr sei das Gerechte. Hermes aber widerstritt ihr und sprach: in mir ist das Gerechte! Als sie stritten, sprach der Gott zu ihnen: aus beiden wird das Gerechte erscheinen; alles im Weltall sei unter dir. Und sie nahm als erste das Zepter der Welt, dessen Name aufgeschrieben groß ist und berühmt und hehr. Er lautet:

THORIOBRITITAMMAORAGGADRIOIRDAGGAROAMMATI-
TIRBOIROTH,

der Buchstaben 49, des Poles starker Name.

6. Er lachte zum sechsten und ward mächtig erfreut, und es erschien Kronos mit dem Zepter, dem Zeichen der Herrschaft, und gab das Zepter dem erst gründenden Gotte, und dieser nahm es und sprach: du wirst den Ruhm des Lichtes umtun nach mir, da du als erster mir gabst das Zepter. Alles Vergangene wird unter dir sein und alles Künftige. In dir wird alle Macht sein, der du dir umtust alles Lichtes Ruhm. Der Umwurf des Lichtes zeigte aber einen Schein, und dieser Schein wurde die Gemahlin des Kronos, und der Gott sprach zu der Königin: du tust dir um den Schein und wirst sein, die mit ihm das All umfaßt. Vermehrt wirst du werden durch das Licht, das du nimmst von ihm, und alles wirst du verlieren durch ihn. Mit dir wird alles vermehrt und vermindert werden. Der Name aber ist groß und wunderbar: ANOK BIATHIARBARBERBIRSILATUBUPHRUMTROM, der Buchstaben 36.

7. Er lachte zum siebenten, atemschöpfend, und im Lachen weinte er, und es ward die Seele. Der Gott sprach: alles wirst du bewegen, und alles wird erheitert werden, da Hermes dich führt. Als dies der Gott sprach, ward alles bewegt und unbehindert durchhaucht.

IV. 8. Als er die Seele sah, neigte er sich zur Erde und pfiff gewaltig, und die Erde öffnete sich, den Schall aufnehmend, und gebar ein eigenes Wesen, den pythischen Drachen[3] der alles vorher wußte, durch den Schall des Gottes. Es nannte ihn der Gott: ILLILU ILLILU ILULU ITHOR, lichtglänzender PHOCHOPHOBOCH.

V. 9. Als er erschien, wand sich die Erde und schwoll mächtig an. Der Pol stand still und wollte bersten. Gott sah den Drachen und erschrak und schnalzte, und es erschien durch das Schnalzen Phobos (Furcht) in Waffen. Genannt wird er: DANUP CHRANTOR BERBALIBARBITHI, der Buchstaben 26.

VI. 10. Der Gott sah ihn und erschrak abermals, da er ihn noch stärker sah, es möchte die Erde den Gott von sich geben. Der Gott sah herab zur Erde und sprach: IAO, und alles stand still, und es ward aus dem Hall der große Gott, der größte, der aller Herr ist, der das Vergangene im Weltall und das Künftige befestigte – und nie wieder geriet ein Lüftchen in Wirrsal.

Als Phobos ihn sah, stärker als er, trat er ihm entgegen und sprach: ich bin früher denn du! Jener sprach: aber ich brachte alles zum Stehen! Der Gott sprach zu dem Starken: Du fandest dich aus dem Schnalzen, dieser aus dem Hall. Ihr sollt beide sein bei allem Zwang. Die Kraft aus euch beiden wird dein sein, der du später getönt wurdest, auf daß alles stehe. Und von da ward der große und wunderbare Name genannt DANUP CHRANTOR BERBALIBARBATHI IAO.

VII. Da er dem, der ihm beigestanden, Ehre bieten wollte, als sei er mit ihm erschienen, gab er ihm die Macht der neun Götter (1–9), die sie haben, und den Ruhm. Er ward aber mit der Macht der neun Götter, indem er die Hörner[4] ihrer Namen an sich zog, genannt BOSBEADID, und vermittelst der sieben Sterne:

---

3) Der pythische Drache soll in der Urzeit die Orakelstätte von Delphi inne gehabt haben. Der Mythos berichtet, daß Apollon ihn tötete.
4) Die Anfangsbuchstaben.

$$\text{AEHIOY}\Omega$$
$$\text{EHIOY}\Omega$$
$$\text{HIOY}\Omega$$
$$\text{IOY}\Omega$$
$$\text{OY}\Omega$$
$$\text{Y}\Omega$$
$$\Omega$$
$$\Omega\text{Y}$$
$$\Omega\text{YO}$$
$$\Omega\text{YOI}$$
$$\Omega\text{YOIH}$$
$$\Omega\text{YOIHE}$$
$$\Omega\text{YOIHEA}^5$$

aufgeschrieben, groß und wunderbar. Sein größter Name aber ist dieser, groß und hehr, der Buchstaben 27:

ABORCHBAO CHRAMMAOTH PROARBATH IAO

Es ist ein Verdienst von A. Dieterich, die Bedeutung dieser Weltschöpfungstheorie, welche in einem in hellenischer Sprache verfaßten, aber aus Ägypten stammenden Zauberpapyrus erhalten ist, dargelegt zu haben. Diese Zauberpapyri waren in den ersten nachchristlichen Jahrhunderten in Ägypten weit verbreitet und enthielten Rezepte, Zauberworte, Zaubertexte, Anweisungen für die Anfertigung von Amuletten u. dgl. zu allen möglichen Zwecken. Sie lehrten, wie man sich Liebe erwirbt, den Geliebten zur Treue zwingt, den Treulosen straft, Tote beschwört, Götter bannt,

---

5) Die sieben Vokale entsprechen den sieben Planeten. Der siebente unter ihnen, $\Omega$, kommt in der obigen Schreibung 13mal vor, was den vierten Teil der 52 Wochen des Jahres ausmacht. Aller Vokale zusammen sind $55 = 1 + 2 + 3 + 4 + 5 + 6 + 7 + 8 + 9 + 10$. Um dieser ihrer Eigenschaft willen wurde die Zahl 55 schon von alters her von den Zahlensymobolikern mit Vorliebe verwendet.

Dämonen austreibt, wahrsagt und noch vieles der Art. Die Verfasser dieser Zauberformeln errafften alles, was nur genügend fremdartig schien, um den Adepten ihrer Kunst oder gar den Laien zu verblüffen, entnahmen aber dieses Rüstzeug häufig genug den alten liturgischen Schriften und Ritualen untergegangener Religionen und Kulte. Dann taten sie diese Brocken in das Spüllicht des Volksaberglaubens ihrer Umgebung und brauten daraus einen gar wunderlichen Trank. Mitunter hat sich aber in diesen Büchern noch der alte Bestand der von den Zauberern für ihre Zwecke adaptierten Schriften, freilich nur zu oft von Zauberformeln und sinnlosem Zeug durchbrochen, erhalten. Einem solchen glücklichen Zufalle verdanken wir auch unser Stück. Ob es je den Gefühlen einer Gemeinde oder Sekte Ausdruck gegeben hat, ist zweifelhaft. Nirgends tritt in ihm ein moralisches Interesse an den Weltereignissen zu Tage, nirgends sind dieselben auf den Menschen bezogen. Von Heil und Erlösung ist nicht die Rede. Geboten wird uns vielmehr reine Kosmogonie, ganz im Sinne der Antike, wohl aber in der absonderlichsten und fremdartigsten Form.

Hebräische, ägyptische, hellenische Elemente sind mit einander vermischt und durch sonderbare, überhaupt keiner Sprache angehörige Namen bereichert. Hebräisch ist der Anfang des 36 (= $6^2$) Buchstaben umfassenden Namens in II (und III 6); denn anok ist eine, in dieser Literatur häufige Umgestaltung des anoki gleich »ich bin«, womit die 10 Gebote der Juden beginnen. Auch Adonai (= Herr), der Name des zweiten Engels, ist hebräisch. Ägyptische Gestalten sind der Hundskopfaffe (der ägyptische Hermes Dhoute) und der Sperber. Hellenisch ist fast alles übrige, ausgenommen die Phantasienamen. Viele von diesen sind Palindrome, d.h. von vorwärts nach rückwärts und umgekehrt gleichlautend zu lesen, so z. B. III 4 ZOTHAXATHOZ (da th im hellenischen Alphabete ein Buchstabe ist), ähnlich III 5 der Name des

Poles von 49 (= $7^2$) Buchstaben. Die Buchstabenanzahl dieser Wortungetüme ist zahlensymbolisch berechnet; denn eines derselben ist auf 6 x 6, das andere auf 7 x 7 Buchstaben angelegt. Ferner ist der letzte Name, den Iao, der Neungestaltige, erhält, aus 9 (= $3^2$) Buchstaben zusammen gesetzt, u. z. als Akrostichon; denn BOSBEADID setzt sich in folgender Weise zusammen:

III 1 BESSEN usw.

III 2 OE usw.

III 3 SEMESILAMP.

III 4 BAATETOPHOTH usw.

III 5 E; hier fehlt ein entsprechender Name in unserer Aufzählung. Aber der Buchstabe müßte sich auf die Moira mit der Waage beziehen. Nun war E selbst, liegend als ⊓ gedacht, ein Symbol der Waage und kam vielleicht deshalb in den Namen.

III 6 ANOK,

III 7 D; auch hier fehlt ein Name, nämlich der der Seele. Aber da sie unter Weinen entstand, begann ihr Name vielleicht mit »Thräne« (dakry).

III 8 ILLILU usw.

III 9 DANUP usw.


Dies also ist gemeint mit dem »an sich Ziehen der Hörner ihrer Namen«. Auch der Name ABRAXAS hat zahlensymbolischen Sinn. Denn bei den Hellenen entsprach jedem Buchstaben des Alphabets eine Zahl, und die Zahlen der sieben Buchstaben von Abraxas, nämlich 1, 2, 100, 1, 200, 1, 60 geben zusammen die Zahl der Tage des Jahres, nämlich 365, ganz wie der Hundskopfaffe II 3 behauptet.

Zu den Namen gehört noch das Vokalspiel; aber die Vokale wurden freilich gesungen, und leiten also zu den übrigen Lauten über, von denen unser Text strotzt. Auch der Name IAO selbst ist ein solches Vokalspiel.

Schon eigentlich mystische »Laute« sind aber das Schreien und Flügelschlagen des Sperbers (II 4), das siebenmalige *Lachen* des Gottes (III), das III 5 mit Trauer, III 6 mit Freude, III 7 mit Atemlosigkeit kombiniert wird; dann sein Pfeifen III 8 und III 9 sein Schnalzen. Öfter wurde auch Heulen, Schnauben, Ratschen, Brüllen (vgl. die nächste Nummer), ja schließlich auch im weiteren Sinne »Schweigen« der Zahl dieser Laute einverleibt. Wir sehen aus unserer Stelle, daß denselben kosmologische Bedeutung zugeschrieben wurde. Über Sinn und Ursprung dieser absonderlichen »Laute« haben wir in der Einleitung gesprochen.

Der Grundgedanke, durch den der ganze Inhalt bestimmt wird, ist der daß jeden Tag die Weltschöpfung sich wiederholt, da das Chaos der Nacht, die Weltordnung dem Tage entspricht, daß ferner auch Winter und Sommer sich analog zu einander verhalten und also Abraxas, der Gott des Jahres, auch der des Tages und der Weltschöpfung ist. Daher beginnt die Stelle mit dem Dienste der 5 Engel (die Zahl vielleicht von der Vorstellung der 5 Planeten beeinflußt) vor dem Sonnennachen. Jeder Engel preist den Schöpfer, indem er ein geheimes Wort spricht.

Eine eigenartige Anschauung kommt ferner darin zum Ausdrucke, daß es ein siebenmaliges Lachen ist, wodurch die Welt entsteht. Der lachende Gott ist eine ganz bestimmte Mythenfigur. Dadurch, daß er bei seiner Geburt lacht, entgeht er nämlich den Verfolgungen seiner Feinde. Das Lachen hat aber die Kraft, Unheil abzuwenden. Daß dem so ist, lehrt die Legende von Zarathustra, der bei seiner Geburt lachte, lehrt die Kyrossage, nach welcher der neugeborene Kyros sich durch sein Lächeln die Liebe der Pflegemutter gewann, und lehrt endlich und am deutlichsten auf hellenischem Boden die korinthische Sage von Kypselos. Als Kypselos geboren war, wollten zehn Korinther, da ein Orakel ihnen verkündet hatte, daß er über ihre Stadt die Tyrannis ausüben werde, ihn töten. Sie gingen also in das Haus seines Vaters und verlangten von der Mutter, die eben niedergekommen war, sie solle ihnen das neugeborene Kindlein zeigen. Dabei hatten sie sich verabredet, derjenige, welcher den Knaben zuerst in die Hand bekomme, solle ihn zu Boden schleudern und dadurch töten. Aber das Kind lächelte den ersten so hold an, daß er nicht das Herz hatte, die Tat auszuführen und es an den zweiten weiter gab. So ging das Kind von einem Arm zum andern, ständig lächelnd, bis es der letzte der Verschworenen wieder der Mutter zurück gab und alle zehn ganz verwirrt abzogen. Man sieht hier deutlich, wie ein zehnmaliges Lachen des neuerschienenen Gottes von diesem Mythos vorausgesetzt wird, das nur den zehn Tagen der ersten Mondwoche im dreißigtägigen Monat entsprechen kann. Dem Mythos lag aber die Ansicht zu Grunde, daß der Mondgott durch zehnmaliges Lachen über die zehn Gefahren der zehn ersten Tage seiner Kindheit hinweg kommt. Auch in unserem Texte ist ja die Siebenzahl des Lachens, ersichtlich genug, nicht das Ursprüngliche, da die weiteren mystischen Laute des Pfeifens und Schnalzens sich recht fremdartig angliedern und schließlich doch eben zehn Schöpfungstaten vorgenommen werden. Also ist zu vermuten, daß ein zehnmaliges Lachen in einer älteren Fassung dieser Kosmogonie das Vorbild war, aus dem die auf uns gekommene Gestaltung derselben erst recht zu verstehen ist.

Was wir haben, ist aber ersichtlich in Unordnung geraten. Denn ordentlicher Weise mußten doch dem zehnmaligen Lachen auch zehn mystische Laute entsprochen haben. Gleichwohl sind ihrer nur zwei überliefert (Pfeifen und Schnalzen). Glücklicher Weise jedoch wissen wir aus anderen Zauberpapyri, daß sowohl dem zunehmenden als auch dem abnehmenden Monde je 15 mystische Laute entsprechen; leider aber sind die betreffenden Listen uns so unzuverlässig erhalten, daß sich weitere Schlüsse aus ihnen nicht ziehen lassen.

Kann man also auch nicht mehr fest stellen, welche Laute den zehn Schöpfungstaten, die unser Hymnus erwähnt, dereinst zugehörten, so wissen wir doch wenigstens, daß solche gerade in der richtigen Zahl zur Verfügung standen. Man kann also hieraus nicht nur auf die Verwirrtheit, sondern auch auf die Unvollständigkeit der vorliegenden Abraxaskosmogonien schließen. Nur ein Drittel der ursprünglichen Kosmogonie scheint auf uns gekommen zu sein, nämlich jenes, das dem ersten Drittel des Monates, der ersten zehntägigen Mondwoche, entsprach. Genau so wie diese Mondwoche dem zunehmenden Gestirne angehört, dient sie in ihrer makrokosmischen Bedeutsamkeit auch zur Darstellung der *Weltschöpfung*. Also entspricht die letzte Mondwoche dem abnehmenden Gestirne und dem *Weltuntergange*. Dazwischen liegt die mittlere Mondwoche, welcher die Weltordnung zugehört. Unser Text umfaßt nur die Weltschöpfung; von *Weltordnung* und Weltuntergang aber berichtet er nichts mehr. Diese Teile des Systems sind eben nicht auf uns gekommen.

Doch wenn man auch von solchen Vermutungen absehen will, so läßt unser Stück trotzdem, auch so wie es vorliegt, noch die Spuren einer ferneren Systematik erkennen. Bei fünf Schöpfungstaten sind auch Gemütszustände genannt, die ihnen entsprechen sollen, u. z. der dritten »Bitterkeit«, der fünften »Trauer«, der sechsten »Freude«, der siebenten »Weinen«, der neunten »Erschrecken«. Bei den übrigen fünf Taten ist offenbar die Nennung der zugehörigen Gemütszustände weg gefallen. Nun läge es nahe, bei den fünf genannten Gemütszuständen daran zu denken, daß schon eine alte, anscheinend von Babylon ausgegangene Lehre der Astrologen fünf oder sieben Gemütszustände (Todsünden u. dgl.) den fünf oder sieben Planeten (je nach dem ob man Sonne und Mond zur Planetenzahl hinzu rechnete oder nicht) zu teilen pflegte. Man konnte also meinen, daß eine solche Liste in den fünf Gemütszuständen unserer Abraxaskosmogonie nachklinge. Allein genauere Prüfung zeigt, daß dies nicht möglich ist. Denn einerseits macht es den Eindruck reinster Zufälligkeit, daß gerade bei der 3., 5., 6., 7. und 9. Schöpfungstat Gemütszustände erwähnt sind, bei den andern aber nicht, so daß die hierbei zu Tage tretende Fünfzahl wohl ganz zufällig und nicht systematisch beabsichtigt ist, und anderseits wird Kronos mit Freude und Licht in Zusammenhang gebracht, was der babylonisch-astrologischen Anschauung, die Kronos, Weinen und Wasser auf das Festeste mit einander verknüpft hat, geradewegs widerspricht. So dünkt es mir denn wahrscheinlich, daß hier Reste einer nicht baylonischen und auch nicht planetarischen, vielmehr auf die erste zehntägige Mondwoche bezüglichen Liste von Gemütszuständen vorliegen.

Daß es der Sonnennachen ist, in dem Abraxas erscheint und daß Abraxas selber durch seinen Namen die Zahl der Tage des Sonnenjahres angibt, braucht uns nicht in den oben entwickelten Ansichten von dem recht eigentlich lunaren Charakter der Abraxaskosmogonie irre zu machen; denn, einerseits zerfällt ja auch das Sonnenjahr in Monate und anderseits ist es eine dem Mythologen geläufige Erscheinung, daß fest gegliederte Reihen, welche sich ursprünglich nur auf den Mond bezogen haben, durch spätere Deutung mit passenden, meist ziemlich äußerlichen Änderungen auf die Sonne übertragen wurden.

Oft wird der Gott auf einer Lotosblüte im Sonnennachen gezeigt, von Hundskopfaffe und Sperber angebetet. Sonst wurde Abraxas als dämonisches Mischwesen abgebildet, schlangengestaltet, mit Geißeln in den Händen, selber hahnenköpfig. Erfreut über die Huldigung lacht der Gott und vollzieht dadurch die Weltschöpfung, d. h. er bewirkt das Tagesgeschehen und Jahresgeschehen. Aber höchst rätselhaft ist hierbei die Stellung des Neungestaltigen. Er geht dem Gotte vor und zieht alle anderen Namen, deren neun sind, an sich. Ja er hat schließlich einen Namen von 27 = 3 x 3 x 3 Buchstaben. Hierin verrät sich sein Wesen. Denn 27 Tage hat der Lichtmonat, der also in drei 9tägige Wochen zerlegt werden konnte; und eine solche Woche und nichts anderes, umfaßt der Neungestaltige, der als Zehnter auftritt und also der Mond ist. Sehen wir nun auf unserer Gemme den Affen links, den Sperber rechts, den Mond links, die Sonne zu Häupten des Gottes abgebildet, so kann der Stern rechts nur mehr dem einzigen, noch übrigen ersten Engel entsprechen, wenn wir auch nicht wissen, welcher Stern er sein soll. Dann sind aber die 9 Götter der Schöpfung die 9 Gestalten der Mondwoche, die ihren 9 Tagen entsprechen, dann ist die Siebenzahl des Lachens auf die Planetenwoche zu beziehen, dann muß aber auch eine Acht vorhanden sein, die zwischen 9 und 7 die Rolle des »Mittlers« zu spielen hat. Und die findet sich, wenngleich auch nicht gerade in unserem Texte, so doch sonst überall in Ägypten in Gestalt der acht Hundskopfaffen, welche die Sonne anbeten, wobei der Affe Dhoute selber, d. h. Hermes, der Mittler, ist. Wir erkennen an dieser Stelle mit einem Schlage, wo die Symbolik der Weltentstehung nach 9, 8, 7, die wir schon in dem Poimandresstück beobachten konnten und die für die Systematik aller gnostischen Systeme charakteristisch ist, heimisch war.

# IV. PARSISTISCHE SYSTEME

# 8. Die Peraten

Die Welt ist Eine, in drei Teile geteilt. Aber vor der Dreiteilung liegt der einheitliche Anfang, der gleichsam eine große Quelle ist, welche in unendlich viele Stücke nach der Dreizahl gespalten werden kann.

Das Ergebnis der ersten Teilung ist jene Dreizahl, deren vorzüglichstes Glied den Namen führt: Vollkommen Gutes, väterliche Größe, während das zweite gleichsam eine unendliche Menge selbst gewordener Kräfte, das dritte aber besonders ist in seiner Art. Denn das erste ist das Unentstandene, nämlich das Gute, das zweite das selbst entstandene Gute, das dritte das Entstandene.

So ist das All: Vater, Sohn und Stoff.
Jedes von diesen drei Stücken der Welt hat unendliche Kräfte in sich. In mitten zwischen Vater und Stoff thront der Sohn, das Wort.

Er ist die Schlange, welche sich immer bewegt zum unbewegten Vater, der Anstoß für die Bewegung des Stoffes.
Und sobald er sich zum Vater wendet, nimmt er auch die Kräfte auf in sein Antlitz[1], hat er aber die Kräfte aufgenommen, dann wendet er sich zu dem Stoffe; und der Stoff, der ohne Be-

---

1) Er nimmt sie dadurch in sein Antlitz auf, daß er sie sieht. Man vergleiche bei den Doketen die Ansicht, der Logos gleiche dem Sehstrahle, welcher nach der Meinung der Alten dadurch, daß er aus dem Anlitze hervor tritt, zu den Dingen hinstrebt, diese berührt und zurück kehrend dem Auge vermittelt.

schaffenheit und Gestalt ist, drückt die Gedanken des Sohnes aus, die der Sohn von dem Vater zum Ausdrücken empfangen hat. Doch auch der Sohn wird von dem Vater ausgedrückt, aber in geheimem Schweigen und ohne Veränderung.

So wie Moses[2] sagt, daß von den Stäben an den Tränken die Farben der von den geschwängerten Schafen geworfenen Jungen erflossen, ebenso erflossen auch von dem Sohne die Kräfte, entsprechend der Schwängerungskraft, welche von den Stäben zu den empfangenen Jungen erfloß.

Der Unterschied und die Ungleichheit der Farben jedoch, die von den Stäben durch das Wasser zu den Schafen erfloß, ist der Unterschied zwischen vergänglichem und unvergänglichem Werden.

Ähnlich wie der Zeichner, der Tiergestalten auf eine Tafel zeichnet, bei dieser Übertragung mit seinem Stifte von den Tieren selbst nichts hinweg nimmt, so überträgt auch der Sohn durch seine Kraft vom Vater zum Stoffe die väterlichen Gebilde, so daß alles, was hier ist, und doch wieder nichts davon, vom Vater stammt.

Und wer allhier die Kraft hat, zu erkennen, daß ein väterliches Gebilde von der Höhe hierher übertragen und verkör-

---

2) Gen. XXX, 31ff.: »Laban sprach: Was soll ich dir geben? Jakob antwortete: Du sollst mir nicht das Geringste geben; sondern wenn du mir Folgendes gewährst, will ich wiederum deine Schafe weiden und hüten: ich will gehen durch alle deine Schafe. Wegschaffen werde ich daraus jedes gesprenkelte und gefleckte Lamm unter den Schafen und gefleckte und gesprenkelte unter den Ziegen. Und wenn solche wieder vorkommen, mögen sie mein Lohn sein . Laban sprach: Wohl, es geschehe nach deinem Worte . ... Aber Jakob nahm sich frische Stäbe von Weißpappel, Mandelbaum und Platane, schälte darein weiße Streifen, das Weiße entblößend, das an den Stäben ist, und stellte die Stäbe, die er geschält, an die Tröge der Wassertränken, wohin die Herden kamen zum Trinken gerade vor die Herden und dorthin, wo sie brünstig wurden, wenn sie kamen zu trinken. Als nun die Herden brünstig wurden an den Stäben, da gebaren die Herden bunte, gesprenkelte und gefleckte«.

pert ist, der ist gleich jener Schwängerung, die von dem Stabe erfloß, weiß und vom selben Wesen wie der Vater, der in den Himmeln thront, und kehrt unversehrt bei ihm ein. Doch wer diese Lehre nicht erkennt, ja nicht einmal die Notwendigkeit des Geschehens einsieht, der wird gleich einer Ausgeburt der Nacht durch die Nacht zu Grunde gehen.

Und diese Lehre heißt »Hindurchgang«, da keines von den durch Werden entstandenen Dingen dem ihm durch seine Geburt verhängten Schicksal zu entgehen vermag – denn was entstanden ist, vergeht, wie auch die Sibylle sagt.

Die Bekenner dieser Lehre aber, die »Hindurchgehenden«, sind jene, die den Zwang der Notwendigkeit erkennen und die Pfade, auf denen der Mensch in die Welt gekommen ist, so daß auch nur sie auf Grund dieser genauen Kenntnis durch den Untergang hindurch zu gehen vermögen.

Denn alles Entstandenen Ursache sind das Unentstandene und das Reich der Höhe.

Und die Weltordnung, die uns umgibt, ist gleichsam ein Abfluß, aber von besonderer Art.

Und alle die Sterne da, die wir auf dem Himmel sehen, sind Ursachen dieser Weltordnung.

Denn so wie die Weltordnung durch den Abfluß von der Höhe her entstand, so stammen alles irdische Vergehen, Entstehen und alle Einrichtungen von dem Einflusse der Sterne.

Doch in den Tagen des Herodes kam aus der Höhe von dem ungewordenen und ersten Stücke des Weltalls der MENSCH herab, welcher der Gesalbte hieß und drei Wesenheiten, drei Körper und drei Kräfte in sich vereinte[3] und da-

3) Er ist also neungestaltig.

her alle Absonderungen und Kräfte von den drei Teilen des Weltalls besaß.

Und das ist es, was geschrieben steht: »Es gefiel, daß die ganze Fülle in ihm körperlich wohnte, daß alle Gottheit in ihm war« (vgl. Kolosserbrief II 9 und I 17).

Dieser Gesalbte stieg von der Höhe aus dem Ungewordenen herab, auf daß er durch sein Herabsteigen alles Dreigeteilte errette.

Denn was von der Höhe in die Tiefe hinab geriet, wird durch ihn empor steigen, und was dem von der Höhe Herabgekommenen Nachstellungen bereitet hat, wird abgeschüttelt und zur Bestrafung ausgesondert.

Das ist es, was geschrieben seht: »Denn nicht ist der Sohn des MENSCHEN in die Welt gekommen, um die Welt zu vernichten, sondern auf daß die Welt durch ihn gerettet werde« (Joh. III 17).

Unter Welt sind aber hier die zwei oberen Teile des Weltalls zu verstehen, der Ungewordene und der Selbstgewordene.

Wenn jedoch die Schrift sagt: »Auf daß wir nicht zusammt der Welt gerichtet werden (Korinther XI 32), ist der dritte, besonders geartete Teil der Welt gemeint.

Denn dieser dritte Teil, der die Weltordnung ist, muß zu Grunde gehen, während die beiden anderen, ihm übergeordneten, der Vernichtung entgehen.

Sagt jedoch der Retter: »Euer Vater, der in den Himmeln ist«, so meint er jenen, von dem der Sohn die Gestalten nimmt und hierher überträgt.

Sagt er aber: »Euer Vater ist von Anfang an ein Mörder«, dann meint er den Herrscher und den Bildner der stofflichen Welt, der die ihm von dem Sohne übergebenen Gestalten in Empfang nahm und zur Geburt brachte, und der von Anfang ein Mörder ist, da sein Werk Verderben und Tod bewirkt.

Und keiner kann gerettet werden und in die Höhe gelangen ohne den Sohn, der die Schlange ist.

Denn so wie er von der Höhe die väterlichen Gestaltungen herab gebracht hat, so wird er auch die aus dem Schlafe erweckten und für den Vater gewonnenen, aus Unstofflichem verstofflichten Gestaltungen verändert von hier in die Höhe empor führen.

Das ist es, was geschrieben steht: »Ich bin die Pforte« (Joh. X 7).

Diese Schlange aber verpflanzt das Licht, das in seinem urentstandenen Gebiete das All durchleuchtet, unter die Menschen, wenn sie ihr Auge öffnet. Aber Finsternis entsteht, wenn ihre Augenlider sich schließen, gleich wie auch der Naphta das Feuer überall her an sich zieht, noch mehr aber wie der Stein des Herakles (Magnet) das Eisen, aber nichts anderes, oder wie der Stachel des Meersperbers das Gold anzieht, aber nichts anderes. Auch so wie der Bernstein die Schnitzel mit sich führt, führt die Schlange aus dem Weltall das zu ihrem Bilde gewordene, wesensverwandte Geschlecht, sonst aber nichts, ebenso wieder empor, wie sie dasselbe herab geschickt hat.

Einen Beweis hierfür liefert das Gehirn, wenn man es durch Schnitte bloßlegt.

Das Großhirn selbst gleicht in seiner Unbewegtheit dem Vater, das kleine Hirn dem Sohne, da es in Bewegung und schlangengestaltet ist und in verborgener und unkenntlicher Weise durch die Zirbeldrüse die aus dem Schädelgewölbe abfließende pneumatische und Leben spendende Wesenheit an sich zieht, die das Kleinhirn, so wie der Sohn die vom Vater empfangenen Gestalten schweigend an den Stoff weiter gibt, auch seinerseits an das Rückenmark weiter gibt, durch das der Samen und die Arten des fleischlich Gearteten abfließen.

Der Untergang aber ist das Wasser. In nichts anderem geht die Welt eher unter als in Wasser. Jedoch Wasser ist das, was Chronos im Raume vor der Himmelsstadt zum Umkreise zusammen schließt[4].

Das ist die Macht »von der Farbe des Wassers«, und dieser Macht, das heißt, dem Chronos, vermag einer, der da geworden ist, zu entfliehen.

Denn für alle Kreatur ist Chronos die Ursache ihres Verfalles an den Untergang, und kein Entstehen gibt es, dem Chronos nicht hindernd entgegen träte.

Das ist es, was die Dichter (Odyssee V 184) den Schrecken der Götter nennen:

Wissen soll es die Erde, der Himmelsdom über der Erde und das triefende Wasser der Styx. Denn das ist der größte und der schrecklichste Schwur, der Eid der unsterblichen Götter.

4) Die Himmelsstadt (vgl. Matth. IV 14) liegt auf dem Weltenberge, der von der Sonne umkreist wird. Der Raum vor ihr ist die Himmelswölbung, die Sterne sind die »Vorstädter«. Der ganze Himmel galt den Alten als Wasserfläche. Sie dachten die Erde vom Randstrome Okeanos umflossen, hinter dem nur ab und zu Inseln (das Land der Aethiopen im Süden, der Hyperboreer im Norden, Atlantis im Westen, Thule im Osten usw.) lagen, aber kein Festland mehr folgte. Die naheliegende Frage, wieso diese Wassermasse sich über der Erde schwebend erhalten könne, scheint die alten Physiker nicht beunruhigt zu haben. Da nun die Drehung des Himmelsgewölbes zur Bestimmung der Zeit dient, die Zeit aber hellenisch chronos heißt, ist Chronos sowohl derjenige, welcher die Gewässer zum Umkreise zusammen schließt, als auch der Gott des Verderbens, dem niemand entgehen kann.

Aber nicht nur die Dichter sagen das, sondern auch die Weisen der Hellenen, z.B. Herakleitos (fr. 36), mit den Worten: »Denn für die Seelen ist es Tod, Wasser zu werden«.

Dieser Tod ergriff auch die Ägypter zusamt ihren Streitwagen im roten Meere. Und alle Unwissenden sind Ägypter.

Und der Auszug aus Ägypten ist das Verlassen des Körpers; denn der Körper ist ein kleines Ägypten[5].

Und der Zug durch das rote Meer bedeutet den Weg durch das Wasser des Unterganges, das Chronos ist.

Und jenseits des roten Meeres in die Wüste kommen, bedeutet an jenen Ort jenseits des Werdens gelangen, wo alle Götter des Verderbens und der Gott der Rettung sind.

Die Götter des Verderbens sind aber die Sterne, welche die Notwendigkeit des Geborenwerdens verhängen.

Sie nannte Moses die Schlangen der Wüste, die da jene beißen und töten, die der Meinung sind, das rote Meer durchschritten zu haben.

Doch den in der Wüste gebissenen Söhnen Israels zeigte Moses die wahre, vollendete Schlange, und die, so an sie glaubten, wurden von den Schlangen in der Wüste, das heißt von den Kräften der Gestirne, nicht gebissen[6].

---

5) Vgl. oben Nr. 2, wo »Ägypten« in verwandter Symbolik für das Erdendasein gebraucht ist.
6) Numeri XXI, 6ff: »Da ließ der Herr (Gott) gegen das Volk giftige Schlangen los, die das Volk bissen. ... Da kam das Volk zu Moses und sprach:  Wir haben gefehlt, daß wir geredet haben wider den Herrn und dich! Bete zum Herrn, daß er von uns die Schlangen abwende  . Moses betete für das Volk. Der Herr sprach zu Moses:   Mache dir eine Schlange und setze sie auf eine Stange; und wer gebissen wird, der sehe sie an, und er bleibe leben  . Moses machte eine kupferne Schlange usw.«

Und keiner ist im Stande, die aus dem Lande Ägypten, das heißt aus dem Körper und aus dieser Welt Ausgezogenen, zu schützen, es sei denn diese vollendete, von aller Fülle erfüllte Schlange.

Wer auf sie hofft, wird von den Schlangen der Wüste, das heißt von den Göttern des Werdens, nicht getötet.

Und in dem Buche des Moses steht geschrieben, daß diese Schlange die ihm folgende Kraft, nämlich sein in eine Schlange verwandelter Stab war (Exod. IV 2–17).

Aber der Kraft des Moses traten in Ägypten die Schlangen der Magier entgegen, nämlich die Götter des Verderbens. Aber sie alle unterwarf und vernichtete der Stab des Moses (Exod. VII 9–12).

Und diese allgemeine Schlange ist auch das weise Wort der Eva. Das ist das Geheimnis von Edem[7],

das ist der Fluß aus Edem[7],

das ist das auf Kain gesetzte Zeichen, auf daß keiner, der ihn finde, ihn töte.

Sie ist Kain, dessen Opfer der Gott dieser Welt nicht annahm, während er das blutige Opfer des Abel annahm; denn an Blut hat der Herrscher dieser Welt seine Freude.

Sie ist es, die in den letzten Tagen in der Gestalt eines Menschen zur Zeit des Herodes erschien, gebildet nach dem Vorbilde des aus der Macht seiner Brüder verkauften Joseph, der allein ein buntes Kleid hatte.

Sie ist es, die nach dem Vorbilde des Esau gebildet ist, dessen Gewand auch in seiner Abwesenheit gepriesen wird, der keine blinde Segnung empfing, sondern draußen mit Reich-

7) Vgl. oben Nr. 3.

tum begabt wurde, ohne etwas von dem Erblindeten zu erhalten, dessen Anlitz Jakob ebenso sah, wie etwa ein Mensch Gottes Antlitz sehen würde[8].

Von ihr steht geschrieben: »Wie der Riese Nimrod, ein Jäger vor dem Herrn« (Gen. X 9).

Doch hat sie auch viele Widersacher, so viele, als das Volk Israel in der Wüste Schlangen sah, vor denen die von ihnen Gebissenen wieder jene vollendete Schlange schützte, welche Moses aufstellte.

Das ist es, was geschrieben steht: »Und so wie Moses die Schlange in der Wüste erhöhte, so muß der Sohn des MENSCHEN erhöht werden (Joh. III 14).

Ihr Abbild aber war die eherne Schlange, welche Moses in der Wüste aufstellte. Aber auch nur ihr Abbild ist es, das auf dem Himmel in der ganzen Welt leuchtend zu sehen ist.

Sie ist jener große Ursprung, von dem die Schrift berichtet; denn von ihr heißt es: »Im Anfange war das Wort, und das Wort war bei Gott, und Gott war das Wort. Dieses war im Anfange bei Gott. Alles war durch dasselbe und getrennt von ihm war nichts. Was in ihm war, war das Leben« (Joh. I 1–4). Das Leben aber war Eva; denn Eva ist das Leben.

---

8) Der Abschnitt ist voll symbolistischer Anspielungen. Gepriesen wird Esaus Gewand auch in seiner Abwesenheit dadurch, daß Rebekka es nachahmt. Das Gewand ist die behaarte Haut Esaus. Die Segnung Jakobs durch den blinden Isaak ist nur deshalb blind, weil Isaak nicht weiß, daß es nicht Esau ist, den er segnet. Mit Reichtum wurde Esau draußen nach biblischer Auffassung wenigstens nicht begabt, es sei denn, daß man seine Jagdbeute in diesem Sinne deuten wollte. Der Erblindete ist wieder Isaak. Die letzten Worte scheinen vorauszusetzen, daß Jakobs Gesicht, nicht nur sein Hals (Gen XXVII 16), ebenfalls mit Fellen verhüllt war, so daß er den Vater nur durch diese Hülle sehen konnte. Auch der Mensch sieht ja Gott nur durch die Hülle seines Körpers.

Eva aber ist die Mutter *alles* Lebendigen, das gemeinsame Wesen, nämlich der göttlichen Engel, der menschlichen Sterblichen, der unvernünftigen Vernunftwesen; denn wer da sagte: »Alles« meinte auch »Alles«.

Und wessen Augen glückbegabt sind, der wird, wenn er emporblickt zum Himmel, die schöne Gestalt der Schlange sehen, die sich im großen Ursprungspunkte des Himmels dreht, und bestimmt ist zum Anfange aller Bewegung für alle Kreaturen; und er wird erkennen, daß ohne sie weder im Himmel, noch auf der Erde, noch in der Unterwelt etwas besteht: weder Nacht noch Mond, weder Früchte, noch Geburt, weder Reichtum, noch Wanderung, noch irgend ein anderes Ding, ohne daß sie es wüßte.

Darin besteht das große Wunder, das am Himmel zu schauen ist für die mit Sehkraft Begabten; denn bei ihrem allerhöchsten Haupte – den Unwissenden ganz unglaublich – vermengen sich mit einander Anfang und Untergang.

Sie ist es, von der die Unwissenheit[9] sagte:
auf dem Himmel windet sich ein großes Wunder, der Drache des furchtbaren Schrecknisses.

Beiderseits neben dieser Schlange sind Kranz und Lyra, und oberhalb der Spitze ihres Hauptes der bejammernswerte Mensch, der »in den Knieen« liegt[10], dessen rechten Fußes Spitze den gewundenen Drachen berührt.

9) Aratos, der Verfasser des Lehrgedichtes von den »Himmelserscheinungen« dessen v. 46 hier zitiert wird, ist, da er der Heidenzeit angehört (ca. 300 v. Chr.), ein »Unwissender«, und seine Worte sind also ein Ausdruck der »Unwissenheit«. Er schildert nur die äußere Erscheinung des Poldrachens, ohne sein inneres Wesen zu kennen.
10) Herakles ist also hier Repräsentant der Menschheit. Vgl. seine Bedeutung für die »Justinos«häresie.

Im Rücken des »in den Knieen« Liegenden wird die unvollkommene Schlange von dem Schlangenträger mit beiden Händen zusammen gehalten und daran gehindert, den Kranz zu berühren, der neben der vollendeten Schlange ist.

Nach den Angaben des Hippolytos stammt der peratische Zweig der Gnosis von zwei Schulhäuptern ab, deren eines Euphrates der Perate hieß, was darauf hin zu deuten scheint, daß dieser Lehrer aus einem Orte gleichen Namens stammte. Ob aber wirklich deshalb das in der Nähe von Basra gelegene, also dem babylonischen Tieflande angehörige Forat-Maishan als Geburtsstätte dieser Häresie an zu nehmen ist, mag zweifelhaft bleiben. Hieß doch der Euphrat selbst in den hebräischen und aramäischen Idiomen jener Gegenden Prat oder Perat, so daß Euphrates einfach die hellenisierte Form des Flußnamens selber sein könnte. Leiteten dann später die Peraten ihren Namen vom »Hindurchgehen« ab, so ist das eben eine jener künstlichen Wortdeutungen, die allen Gnostikern überaus geläufig waren und die hier noch darin ihre Stütze finden konnte, daß der Euphrat der Strom ist, welcher durch Babel, das Tor Gottes, hindurch fließt.

Statt des schlangengestalteten MENSCHEN, den die Ophiten und Naassener lehrten, steht bei den Peraten die Schlange selbst in der Mitte des Systemes. Sie ist die *gute* Schlange und hat Feinde, die *bösen* Schlangen, die Götter des Verderbens, nämlich die Sterne, d. h. die Planeten, durch deren Einfluß auch die irdische, unvollkommene und böse Welt entstanden ist, die der Erlösung durch die gute Schlange bedarf. Der mächtigste unter diesen Widersachern der guten Schlange ist Kronos-Saturn, der Gott des Wassers, der sonst den Gnostikern mit einem Anklange an mithriastische Lehren als Ialdabaoth bekannt ist und von ihnen häufig dem jüdischen Jehowah gleichgesetzt wurde. Wie der »Gott dieser Welt« heißt, d.h. derjenige Gott, der die Menschen von der wahren Erkenntnis und von der Einsicht in das Wesen der guten Schlange zurückzuhalten strebt, ist nicht überliefert. Jedenfalls aber ist die ganze Tendenz der Peraten durch diesen Gegensatz zu Gunsten des Urgottes und zu Ungunsten des Weltherrschers im Wesen nihilistisch geworden. Die Aufgabe der Menschheit kann nur mehr darin bestehen, die Gebote des Weltherrschers zu mißachten und den Weg zu betreten, der zur guten Schlange führt.

Aus den Beispielen, mit denen die Peraten diesen Grundgedanken ihrer Lehre belegten, darf nicht auf den Ursprung derselben geschlossen werden. Ähnlich wie die Naassener scheinen auch sie alle prägnanten Gestalten sowohl des biblischen Vorstellungskreises als auch der Mythen aller anderen Völker als Verkörperungen ihres Schlangenprinzipes und seiner Gegner gedeutet, also eine symbolische Erläuterung der heiligen Geschichten gegeben zu haben. Daß sie dabei nicht an dem Bibelworte festhielten, sondern allerhand außerbiblische Traditionen auf dasselbe bezogen und in die Bibel hinein lasen, ist eigentlich selbstverständlich und tritt deutlich in ihrer Auffassung von Eva zu Tage. Eva als »Mutter der Lebendigen« stand besonders für gewisse talmudische Überlieferrungen in außerordentlich naher Beziehung zur Schlange. Eva ist ja nur die hellenistische Schreibung für den hebräischen Namen Chawwah, der direkt »Leben« bedeutet und von der Bibel Gen. III 20 als »Mutter aller Lebenden« erläutert wird. Rabbi Schimeon verstand dies wörtlich und gab dazu die Erklärung: »Die ganzen 130 Jahre, da Chawwah von Adam gesondert war, haben sich die Geister der männlichen Wesen an ihr erwärmt, und sie gebar von ihnen. Und die Geister der weiblichen Wesen erwärmten sich an Adam, und sie gebaren von ihm« (Midrasch Genes. rab. XX 11). Andere Talmudisten wieder verstanden das Wort der Bibel symbolisch und betrachteten Chawwah selbst als Schlange. Auch der eben angeführte Midrasch tut dies mit den Worten: »Sie wurde dem Adam zu seinem Leben (Wortspiel mit ihrem Namen: Chawwah) gegeben und sie beriet ihn wie eine Schlange« (Schlange heißt aramäisch Chawija und klingt also an Chawwah an). Auf die Befruchtung durch diese als Gott selber gedeutete Schlange wird auch die Entstehung des Kain zurück geführt: »Es überkam sie (die Chawwah) reitend die Schlange, und sie wurde schwanger mit Kain. Und nachher beschlief sie Adam, und sie wurde schwanger mit Abel; denn es heißt: ›Und der Adam erkannte sein Weib Chawwah‹. Was bedeutet: »er erkannte«? Es bedeutet: »Er erkannte, daß sie schwanger war«. Und als sie des Kain Bildung sah und bemerkte, daß er nicht von den Untern sondern von den Obern war, begriff sie es und sagte: ›Ich kaufte einen Mann von Gott.‹« Auf dieser Anschauung war auch die Häresie der Kainiten aufgebaut; nur deshalb weil Kain als Sohn der Schlange und also als Logos galt, nahm auch der Gnostiker Markos an, daß Kain einer Seeligkeit teilhaftig werde, die nicht einmal die Gerechten erlangen. Da aber die Schlange ein männliches Prinzip ist, konnte Chawwah nur symbolisch wegen ihres Rates (Logos) als Schlange gedeutet werden. Rabbi Acha sagte: »Dadurch daß Adam seinem Weibe den Namen Chawwah gab, drückte er aus: Die Schlange ist deine Schlange, und du bist die Schlange des Adam« (Genes. rab. a. a. O.). Wir sehen also, daß ein breiter Strom talmudischer Überlieferung die Voraussetzungen der peratischen Lehre enthält. Hat wirklich ihr Name selber die oben vermutete Beziehung zum Strome Euphrat, so ist das Vorkommen verwandter Spekulationen im Talmud der Juden gewiß nicht verwunderlich. Stammt doch die talmudische Literatur ebenfalls zu ihrem größten Teile aus dem babylonischen Tieflande.

Die Lehre vom Wesen des Gesalbten, des MENSCHEN, den die Jungfrau Maria gebiert, setzt dann weiterhin eine innere Identität zwischen Maria und Eva voraus, da ja der Gesalbte als Sohn der Schlange und mithin eigentlich selber wieder als Schlange galt, und da, wie wir bei den Sethianern sehen werden, die Schlange es ist, welche die reine Gebärmutter der Jungfrau Maria befruchtet. Ja Eva wurde geradezu, ebenso wie die Jungfrau Maria, die Himmelskönigin, als Säugeamme dargestellt, wie wir wieder aus talmudischen Nachrichten wissen. Alle diese Züge sind Erweiterungen des biblischen Vorstellungsbestandes vom ersten Menschenpaare, vom Baume und von der Schlange im Paradiese, die zu einem großen Teile wohl sogar auf alte Überlieferungen zurück gehen dürften. Die Schlange, welche der Ferse des Weibes nachstellt und von Maria nach der kirchlichen Auffassung zertreten wird, muß, wenn sie den gnostischen Sekten als Befruchterin der Maria galt, dieselbe eben symbolisch durch ihren Biß befruchtet haben. Gedanken solcher Art habe ich schon für eine vororphische Kulturschichte auf Kreta im Mythos von der Jungfrau Britomartis, welche, vom Bisse einer Schlange befruchtet, den später in Gaza anscheinend geradezu mit Christus identifizierten Marnas (wörtlich: den von der Jungfrau Geborenen) gebiert, also für die Zeit des 7. oder 8. vorchristlichen Jahrhunderts, nachgewiesen (Memnon II 52), und ich glaube, daß verwandte Vorstellungen so ziemlich im ganzen Orient, auch außerhalb des biblischen Kreises, schon von Alters her im Schwange waren.

Eine andere Seite der peratischen Lehre bekommen wir zu Gesicht, wenn wir das Erlösungswerk selber ins Auge fassen. Der Gesalbte soll einen Körper besitzen, der alle drei Wesenheiten, Körper und Kräfte in sich vereinigt, also neunfach gestaltet ist. Die geheime Eigenschaft dieser Gestaltung besteht aber darin, daß er das Gute an sich zieht, das Zweifelhafte aussondert, das Wertlose abstößt, ganz so wie man etwa mit Staub und Abfällen untermischte Eisenspäne mit Hilfe eines Magneten aussondert. In der Tat haben die Peraten und, wie wir sehen werden, auch die Sethianer ebenso wie die

Naassener, gerade dieses Bild als Gleichnis für die Wirksamkeit der Schlange, die sie in dieser Funktion sich in der Gestalt des fabelhaften Meersperbers dachten, gewählt. Der Meersperber soll unten eine Schlange sein, welche in die Tiefen des Weltenmeeres hinab reicht, oben ein Vogel, dessen Flügelschlag den Himmelsraum erfüllt. Aber die Spitze seines Schwanzes oder die Mitte seines Leibes – unsere Quellen drücken sich in dieser Hinsicht nicht genügend deutlich aus – soll das Gold an sich ziehen wie der Magnet das Eisen oder der Bernstein die Schnitzel. Der Magnet ist der Stein des Herakles, und zwar in dessen Eigenschaft als Däumling, da er eiserne Fingerringe, die Daktylen, an sich zieht. Denn man pflegte die Wirksamkeit des Magneten an Fingerlingen von Eisen vor zu führen, und Herakles selber galt als einer der Daktylen (Fingerlinge). Man erinnere sich an den »Däumling« des deutschen Märchens, der nach manchen Fassungen der Erzählung ganz wie Herakles zu riesenhafter Größe und Kraft erwächst.

Das Elektron, der Bernstein, der hingegen nur die nutzlosen Schnitzel, den Unrat an sich zieht, ist wohl zu dem Zentrum des Meersperbers, dem das Gold zustrebt, in besonderem Gegensatze gedacht. Die Wesensverwandtschaft des Meersperbers mit der mischgestalteten Jungfrau Echidna, die Herakles in einer Höhle begattet haben soll, wurde schon oben hervor gehoben. Daher ist es auffällig genug, daß der Stein des Herakles in Verbindung mit dem Meersperber vorkommt.

Einen Stein, den das Gold anstrebe, kennt das Altertum nicht, wohl aber heißt der Prüfstein für das Gold der lydische, wobei man zwar zunächst an den Fundort, nämlich das Land Lydien, dachte, vielleicht aber auch einen Mythos kannte, der von einer Jungfrau namens Lyde berichtete. Obgleich das alles nur Vermutungen sind, möchte ich doch noch hinzu fügen, daß auch das Elektron zum Mythos hinzu gehört haben könnte, daß es vielleicht einmal dem Herakles den Weg aus der dunkeln Höhle der Echidna heraus durch sein Leuchten gewiesen hat. Aber wie dem auch sei: jedenfalls knüpfte die Vorstellung von der prüfenden, sichtenden, rettenden Macht des Meersperbers an eine Überlieferungsreihe an, die von der biblischen ganz verschieden ist, uns auf phrygisch-lydischen Boden zu führen scheint, und ihre Wurzeln in iranischen Mythen gehabt haben mag.

Eine dritte Seite des peratischen Systemes tritt in der Lehre von den Abflüssen zu Tage. Sie nimmt an, daß in dem dunkeln Wasser, aus dem das Verderben stammt, sich die Lichtgestalten der Höhe spiegeln und daß diese Spiegelungen selber stoffliche Wesen sind. Sofort wird man an die Poimandresschrift erinnert, wo ebenfalls die göttliche Gestalt sich in den Wassern spiegelt. Hier tritt derselbe Gedanke auf, aber das Spiegelbild ist das Pneuma selbst, das über die Wasser dahin zieht. Daß die Schafe Jakobs, welche von den Wassern trinken, mit diesen Spiegelbildern geschwängert werden, ist ein Symbol dafür, daß das Pneuma an der Zeugung der Menschen teilnimmt. Innig verknüpft mit solchen Vorstellungen von den dinglichen Abbildern ist jedoch die entsprechende Annahme überdinglicher Vorbilder, wie sie schon in Platons Ideenlehre ihre bekannteste und vollständigste Ausbildung erfahren hat. Alles Irdische ist nur ein Abdruck des Siegels, dessen Form der Sohn vom Vater zum Zwecke des Abdrückens empfangen hat. Aber weshalb jene himmlischen Wesenheiten in irdischen Stoff gekleidet werden, sagt der Auszug aus dem Systeme der Peraten, der uns vorliegt, nicht. Man kann bloß vermuten, daß die guten oberen Wesenheiten durch ihr Spiegelbild im Wasser getäuscht, wie Narziß ihre eigene Schönheit in der dunkeln Tiefe suchten.

Seinen eigentümlichen Anstrich erhält das System der Peraten durch die astrologische Szenerie, der es eingegliedert und auf die es deutend bezogen ist. Der Leser nehme eine der üblichen Sternkarten zur Hand. Dort findet er im Gebiete der Zirkumpolarsterne zwischen den beiden, der großen Göttermutter in ihrer Eigenschaften als Jungfrau heiligen Bärengestirnen das Bild des Drachen eingezeichnet, daneben den Herakles (in unserem Texte seiner archaischen Laufstellung halber als »der in den Knieen« bezeichnet) auch Kranz und Lyra als Sternbilder. So endet denn das System der Peraten mit einer philosophisch-astrologischen Erläuterung der Umgebung des Himmelspoles, und dem entsprechend ist auch der mythische Gehalt der Sternsagen, welche ehedem dieser Spekulation zu Grunde lagen, schon ziemlich verflüchtigt.

Was man da auf dem Himmel zu finden meinte, lautete im Mythos des fünften vorchristlichen Jahrhunderts, und sicherlich auch schon lange vorher, etwa so: Als Hera und Zeus sich mit einander vermählten, und alle Götter ihnen Gaben darbrachten, stellte sich Gaia, die Erde, mit goldenen Äpfeln ein. Die gefielen der Hera überaus gut, und sie befahl, dieselben im Garten der Hesperiden, dort wo auch Atlas ist, zu pflanzen. Aber die Töchter des Atlas, die Hesperiden, pflegten diese Äpfel für sich zu behalten, so daß Hera zur Bewachung der Früchte des Wunderbaumes den Drachen bestellte, der auf dem Himmel zwischen beiden Bären zu sehen ist.

Den Peraten ist der Poldrache zwar nicht mehr der Wächter der goldenen Äpfel, wohl aber der Verwahrer und Verwalter »der väterlichen Gestaltungen«, die er auf die Erde verpflanzt und wieder zum Vater empor führt. Und wenn Nacht, Mond, Früchte, Reichtum und Wanderung nur durch ihn bestehen, so stammen die Früchte eben von dem Weltenbaume und sind wohl selber nichts anderes als die Phasen des Mondes, des Wanderers, des Spenders des Reichtums. Daß die Gestirne nur die feurigen Ranken und Blätter des Weltenbaumes sind, lehrte schon der Jonier Anaximenes, und der Baum selber kommt fast in jedem Märchen vor. Auch hier sieht man überaus deutlich, daß dieser, allen arischen Mythen gemeinsame Weltenbaum doch erst recht spät auf den biblischen Baum der Erkenntnis bezogen worden sein kann.

# 9. Die Sethianer

Drei bestimmte Ursprünge gibt es, und jeder von ihnen ist begabt mit unendlichen Kräften.

Zu allem, was einer durch Erkenntnis erkennt oder unerkannt lassen muß, kann jeder dieser Ursprünge vermöge der ihm inne wohnenden Kräfte werden, ganz so wie die Seele des Menschen jede Kunst zu erlernen vermag. Gibt man das Kindlein zu einem Flötenspieler, so wird es auch ein solcher, wenn es länger bei ihm bleibt, oder ein Geometer, wenn es bei einem Geometer verweilt, ein Grammatiker bei einem Grammatiker, ein Baumeister bei einem Baumeister, und ebenso bei jedem anderen, in dessen Nähe es bleibt, das, was dieser ist.

Die Wesenheiten dieser Ursprünge sind Licht und Dunkel und in ihrer Mitte das unvermischte Pneuma.

Das Pneuma jedoch, das sich inmitten zwischen dem Dunkel, das unten, und dem Lichte, das oben ist, befindet, ist nicht ein Pneuma, das etwa dem Zuge des Windes oder einem leichten Hauche ähnlich gedacht werden kann, sondern es gleicht vielmehr dem zarten Geruche der Myrrhensalbe oder eines durch Zusammensetzung hergestellten Räucherwerkes, der eine Kraft ist, welche bei der Entfaltung ihres Wohlgeruches rascher als jeder Gedanke und mächtiger als jede Schilderung das All durchdringt.

Indessen da das Licht oben, das Dunkel unten und das Pneuma derart in der Mitte ist, des Lichtes Beschaffenheit aber dahin geht, wie der Sonnenstrahl von der Höhe herab das unten liegende Dunkel zu erleuchten, während der Wohlgeruch des Pneuma die Mitte hält, sich ausspannt und überall hin dringt, wie wir ja auch wissen, daß der Wohlgeruch des ins Feuer getanen Räucherwerkes überall hin dringt – da also diese Kraft aus den dreifach geteilten Ursprüngen stammt: so ist sie denn die Kraft des Pneumas und des Lichtes zugleich in dem unter beiden gelagerten Dunkel.

Doch das Dunkel ist schreckliches Wasser, in dessen traurige Beschaffenheit hierdurch vermittelst des Pneuma auch das Licht hinab gerissen und verpflanzt wurde.

Das Dunkel aber ist durchaus nicht unverständig, sondern vielmehr von vollendeter Besonnenheit und weiß daher, daß, wenn das Licht dem Dunkel entzogen würde, das Dunkel einsam, unsichtbar, lichtlos, machtlos, tatlos, kraftlos bliebe.

Deshalb strengt es all sein Sinnen und Trachten dahin an, in sich die Leuchte und den Funken des Lichtes zusamt dem Wohlgeruche des Pneuma zu umfassen,

Und ein Abbild dieser Beschaffenheit der Welt kann man im Antlitze des Menschen sehen, nämlich die Pupille im Auge, die finster ist in Folge der unter ihr lagernden Wasser, jedoch erleuchtet durch das Pneuma.

Genau so wie das Dunkel der Leuchte entgegen wirkt, auf daß es den dienenden Funken habe und sehe, so wirken auch das Licht und das Pneuma der Macht des Dunkels entgegen.

Und sie suchen empor zu heben und zu sich in die Höhe zu bringen ihre in das dunkle und schreckliche, unten lagernde Wasser vermischten Kräfte.

Eine jede von allen den Kräften der Ursprünge, die ihrer Zahl nach drei sind, ist nun mit einer ihrem Wesen nach unendlichmal unendlichen Kraft des Geistes und des Gedankens ausgestattet.

Aber obgleich dieser besonnenen und denkenden Kräfte eine unendliche Menge ist, bleiben sie alle in Ruhe, so lange sie in sich selbst verharren.

Naht aber eine der anderen, dann bewirkt die Ungleichmäßigkeit ihres bei einander Lagerns eine Art Bewegung und eine Wirksamkeit, welche aus dieser Bewegung gestaltet ist, entsprechend der gegenseitigen Lagerung der zusammentreffenden Kräfte.

Das Zusammentreffen der Kräfte erfolgt jedoch wie bei einem Siegel, das durch sein Auftreffen auf die, einen der Gestalt des Siegels gleichenden Abdruck entgegennehmende Masse ein Abbild seiner selbst erzeugt. Da es nun unendlich viele Kräfte jener Ursprünge gibt, die ihrer Zahl nach drei sind, entstehen aus diesen unendlich zahlreichen Kräften unendlich viele Begegnungen und also auch notwendig unendlich viele Gestaltungen von Siegeln.

Diese Gestalten nun sind die Formen der unterschiedlichen Lebewesen.

Durch das erste große Zusammentreffen der drei Ursprünge entstand die eine große Siegelform[1]: Himmel und Erde.

1) Dem Himmel entspricht der Embryo, der Erde der Mutterkuchen, in dessen Mitte der Nabelstrang entspringt, der den Embryo mit dem Mutterleibe verbindet. Gedacht ist also an einen Durchschnitt durch die geschwängerte Gebärmutter, der eine Gestalt in der Form eines liegenden Theta (Θ) voraus setzt, dessen obere Wölbung dem Himmel (Embryo), dessen untere der Erde (Mutterkuchen), dessen Querstrich dem Nabelstrange (Weltenbaume) entspricht. Dabei galt den alten Kosmologen, wenn die Figur makrokosmisch gedacht wurde, der Nabelstrang als Phallos, mit welchem der Himmel seine Gattin befruchtet, oder als Weltenbaum, unter dem das erste Menschenpaar sich begattete.

Doch haben Himmel und Erde eine Gestalt ähnlich der Gebärmutter, in deren Mitte der Nabel ist.

Will man sich aber diese Gestalt vor Augen führen, dann erforsche man kunstgerecht die geschwängerte Gebärmutter welches Tieres immer: man wird darin den Abdruck des Himmels und der Erde finden und aller Dinge, die in der Mitte unabänderlich zu Grunde liegen.

Diese der Gebärmutter gleichende Gestaltung von Himmel und Erde entstand aber bei dem ersten Zusammentreffen.

In der Mitte zwischen Himmel und Erde entstanden unendlich viele Begegnungen der Kräfte. Und keine dieser Begegnungen schuf etwas anderes, sondern brachte das der Gebärmutter gleichende Siegel des Himmels und der Erde[2] zum Abdrucke. Und auf der Erde sprossten wieder aus den unendlich vielen unterschiedliche Siegeln unendliche Mengen von Lebewesen empor. Und in diese ganze Unendlichkeit der unterschiedlichen Wesen unter dem Himmel ist verstreut und verteilt zunächst dem Lichte der Wohlgeruch des Pneuma von der Höhe her.

Es entstand aber aus dem Wasser als unentstandener Anfang ein starker und heftiger Wind, der Urheber alles Entstehens. Dadurch, daß er nämlich in den Wassern ein Sieden erregte, schuf er in ihnen Wellen. Und die Bewegung der Wellen war gleichsam ein Antrieb, durch den die Gebärmutter schwanger wurde mit dem Menschen.

Sobald jedoch diese Woge des Windes aus dem Wasser erwacht ist und, ihrer Beschaffenheit nach schwanger geworden, als Weib zum Gebären empfangen hat, umschließt sie

2) Siehe die Anmerkung auf der vorangehenden Seite.

den zunächst dem Lichte von der Höhe herabgestreuten Wohlgeruch des Pneuma, nämlich den Geist, der da, in unterschiedlichen Formen gestaltet, der vollendete Gott ist, der aus dem unentstandenen Lichte von der Höhe her und aus dem Pneuma in die menschliche Natur gleichwie in einen Tempel durch den natürlichen Antrieb und die Bewegung niedergelegt und zwar gezeugt ist aus dem Wasser, aber vermengt und vermischt mit dem Körper, gleichsam als das Salz der Dinge und seinem Wesen nach ein Licht im Dunkel, das von den Körpern befreit werden will, aber nicht imstande ist, seine Erlösung und den Ausweg zu finden.

Alles Sinnen und Trachten des aus der Höhe stammenden Lichtes geht nun dahin, wie und auf welche Weise der Geist des Vaters, der in der Tiefe weilt, von dem Tode des bösen und dunkeln Körpers befreit werden kann.

Das ist jener Geist, der als Wind im Kochen und Wirbeln Wellen erregt und den vollendeten Geist sich als Sohn erzeugt, der seinem Wesen nach nicht sein eigener Sohn ist. Denn ein Strahl des vollendeten Lichtes in der Höhe war jenem dunkeln, schrecklichen, bittern und schmutzigen Wasser beigemengt; und dieses Licht ist das leuchtende Pneuma, das oberhalb des Wassers dahinschwebt[3].

Aber der heftige und rasch wehende Wind gleicht dem Zischen einer Schlange.

Von diesem Winde also, das heißt von dieser Schlange, hat demnach das Entstehen derart seinen Ausgang genommen, indem alles zugleich zu entstehen begann.

---

3) Dieser ganze Abschnitt ist schwer verderbt überliefert. Unheilbare Lücken mußte ich weglassen; den Rest konnte ich nur seinem wahrscheinlichen Sinne nach wiederzugeben trachten.

Sobald nun das Licht und das Pneuma aufgenommen sind in die unreine, leidvolle und unordentliche Gebärmutter, dringt die Schlange in sie hinein, nämlich der Wind in das Dunkel, dieser Erstentstandene der Wasser, und zeugt den Menschen: und eine andere Gestalt liebt die unreine Gebärmutter nicht, und sie kennt auch keine andere.

Darum also hat der vollendete Logos des Lichtes, der von der Höhe stammt, die Gestalt der tierischen Schlange angenommen, als er in die unreine Gebärmutter eindrang, um sie durch seine Ähnlichkeit mit diesem Tiere zu täuschen, auf daß er die Fesseln löse, die den vollendeten Geist umschließen, der entstanden war in der Unreinheit der Gebärmutter durch den erstgebärenden, schlangengestalteten Wind über den Wassern.

Das ist die Gestalt dieses Tieres, nämlich die dienende Gestalt, und das ist die Notwendigkeit, welche den Logos Gottes zwingt, in die Gebärmutter der Jungfrau hinab zu steigen.

Aber es genügte nicht, daß der vollendete Mensch, nämlich der Logos, in die Gebärmutter der Jungfrau hinabstieg und die Geburtswehen in jenem Dunkel auslöste, sondern nachdem er jene schmutzigen Geheimnisse durchwandert hatte, wusch er sich und trank den Becher des sprudelnden, lebendigen Wassers[4], das unbedingt trinken muß, wer immer die dienende Gestalt ablegen und das himmlische Gewand anziehen will.

4) Hiermit ist einerseits auf das Fruchtwasser angespielt, das der Embryo vor seinem Austritte aus dem Mutterleibe verschlucken muß, andererseits aber wohl auch auf einen Mysterienbrauch der Sethianer, welcher der christlichen Kommunion nicht unähnlich gewesen zu sein scheint.

Das System der Sethianer ist dem der Peraten nahe verwandt, allerdings aber noch unvollständiger überliefert als dieses. Gemeinsam ist beiden Lehren die Dreiteilung der Welten, die Annahme, daß das Pneuma der Stoff ist, der zwischen den Gegensätzen vermittelt, endlich der Glaube an die Befruchtung der Gebärmutter durch die Schlange. Aber besser als bei den Peraten vermögen wir bei den Sethianern den Ursprung ihres Systemes zu ermitteln. Insbesondere W. Boussets Arbeiten sind es, denen ich bei der Darlegung dieses Ursprunges zum Teile wörtlich folgen muß. Denn er hat nachgewiesen, daß Seth, auf den die Sethianer ihre Lehre zurückführten, niemand anderer ist als Zarathustra.

In der »Biene« des Salomo von Basra weissagt Zarathustra dem großen Perserkönig Hystaspes von dem Messias, der da kommen soll: »Ein Kind soll empfangen werden im Leibe der Jungfrau. Die Bewohner der Erde sollen sich versammeln, es auszurotten, aber dies nicht vermögen. Dann werden sie ihn kreuzigen, und er wird in die Tiefen der Erde hinab steigen und von dort erhöht werden und wiederkommen mit den Heeren des Lichtes.« Auf die Frage des Hystaspes, von wem der Betreffende seine Macht haben werde und ob er größer sein werde als Zarathustra, antwortet dieser: »Er soll aus meiner Familie stammen. Ich bin er und er ist ich; er ist in mir und ich bin in ihm.« Daran schließt sich eine Ermahnung Zarathustras an seine Söhne, welche aus den Schätzen des Lichtes und des Geistes stammen, und die gesäet sind im Lande des Wassers und des Feuers, daß sie auf die Ankunft des großen Königs warten sollen. »Wartend habt acht; er und ich sind eins!« Ein Stück dieser Überlieferung findet sich auch in der »syrischen Schatzhöhle«. Danach sollen die Magier zwei Jahre vor der Geburt des Herrn einen hellstrahlenden Stern gesehen haben. »Und in seiner Mitte war eine Jungfrau, welche einen Knaben trug, und auf dessen Haupt war eine Krone gesetzt.« Darauf suchten sie in ihren gelehrten Büchern nach der Deutung des Zeichens und fanden, daß ein König in Juda geboren werden solle. Sofort verließen sie gemäß der Tradition, die sie von ihren Vätern erhalten hatten, den Osten, stiegen von dem Berge, den sie bewohnten, herab und zogen nach Bethlehem. Die Namen dieser drei Könige sind die persischen: Hormizd, Jezdegerd, Peroz. Die Kette des Beweises ist geschlossen, wenn wir nun unter dem Titel: »Weissagung des Seth« in dem fälschlich dem Chrysostomos zugeschriebenen Opus imperfectum in Matthaeum folgenden Bericht lesen: Bei einem Geschlechte, das fern im Osten am Ozean seine Wohnung hat, ist eine gewisse Schrift unter dem Namen des Seth überliefert, die von dem bei der Geburt des Messias erscheinenden Sterne und den Geschenken, die dem Messias dargebracht werden sollen, handelt. Diese wurde durch Generationen vom Vater auf den Sohn überliefert, und daher haben sich bei ihnen Männer, die der himmlischen Geheimnisse beflissen waren, abgesondert und der Erwartung des Sternes gewidmet. Und wenn einer von ihnen starb, trat sein Sohn an seine Stelle. Diese Männer stiegen zu einer bestimmten Zeit des Jahres auf einen Berg, der den Namen »Siegesberg« (mons victorialis) führt, auf dem sich eine Höhle mit Quellen und auserwählten Bäumen befand. Dort pflegten sie sich zu waschen und in Stillschweigen zu beten. So warteten sie auf den Stern, bis er schließlich erschien und sich auf ihren Berg herniederließ. Doch enthielt dieser Stern in sich die Gestalt eines kleinen Knaben, und über ihm die Gestalt eines Kreuzes. Daran knüpft sich dann die Erzählung von der Reise der Magier nach Bethlehem.

Die genealogische Verknüpfung Christi mit Seth-Zarathustra ergab sich ebenfalls aus persischen Vorstellungen. Die Perser glaubten, Zarathustra habe, als er sich seinem Weibe nahte, dreimal seinen Samen fallen lassen, und dieser sei in einem See aufbewahrt. In der Nähe dieses Sees befinde sich ein Berg, welcher der »Berg Gottes« genannt wird. An ihm leben immer viele Fromme. Diese reinen Männer senden in jedem Jahre zu einer bestimmten Zeit ihre Töchter aus, um in dem See zu baden, und am Ende eines jeden der drei letzten Milennien des Weltverlaufes wird je eine Jungfrau mit dem Samen des Zarathustra schwanger werden und je einen Erlöser für die betreffende Periode gebären. Die drei Erlöser aber, auf die unsere Sethianer Bedacht nehmen, sollten offenbar eben Seth, Zarathustra und Jesus sein. Daraus erklärt sich auch die Äußerung des Zarathustra, wonach der kommende König aus seinem Geschlechte stammen und mit ihm eins sein soll.

In dem sethianischen System, das uns vorliegt, scheint dieser See bereits physiologisch umgedeutet zu sein. Er ist die Tiefe der Gebärmutter, welche von dem Winde, der das Wasser in ihr in Bewegung versetzt, geschwängert wird. Aber auch die Schilderung vom Wesen der Söhne des Zarathustra scheint einen physiologischen Sinn zu haben. Diese Söhne sollen aus den Schätzen des Lichtes und des Geistes stammen und im Lande des Wassers und des Feuers gesäet werden. Das Feuer ist doch wohl nur eine Dublette zum Licht und steht an Stelle der Erde. Daher dürften die Söhne des Zarathustra eher in Erde und Wasser gesäet und dem Feuer und Pneuma entstammt sein. Das wäre aber gerade unsere sethianische Lehre bei Hippolytos, u. z. in überraschend guter Annäherung. Auch ist zu beachten, daß in unserem sethianischen Texte der Wind, der die Schlange ist, anscheinend sorgfältig von dem Pneuma unterschieden wird, das vielmehr bloß das Wasser erleuchtet, also eine Spiegelung und Durchstrahlung von der Höhe her auf ihm und in ihm hervorruft. Man kann hieraus neuerlich entnehmen, daß der biblische Wind, der nach der Erzählung des ersten Buches Mosis über den Wassern schwebt, mit diesem Pneuma der peratischen und sethianischen Lehre wirklich kaum etwas zu tun hat und erst durch äußerliche Sucht nach Belegen und Deutungen aus der jüdischen Lehre dazu in Beziehung gesetzt werden konnte.

Interessant ist im Falle der Sethianer das Verhalten des Hippolytos, der das nachfolgende Exzerpt überliefert hat. Auch er macht sich seine Gedanken über den Ursprung ihrer Lehre, bezieht jedoch ihr System nicht auf persische Traditionen, von denen ihm offenbar wenig bekannt war, sondern folgt einer anderen Kombination. »Ihre ganze Lehre», sagt er, »stammt von den alten Theologen, von Musaios und Linos, sowie von Orpheus, der zu allermeist Weihen und Mysterien eingeführt hat. Denn ihre und des Orpheus Lehre von der Gebärmutter und daß der Nabel die Harmonie ist, findet sich wörtlich so in den bakchischen Schriften des Orpheus. Als geheime Mysterienlehre wurde dies den Menschen noch vor der eleusinischen Weihe des Keleos, des Triptolemos, der Demeter, der Kore und des Dionysos in Phlius in Attika überliefert. Denn die Orgien der sogenannten großen Mutter in Phlius sind älter als die eleusinischen Mysterien. Dort ist ein Torpfeiler, und auf ihm ist die Darstellung all der obigen Lehren bis auf den heutigen Tag aufgezeichnet zu sehen. Sehr viel ist auf diesem Torpfeiler aufgezeichnet zu sehen. Sehr viel ist auf diesem Torpfeiler aufgezeichnet…, darunter auch ein geflügelter Graukopf mit aufgerecktem Schamgliede, der ein bläulich gemaltes Weib, das ihn flieht, verfolgt. Bei dem Alten steht geschrieben: Phaos rhyentes (d.h. »fließendes Licht«), bei dem Weibe: Phereë phikola (der Name ist vielleicht verstümmelt überliefert und gibt keinen erkennbaren Sinn). Nach der sethianischen Lehre nun ist der Phaos rhyentes das Licht und Pheree phikola das finstere Wasser, der Abstand beider von einander aber die Harmonie des dazwischen gelagerten Pneuma. Der Name des Phaos rhyentes bezeichnet dabei das Aufwärtsströmen des Lichtes, der Name Pheree phikola aber das Herabsinken der Finsternis des Wassers.« Es ist mir sehr wahrscheinlich, daß unser Kirchenvater nicht aus eigenem auf diese Zusammenhänge gekommen ist, sondern dieselben in irgendeiner Schrift der Sethianer auseinandergesetzt gefunden hat. Auch wäre nichts begreiflicher, als daß diese Gnostiker, etwa ähnlich wie die Naassener, außer dem biblischen Vorstellungskreise auch den der orphischen Schriften und der ältesten attischen Mysterien in ihre Spekulationen einbezogen und auf ihre Gedanken umgedeutet hätten. Dies war ihnen sicherlich dadurch erleichtert, daß z. B. die große Göttermutter von Phlius an sich wirklich niemand anderer war als die in ganz Kleinasien verehrte große Himmelsgöttin, deren Mythen, philosophisch umgestaltet, ja auch der ältere Grundstock ihres eigenen Systemes in der Lehre von der Befruchtung der Jungfrau durch die Schlange enthalten hat.

# 10. Simon Magus

Aller Dinge, der offenbaren und der verborgenen, Schatz ist das überhimmlische Feuer, gleichsam ein großer Baum, aus dem alles Fleisch seine Nahrung zieht. Und das Offenbare am Feuer sind der Stamm, die Zweige, die Blätter, die ihn außen umgebende Rinde. Alle diese Teile des großen Baumes werden, von der allverzehrenden Flamme des Feuers entzündet, vertilgt werden. Aber die Frucht des Baumes wird, wenn sie zum Bilde geworden ist und ihre Gestalt abgeworfen hat, in die Kammer getan und nicht in das Feuer. Denn dazu ward die Frucht, daß man sie in die Kammer tue, die Spreu aber, daß sie dem Feuer übergeben werde, nämlich der Stamm, der nicht um seiner selbst willen sondern um der Frucht willen erwuchs.

.........

Der Ausspruch aber ist der im Munde geborene Ausspruch und das Wort; denn nirgend anderswo ist das Gefilde der Entstehung.

.........

Es entstand aber die entstandene Weltordnung von dem unentstandenen Feuer. Doch begann sie auf folgende Art zu entstehen: Sechs Wurzeln sind die ersten, von denen die entstehende Welt den Ausgang für ihre Entstehung nahm, indem sie aus dem Ursprunge jenes Feuers entstand. Aus dem Feuer sind diese Wurzeln zu Paaren entstanden, und selbige Wurzeln heißen: *Geist und Verstand, Stimme und Name, Überlegung und Erwägung.*

Doch ist in diesen sechs Wurzeln die ganze, unbegrenzte Kraft zusammt, doch nur in ihrer Möglichkeit, nicht ihrer

Wirklichkeit nach. Diese unbegrenzte Kraft ist *Der, so da stand, steht und stehen wird.* Dieser wenn er, in den sechs Kräften befindlich, zum Bilde wird, wird an Wesen, Kraft, Größe, Vollendung als Kraft eins und dieselbe sein mit der unentstandenen und unbegrenzten Kraft; und sie wird überhaupt in nichts zurückstehen hinter jener ungewordenen und unabänderlichen und unbegrenzten Kraft. Aber wenn sie bloß ihrer Möglichkeit nach in den sechs Kräften verharrt und nicht zum Bilde wird, wird sie ebenso vertilgt und vernichtet wie die Kenntnis von der Grammatik oder der Geometrie in der Seele des Menschen. Denn wenn sie sich die Kunst gesellt, wird diese Kenntnis das Licht des Entstandenen, doch wenn sie sich sie nicht gesellt, artet sie in Unfähigkeit aus und in Finsternis. Und so wie zur Zeit, da sie nicht war, wird sie wieder, wenn sie zugleich mit dem Menschen auch selber durch den Tod zu Grunde geht.

Von diesen sechs Kräften und von der siebenten, die bei den sechsen dabei ist, wird das erste Paar, *Geist und Verstand, Himmel und Erde,* geheißen. Und er, der männliche, blickt von der Höhe herab und sorgt für die Gattin; die weibliche Erde aber nimmt in der Tiefe die vom Himmel herab fallenden, ihr verwandten Früchte auf. *Stimme* und *Name* heißen *Sonne* und *Mond, Überlegung* und *Erwägung Luft* und *Wasser.* Allen diesen ist beigemischt und untermengt die große, unbegrenzte Kraft, nämlich Der, so da stand, steht und stehen wird. Doch der Geisteshauch, der alles in sich enthält, ist das Bild der unbegrenzten Kraft, die allein, unvergänglicher Gestalt entsprungen, das All schmückt. Denn nur diese Kraft ist es, die, über das Wasser dahin getragen und aus unvergänglicher Gestalt entstanden, das All schmückt.

Das Bild aber ist der Geisteshauch, der über das Wasser hinwegzieht. Wenn er nicht zum Bilde wird, geht er mitsamt der Welt zugrunde, da er bloß in der Möglichkeit verharrt, ohne zur Wirklichkeit zu werden. Aber wenn er zum Bilde wird und von einem unteilbaren Punkte aus entsteht, dann wird das Kleine groß werden und das Große wird zum unendlichen Ewigen werden, zum Unveränderlichen, der dem Werden entrückt ist.

......

Es bildet Gott in der Gebärmutter der Mutter den Menschen. Denn die Gebärmutter ist das Gefilde der Entstehung, und der Strom dieses Gefildes ist der Nabelstrang. Dieser Nabelstrang teilt sich in vier Quellen. Denn zu beiden Seiten des Nabelstranges erstrecken sich zwei Röhren als Schläuche für den Geisteshauch und zwei Adern als Schläuche für das Blut. Doch sobald der Nabelstrang an das Bauchfell des werdenden Kindes anwächst, dann ernähren die zwei Adern, durch welche das Blut nach den sogenannten Pforten der Leber im Strome dahin fließt, das werdende Kind, während die Röhren, die Schläuche für den Geisteshauch, bei dem breiten Knochen die Harnblase von beiden Seiten her umfassen und in die große Röhre münden, die das Rückgrat entlang geht und Aorta heißt. Und derart wandert der Geisteshauch durch die Seitentüren in das Herz, um so die Bewegung des Embryo zu veranlassen. Denn während das Kindlein gebildet wird, nimmt es weder mit dem Munde Nahrung auf, noch auch atmet es mit den Nüstern. Denn da es im Feuchten ist, wäre jeder Atemzug sofort sein Tod. Denn es würde das Feuchte in sich ziehen und zugrunde gehen. Allein zur Gänze wird es von dem sogenannten Mantel der Schafhaut umhüllt. Aber seine Nahrung erhält es durch den Nabelstrang, und durch die das Rückgrat entlang verlaufende Aorta nimmt es das Wesen des Geisteshauches auf.

......

Dieser Nabel nun teilt sich in vier Quellen, nämlich in die vier Sinne des werdenden Kindes, und zwar in: Gesicht,

Gehör, Geruch, Geschmack. Doch das Getast berührt das von den anderen Sinnen Vergegenwärtigte, prüft und erhärtet es.
.......

Alles Unentstandene nun befindet sich in uns seiner Möglichkeit, nicht seiner Wirklichkeit nach, wie dieKenntnis der Grammatik oder Geometrie. Wenn es sich nun trifft, daß das Wort hinzu kommt und die Belehrung, wird sich auch das Bittere in Süßes wandeln, und nicht Spreu und Holz werden erwachsen sein ... für das Feuer, sondern die vollendete, zum Bilde gewordene Frucht, die gleich und wesenseins ist mit der ungewordenen, unbegrenzten Kraft. Doch wenn das Gewächs bloß Baum bleibt, ohne Frucht anzusetzen, wird es, da es nicht zum Bilde ward, vertilgt.

Jenes Glückselige, Unvergängliche, in allem Verborgene ist nun aber bloß der Möglichkeit und nicht auch der Wirklichkeit nach Der, so da stand, steht und stehen wird. Er stand oben in der unentstandenen Kraft, steht unten im Flusse der Gewässer, im Bilde geworden, und wird oben stehen bei der glückseligen, unbegrenzten Kraft, sobald er zum Bilde geworden ist. Denn drei sind es, die da stehen. Und ohne die drei stehenden Ewigen empfängt mitnichten seinen Schmuck der Entstandene, über das Wasser dahin Ziehende, nach der Ähnlichkeit neuerlich Gebildete, der vollendet am Himmel Befindliche, der um keinen Gedanken mangelhafter entstanden ist als die unentstandene Kraft. Diese Kraft ist eine, nach oben und unten gesondert, sich selbst gebärend, sich selbst mehrend, sich selbst suchend, sich selbst findend, — sie ist ihre eigene Mutter, ihr eigener Vater, ihre eigene Schwester, ihr eigener Gatte, ihre eigene Tochter, ihr eigener Sohn, Mutter und Vater, eins, sie – die Wurzel des All.

Aller Dinge, die entstehen, Begierde zu entstehen, nimmt vom Feuer ihren Ausgang. Dieserhalb heißt denn auch »Entbrennen« das Verlangen nach veränderlicher Entstehung. Doch das eine Feuer schlägt um in zwei Wandlungen. Beim Manne nämlich schlägt das Blut um in Samen, beim Weibe das nämliche Blut in Milch. Und der Wandlung des männlichen entstammt die Zeugung, der Wandlung des Weiblichen die Ernährung für das Gezeugte. Denn das Blut schlägt um in Samen und Milch, und diese Kraft wird Vater und Mutter, Vater des Gewordenen und Zuwachs des Ernährten, bedürfnislos, selbstgenugsam. Doch wenn Jener in Same und Milch umschlägt, der seiner Möglichkeit nach in diesen Stoffen darin liegt, und wenn es sich trifft, daß im einflußreichen Orte das Wort hinzu kommt, dann wird er gleichsam vom allerkleinsten Funken seinen Ausgang nehmen und vollends anschwellen und durch Zuwachs die unbegrenzte, unabänderliche Kraft werden, der unabänderliche Ewige, der dem Werden entrückt ist im Schoße des unbegrenzten Ewigen.

Unserem Texte liegt ein Auszug aus der Apophasis, d.h. Verkündigung, des Simon Magus zu Grunde, in den schon, bevor Hippolytos ihn benützte, allerlei Erläuterungen hineingearbeitet worden sind. Ich habe dieselben, sowie einige Randglossen, die ebenfalls in die Vorlage des Hippolytos Aufnahme gefunden hatten, entfernt und dadurch den Zusammenhang des ursprünglichen Referates über die rein heidnische Apophasis des Simon, der nur noch durch wenige, nicht all zu störende Lücken unterbrochen wird, wieder hergestellt. Es ist, als läsen wir die Darlegungen eines antiken Philosophen. Weder Erlösergedanke noch Heilslehre finden in diesem eigenartigen Systeme Raum, das uns so knapp überliefert ist, daß es eingehender Erläuterungen bedarf.

Der zentrale Teil der simonianischen Lehre ist die Durchführung der Analogie zwischen dem feurigen Weltenbaume und dem aus dem Nabelstrange in der Gebärmutter heran wachsenden Lebewesen. Denn nicht bloß als Strom, der sich in vier Arme teilt, sondern auch als Baum, der vier Äste hat, muß Simon den Nabelstrang, welcher ganz wie der Weltenbaum der Doketen von oben nach unten herab wächst, betrachtet haben. Ist doch je der Mensch im Stande, Frucht zu tragen und zur siebenten und höchsten Kraft zu werden, da sein Wesen dem der Weltordnung entspricht. Man hat sich also etwa folgende Beziehungen in schematischer Anordnung vor Augen zu halten:

die verborgene Welt, die sich in den vier Elementen der
    offenbaren entfaltet,
der Weltenbaum, dessen vier Bestandteile in der Frucht
    verborgen sind,
der menschliche Körper, der sich in den vier Sinnen des
    Kopfes entfaltet,
der vierfache Weltenstrom, dessen Ursprung aus der
    Quelle verborgen ist.

Also entsprechen vier Sinne vier Strömen, vier Bestandteilen des Baumes und vier Elementen der Welt. Diese Vierzahl herrscht eben in allen Paradieseskonstruktionen vor. Hat man sich einmal die durch das obige Schema gegebenen Zuordnungen fest eingeprägt, dann ist das System der Apophasis in seinem streng symmetrischen Aufbaue verständlich, und es lassen sich sogar einige Flüchtigkeiten unseres Exzerptes berichtigen. Den vier Sinnen: Gesicht, Gehör, Geruch, Geschmack ist das Getast als fünfter übergeordnet, welcher prüft und bestätigt. Ähnlich muß auch den entsprechenden vier Elementen: Feuer, Luft, Pneuma (Geisteshauch), Wasser, die Erde als fünftes über geordnet sein, durch dessen Beimischung sie alle erst zur Erscheinung kommen. Ferner muß je ein Element je einer Röhre des Nabelstranges entsprochen haben, da ja jede dieser Röhren je einem Sinne entsprechen sollte. Wahrscheinlich hat also das Exzerpt irgendeine Theorie, nach welcher sich Pneuma und Luft in den Röhrenpaaren, die ihnen zugehören, noch in der Richtung der einzelnen Elemente differenzieren sollten, der Einfachheit halber unterdrückt. Ähnlich dürften auch Milch und Samen als Mischungen aus mehreren Elementen gegolten haben; denn beide entstehen aus dem Blute, das doch wohl Feuer und Wasser enthält und sich oben nach der Seite des Pneumas zum Samen, nach der Seite der Luft aber zur Milch differenziert.

Während also die Doketen die vier in Hinsicht auf die drei Mondwochen und die Monatsepagomenen in 3+1 zerlegten, erweitert Simon die 3 zur 4 und fügt ihr die 1 hinzu, so daß er eigentlich seine Lehre vom Paradiese nach der Formel 4+1 gestaltet, wobei ihm die 1 stets die Zusammenfassung der 4 ist. Prinzipiell ist es daher ebenso gut möglich, daß Simon das Schema der Doketen erweiterte, oder daß die Doketen das seine vereinfachten, oder endlich daß beide Formeln, die des Simon und die der Doketen, auf eine gemeinsame Urform zurückgehen, der allerdings die doketische Lehre, wenn auch nicht inhaltlich, so doch formal, alsdann näher stünde.

Das nach der Vierzahl gegliederte Gefilde der Entstehung ist aber nicht nur die Gebärmutter, sondern in noch eigentlicherem Sinne der Mund; denn in der Gebärmutter entsteht bloß das Lebewesen, das, wenn es ein Mensch ist, unter günstigen Umständen zur höchsten Einsicht gelangen kann, in diesem Menschen selbst aber ist es der Mund, aus dem der Logos hervor geht, das »Wort, das der Seele innewohnt und sich selbst mehrt«, wie Herakleitos sagte. Dieses Wort enthält und ist die wahre, richtige Lehre und erhebt den, der es besitzt, so hoch, daß er sich durch nichts von der höchsten Kraft der Gottheit unterscheidet. Das sinnlich wahrnehmbare Wachstum des Menschen in der Gebärmutter ist nur ein schwaches Abbild von dem übersinnlichen Wachstum des Wortes im Munde des Menschen, der das wahre Gefilde der

Entstehung ist. Das Kind ist nur seiner Möglichkeit nach in den Eltern enthalten und wird erst durch den sinnlichen, geheimnisvollen Vorgang der Zeugung zur Wirklichkeit; – das Wort ist nur seiner Möglichkeit nach im Menschen vorhanden: welcher ist der ungleich geheimnisvollere Vorgang, durch den es zur Wirklichkeit wird?

Simon hat sich über dieses Problem volle Rechenschaft gegeben; aber um ihn zu verstehen, müssen wir den analogen sinnlichen Vorgang der Zeugung des Kindes so zu begreifen suchen, wie er in der Lehre des Simon verstanden wurde, bevor wir den schwierigeren, Übersinnlichen uns vergegenwärtigen wollen.

Der Ursprung des Kindes findet aus dem feuchten Stoffe in der Gebärmutter statt. Sicherlich sind wir berechtigt, ganz so wie wir bei den Sethianern den Vorgang erläutert fanden, auch für Simons System, entsprechend der Gestalt des großen Siegels von Himmel und Erde, oben lichtes Feuer, unten dunkles Wasser, dazwischen das Pneuma, in jeder Gebärmutter vorauszusetzen. Das Pneuma aber dürfen wir auch bei ihm nicht als Wind denken; vielmehr muß es das Spiegelbild der herrlichen Lichtgestalten in der Höhe sein, das über das dunkle Wasser dahin zieht. Sagt doch Simon ausdrücklich, daß es vom Himmel stammend über das Wasser streiche, daß es aus unvergänglicher Gestalt – eben durch Spiegelung – entstanden sei, daß nur das Pneuma das All schmücke, daß es vordem bei der oberen Kraft stand, dann herabkam und zu der oberen Kraft wieder zurückkehren wird – wie der Lichtstrahl, der von der Wasserfläche zurückgeworfen wird – daß es im Flusse der Gewässer verweile, daß seine Vollendung darin liege, aus einer bloßen »Gestalt« zu einem »Bilde« zu werden. Angesichts dieser Ausdrucksweisen bleibt nur zweierlei übrig: man kann entweder ein für allemale darauf verzichten, solchen mystischen Gleichnissen mehr als eine vage Bedeutsamkeit beizumessen und sich mit verschwommenen

Vorstellungen begnügen, oder man erkennt, daß bloß der Gegensatz zwischen wellenbewegtem, trübem, und ruhigem, klar spiegelndem Wasser den Gegensatz zwischen »Gestalt« und »Bild« zu erklären, daß überhaupt nur der Glaube an eine Spiegelung des oberen Lichtes in den unteren Gewässern das Verständnis für die eigenartige Ansicht, die Simon vom Pneuma entwickelt, zu eröffnen vermag, ja daß nur sie zugleich auch die Auffassung des Simon zu den nächst verwandten gnostischen Systemen, zu den Darlegungen der Peraten, Sethianer und Doketen, in eine naheliegende historische Beziehung setzt. Wer immer anschauliche Bilder in seinem Geiste erfassen kann, dem tritt sofort der Anblick einer mäßig bewegten, sonnenbeleuchteten Wasserfläche, eines Sees oder gar des Meeresspiegels, vor Augen. Mannigfache Gestaltungen gleiten über die Fläche hinweg, aber an einzelnen Stellen leuchten in dem bläulichen, dunkeln Grunde helle Lichter auf, Funken, die ein Bild der wiedergespiegelten Sonnenscheibe ins Auge werfen, verschwindend kleine Punkte, von denen ein überirdischer Glanz seinen Ausgang nimmt. Trat nun zu der Erinnerung an einen solchen Anblick im Geiste des Simon noch die vom Anschaulichen und lebendig Erfaßten zum Begriffe fortschreitende, jener völlig dinglich denkenden Epoche durchwegs geläufige Erwägung hinzu, daß das Spiegelbild auf der Wasserfläche nicht ein vergängliches Phantom, sondern ein stoffliches Gebilde ist, dann waren jene glitzernden Funken für ihn Symbole der wirklich in der Seele des Menschen blitzartig aufleuchtenden, mit ungeahnter Kraft und Schnelligkeit sich entfaltenden Einsicht in die Geheimnisse der Gottheit, also für die Gnosis; für den Logos, der in dem Munde dessen, von dem er verkündet wird, ja offenbar auch entstanden sein muß. Der Unterschied zwischen dieser Entstehung des Logos im Munde des Menschen und zwischen der Entstehung des Kindes in der Gebärmutter betrifft, abgesehen davon, daß das eine Mal

Empfängnis und Geburt aus dem Stoffe der irdischen Elemente, das andere Mal aber aus geistigen Elementen zustande kommen, zunächst den *Raum;* denn der Logos ist unendlich, da er die Kraft ist, die nicht einmal um einen Gedanken hinter der ungewordenen und unbegrenzten Kraft zurücksteht – dann die *Zeit;* denn während die Geburt des Kindes an eine lange Frist der Schwangerschaft gebunden ist, schwillt der Funke der Erkenntnis in der kleinsten Zeit zum größten Feuer an, dessen Licht die Welt umfaßt, – endlich das *Wesen;* denn aus dem Vergänglichen wird Ewiges, aus dem Nichts das All, aus dem Menschen die Gottheit. Die Zeugung ist sozusagen das kleine Wunder, das große Wunder aber ist die Erkenntnis. Damit jedoch dieses Wunder sich ereigne, dazu bedarf es des »einflußreichen Ortes« und der »Belehrung«. Aber dieser Ort und die Belehrung, die an ihm gespendet wird, gleichen wieder nur äußerlich der Schule und dem Unterrichte in irgend einer Kenntnis oder Wissenschaft; denn die Kenntnisse, welche sich die Seele durch Unterweisung aneignen kann, sind so vergänglich, wie sie selbst, wenn nicht die siebente Kraft zu ihr hinzutritt, vergänglich ist. Aber der Logos, der im Munde entsteht, ist unvergänglich; denn er gleicht der Kunst, während die erlernten Kenntnisse des Menschen nur Fertigkeiten sind. Die Kunst bedarf der Fertigkeit, aber sie ist ungleich mehr als sie, ja wesentlich von ihnen verschieden; denn während jene vergängliche Finsternis ist, ist sie das Licht des Entstandenen.

Auch der Kosmologie des Simon liegt der Gegensatz zwischen Stoff und Gedanke zugrunde, auch in ihr ist jedes der ewigen Wesen einerseits sinnlich, anderseits gedanklich. Daß er in der Gebärmutter drei ursprüngliche Prinzipien, genau so wie die Peraten, Sethianer oder Doketen, annehmen mußte, haben wir soeben erkannt; mithin lehrte auch er sicherlich zunächst eine Dreiteilung der Welt. Einer solchen entspricht »Der, so da stand, steht und stehen wird«, der ein dreifaches Wesen ist, wie ja auch Simon an anderen Stellen geradeaus davon redet, daß der Stehenden drei sind. Sie bilden zusammen die siebente Kraft. Dann sind aber diese drei, wenn man die anderen sechs Kräfte zu ihnen hinzu zählt, eigentlich eine Neun, das eine Mal räumlich nach den Richtungen oben-unten, rechts-links, vorn-hinten nach der Sechszahl gegliedert, das andere Mal zeitlich als Dreiheit nach Vergangenheit, Gegenwart und Zukunft. Dabei sind die räumlichen Richtungen Paare, ein jedes aus einem männlichen und einem weiblichen Prinzipe zusammengesetzt: Himmel und Erde, Sonne und Mond, Wasser und Luft, während die siebente Kraft ungepaart und mannweiblich ist, da sie, oder doch ein Abbild von ihr, jedesmal entsteht, wenn eines der drei anderen Paare sich in sich vereinigt. In welcher Beziehung stehen aber diese neun Ewigen zu den Elementen? Genannt werden als solche unter ihnen drei: Wasser, Luft, Erde. Aber die siebente Kraft gibt sich dadurch, daß sie allen anderen beigemischt und untermengt ist, als Vertreterin des Pneuma zu erkennen, das ja direkt ihr »Bild« ist. Im Systeme der Sethianer wurde das Pneuma gerade dadurch gekennzeichnet, daß es allen anderen Stoffen beigemengt und untermischt ist. Also muß auch Simon, als er die Elementenlehre mit der von den Ewigen verband, die drei stehenden Ewigen als mannweibliche Kraft, als Pneuma, verstanden, beziehungsweise das Pneuma als stoffliches Abbild dieser überhimmlischen, menschlichem Wahrnehmungsvermögen entrückten Kraft betrachtet haben. Dann liegt es aber auch nahe, anzunehmen, daß Sonne und Mond ebenfalls Abbilder eines Elementes, u. z. beide zusammen die des nämlichen Elementes sind. Das ganze Altertum war gewohnt, diese Gestirne als die beiden Augen der Gottheit zu betrachten, und dem Gesichtssinn muß im Systeme des Simon, wie wir schon feststellten, das Feuer zugeteilt gewesen sein. Scheinbar bleibt jetzt der Himmel vereinzelt zurück. Aber auch er soll mit der

Erde eine Einheit gebildet haben, und da er als festes, auf ihr ruhendes Gewölbe galt, werden Himmel und Erde eben wieder als Paar dem Elemente der Erde entsprochen haben.

Man kann sich dieses Verhältnis etwa folgendermaßen verdeutlichen:

Der mannweibliche Ewige: Der so da
    stand,
    steht und
    stehen wird,    entspricht dem  Pneuma
   Die Paare der Ewigen zerfallen in:
   männliche Ewige und weibliche Ewige,
    und von ihnen entsprechen:

| Himmel | und | Erde | als Paar der | Erde |
|---|---|---|---|---|
| Sonne | und | Mond | als Paar dem | Feuer, |
| | | | | während |
| Wasser | und | Luft jedes für sich das betreffende Element darstellen. | | |

So sind also die vier Elemente einem fünften, sechs Ewige einem dreifachen siebenten, und neun Bestandteile der Welt fünf einfachen Bestandteilen in überaus kunstreicher Weise zugeordnet.

Was soeben als System des Simon Magus entwickelt wurde, erhebt den Anspruch, mehr zu sein als eine kühne Rekonstruktion. Freilich ist das Exzerpt aus der Apophasis, das Hippolytos bietet, ziemlich dürftig, aber kein einziger Zug in ihm blieb, glaube ich, in der gegebenen Darlegung unberücksichtigt, keine noch so kleine Lücke läßt sich erspähen, die unausgefüllt geblieben wäre, aber trotzdem geht keine einzige unserer Ergänzungen über den Stand der Überlieferung hinaus, und das Bild dieser Lehre, das jetzt als ein Ganzes vor uns tritt, trägt die charakteristischen und einheitlichen Züge einer individuellen Schöpfung an sich. Je mehr man diese Eigenart des Systemes des Simon auf sich wirken läßt, je mehr man erkennt, daß es eine so völlig klare und strenge Gliederung besitzt wie keine andere der uns erhaltenen gnostischen Lehren, in desto eigenartigerem Lichte erscheint die übrige Tradition vom Leben, von der Lehre und von der Sekte des Simon.

Von dem Gedankenkreise und den Kultübungen der ersten Simonianer geben uns nur zwei ganz kurze Sätzchen bei Hippolytos Kunde. Sie enthalten Gebetformeln. Die erste, welche offenbar gelegentlich einer Weihe, die der Wiedergeburt des Mysten in der Gottheit gewidmet war, gesprochen werden sollte, lautet: »Vor allen Ewigen zeugt er mich«. Hippolytos leitet daraus entrüstet ab, daß Simon sich selber als Gott ausgebe, ein Mißverständnis, das so groß ist, wie wenn man den Christen die Kommunion im selben Sinne vorwerfen wollte. Der zweite, wahrscheinlich auf die Feier einer mystischen Vermählung mit der Gottheit bezügliche Satz lautet: »Ich und du, wir sind eins; vor mir bist du, nach dir bin ich«. Mehr als daß die Simonianer eine sakramentale Weihe der Geburt in Gott und der Vermählung mit Gott hatten, läßt sich aus diesen wenigen Worten nicht folgern; wie sie diese Sakramente vollzogen, wissen wir nicht.

Weitere Spuren der Tätigkeit der Sekte lassen sich dadurch finden, daß man der Überlieferung der Apophasis nachgeht. Was Hippolytos von dieser Schrift des Simon wußte, hatte er aus einem sehr geschickt abgefaßten Exzerpt, das also ein Anhänger dieser Lehre für die Zwecke der Schule verfaßt haben wird. Aber entsprechend jener Tendenz, die wir schon bei den Naassenern und dann wieder bei den Peraten beobachtet haben, und die wohl der ganzen gnostischen Tradition geläufig war, trachtete man schon früh, auch aus dem übrigen Schrifttum das Wichtigste zu dem Systeme des Meisters in Beziehung zu setzen. In erster Linie kam da für die heidnische Lehre des Simon die Bibel der Hellenen, das homerische

Epos, in Betracht. Was wir soeben vom Denken des Simon erfaßt haben, läßt schwerlich die Annahme zu, daß er selbst sich einer so geschmacklosen Deutungsart beflissen habe, wie die Schule sie übte. Sonne und Mond kommen unter den Ewigen in seiner Lehre vor; Simon wurde zur Sonne, die Helena Homers zum Monde gemacht und eine Homerdeutung dadurch angebahnt, von der weiter unten noch die Rede sein soll. Aber auch die Schriften des alten Testamentes verflocht man in dieses Gewebe. Die fünf Bücher Mosis mußten den fünf Sinnen entsprechen, der Baum der Erkenntnis war natürlich wieder der Feuerbaum, das Pneuma als Spiegelbild wurde in den biblischen Wind, der über das Wasser weht, hineingelesen, und so ging es weiter. Mit der Apophasis des Simon fand man unter solchen Umständen nicht mehr sein Auslangen. Was an den Rand der verschiedenen Exemplare dieses Buches, die sich in den Händen unserer Sektierer befanden, an abstrusen Beziehungen notiert sein mochte, wurde jetzt in den Text hinein redigiert. So kam eine »große Apophasis« zustande. Daß sich dabei die Sekte manchen vermeintlich oder wirklich verwandten anderen gnostischen Sekten näherte, ist begreiflich. Wir vermögen nicht mehr, diese dunkeln Vorgänge ins Licht zu stellen: wie bunt es aber zugegangen sein muß, das beweist die übrige, nicht mehr an die Apophasis anknüpfende, trotz mancher selbständigen Züge, doch offenbar hauptsächlich aus diesen »Weiterbildungen« der simonianischen Gnosis abgeleitete Überlieferung von den Lehren und dem Leben des Simon.

Von der Lehre des »Simon«, d.h. eben von der der Simonianer, erfahren wir dabei zunächst, daß die Schüler wirklich alsbald ihren Meister als Gottheit verehrt zu haben scheinen. Sie meinten, für die Samaritaner, seine Landsleute, sei er Gott Vater, für die Juden Gott Sohn, für die Heiden der heilige Geist gewesen. Sie hatten also nicht nur eine, dem alten Systeme ganz fremde Erlöserfigur eingeführt, sondern auch die

Völker den drei göttlichen Personen zugeteilt und diese in ähnlicher Weise in dem Messias gefunden, wie andere gnostische Sekten den Jesus mit einem dreifachen Körper ausstatteten. Ähnlich anderen Gnostikern verteilten sie auch die Propheten und die weltschöpferischen Engel, welche die Gesetze dieser Welt bestimmt und das Gute für böse, das Böse für gut erklärt haben, auf die Planeten und andere astrale Gewalten. Wir sehen peratischen Nihilismus auch hier eindringen. Im Zusammenhange damit nahmen sie die Idee von der Wiedergeburt auf, die sie für ein Werk des bösen Einflusses der weltbildenden Engel hielten. Wie jung und wie sekundär dann im Verhältnisse zu dem Systeme der Apophasis die Deutung des trojanischen Krieges ist, geht am klarsten daraus hervor, daß dieselbe die Lehre von den bösen Weltbildnern schon voraussetzt. Beide einander so fremden Gedankengänge wurden etwa in folgender Weise zusammengeschweißt: Simon selbst soll die »große Kraft Gottes« gewesen sein, die homerische Helena aber das Pneuma, das als verirrtes Schaf in der Welt weilt. Bei seinem Herabkommen auf die Erde habe sich Simon in jedem der Himmel in eine andere Gestalt verwandelt, um von dem Herrscher des betreffenden Himmels nicht bemerkt zu werden. Er kam aber herab, um seine »Erwägung«, nämlich eben jene Helena, zu befreien, um deren willen die Trojaner kämpften. Aber die Wesen, welche damals kämpften, waren in Wahrheit gar nicht die Trojaner, sondern die weltschöpferischen Engel. Diese waren und sind es, die die Helena gefangen halten, die sich in die unterschiedlichsten Gestalten von Menschen und Tieren, Männchen und Weibchen, verwandeln und ihr unzüchtig und widernatürlich beiwohnen (man erinnert sich unwillkürlich der Eva, die durch 130 Jahre nach jüdischer Tradition von den männlichen Dämonen mißbraucht wurde), die sie zur Hure machen, weil sie über sie Gewalt haben und aus dem Blute, das sie ihr abzapfen, Kraft gewinnen. Darum muß Simon die

»Hure« Helena aus der Gewalt dieser Trojaner befreien und wieder zum Himmel emporführen. Von dieser Helena erzählt Homer, daß sie mit einer Fackel in der Hand auf einem Turme stand und so den Hellenen die Nachstellungen der Phryger offenbarte. Die Fackel aber ist ein Hinweis auf das Licht von oben. Ebenso bedeutet das hölzerne Pferd bei Homer die Unwissenheit der Völker. Wie die Phryger in ihrer Unwissenheit ihr eigenes Verderben in Gestalt dieses Pferdes in die Stadt zogen, so ziehen sich die Menschen durch ihre Unkenntnis der wahren Lehre den geistigen Tod zu. Auch sei Helena identisch mit Athena, die Paulus meine, wenn er sagt (Eph. VI, 14), man solle sich wappnen mit dem Panzer des Glaubens, mit dem Helme des Retters, ferner sich die Beinschienen anlegen, das Schwert und den Schild ergreifen; denn das seien die Waffen der Athena. Daß manche dieser Sektierer sogar geradezu den Simon im Bilde des Zeus, »seine« Helena aber in dem der Athena verehrten, dürfen wir unter solchen Umständen den Kirchenvätern aufs Wort glauben.

Die meisten Züge der Simonlegende lassen sich aus diesen Entartungen verstehen: denn sie berichtet, Simon habe die Helena als Hure in Tyrus in einem Bordell gefunden, sich mit den dreißig Jüngern des Dositheus, seines Lehrers, in ihren Besitz geteilt (worin man einen Hinweis auf die dreißig Nächte des Mondmonates erblicken mag), er habe sie als Göttin und sich als Gott anbeten lassen. Dieses Paar Simon-Helene, welches vielleicht irgend einem samaritanischen Kulte entnommen und dann unter sehr äußerlicherBeziehung zur Lehre der Apophasis von der Gemeinde verehrt wurde, ist selbst noch der Apostelgeschichte fremd, und dies spricht für die späte Entstehung dieser Kombination. In der Apostelgeschichte ist Simon, wie auch sonst, ein Samaritaner aus Gittion, der zaubern kann und von den Aposteln die Macht des heiligen Geistes erkaufen möchte. Eine spätere Version läßt ihn unter einer Platane disputieren und schließlich, da er gerade widerlegt werden soll, um Zeit zu gewinnen, behaupten, er werde, wenn man ihn an dieser Stelle vergrübe, wieder auferstehen. Das geschieht, und er bleibt tot. Gerade das Gegenteil erzählen dann die Apostelakten über seinen Tod. Nach ihnen soll sich Simon anheischig gemacht haben, zum Himmel emporzufliegen. Er führte dies auch aus, da er offenbar im Besitze des geheimen Gottesnamens war, durch den sich jeglicher zum Himmel zu erheben vermag. Aber das Gebet der Apostel bewirkte, daß er alsbald herabfiel und dabei in vier Stücke (die Mondviertel?) zerbrach. Die Geschichte erinnert an Judas Ischarioth, der mit Jesus um die Wette zum Himmel fliegen wollte und seine Kenntnis des geheimen Gottesnamens dazu benutzte, um bei dieser Gelegenheit Jesum in der Luft mit seinem Samen zu verunreinigen. Daß allen diesen Nachrichten astrale und mythologische Vorstellungen zugrunde liegen, ist überaus wahrscheinlich. Aber gewiß sind sie untereinander recht disparat und vielleicht nur durch den Namen Simon, der einen gar schlimmen Klang hatte, verbunden. Wenn zwei Gauner einander nicht ankönnen, weil jeder den anderen durchschaut, denkt sich dieser wie jener: »Ich kenne den Simon, und der Simon kennt mich«. Dieses Sprichwort zeigt wohl zur Genüge, wie leicht allerhand Legenden sich an einen solchen Namen ansetzen konnten. Auch einer von den rhodischen Telchinen, die Söhne des Helios und schlimme Zauberer gewesen sein sollen, führte den bedenklichen Namen Simon. Daß der Verfasser der Apophasis, den wir als tiefsinnigen Philosophen und Theosophen kennen und schätzen gelernt haben, in diese Gesellschaft recht schlecht hinein paßt, wollen wir nicht weiter erörtern.

# V. NIHILISTISCHE SYSTEME

# 11. Basilides

Es war eine Zeit, da nichts war; doch nicht einmal das Nichts war etwas, sondern im schlichten und ungedeuteten Verstande des Wortes war es schlechterdings gar nichts. Auch meine ich, wenn ich sage: ›es war‹ nicht, daß es gewesen sei; vielmehr beabsichtige ich damit bloß anzudeuten, worauf ich hinweisen will, wenn ich sage, daß schlechterdings nichts war. Denn das, was unaussprechlich genannt wird, ist nicht schlechterdings unaussprechlich, sondern heißt nur so; aber das, wovon wir reden, ist nicht einmal unaussprechlich. Und dieses nicht Unaussprechliche wird auch nicht unaussprechlich genannt, da es vielmehr höher ist, als jeder genannte Name. Auch für die Weltordnung genügen nicht die Namen, so mannigfaltig ist sie, sondern sie bleiben hinter ihr zurück. Ferner vermag ich auch nicht für alle Dinge bezeichnende Namen zu finden, sondern bin genötigt, mit meinem Geiste ihre Eigenschaften unausgesprochen bei den Namen, mit welchem sie genannt werden, zu denken. Denn, daß es gleiche Namen für verschiedene Dinge gibt, bringt Verwirrung und sachliche Irrtümer bei den Zuhörern hervor. (Steht es nun schon so bei der Bezeichnung der einzelnen irdischen Dinge, so sind die Namen noch um so unzureichender für die Weltordnung als Ganzes und können für das, was über und vor der ganzen Weltordnung ist, überhaupt nicht verwendet werden.)

Da nun nichts war, weder Stoff noch Wesen, noch Wesenloses, noch Einfaches, noch Zusammengesetztes, noch Unfaßbares, noch Unempfundenes, noch Mensch, noch Engel, noch Gott, noch überhaupt etwas Genanntes, durch Wahrnehmung Erkanntes oder Gedachtes, da wollte der Gott, der nicht war, gedankenlos, empfindungslos, willenlos, vorsatzlos, leidlos, begierdelos die Welt machen. Wenn ich aber sage: ›er wollte‹, so sage ich das nur zur Andeutung von dem Willenlosen, Gedankenlosen und Empfindungslosen. Unter Welt aber verstehe ich nicht jene, welche in Breite und Unterschiedlichkeit später entstand und sich entfaltete, sondern vielmehr den Samen der Weltordnung.

Der Samen der Weltordnung hatte aber alles in sich, sowie das Senfkorn im kleinsten Raume alles zusammen enthält, die Wurzeln, den Keim, die Zweige, die Blätter und die unzähligen Samenkörner, welche aus dem Gewächse in immer neuen Geschlechtern von Senfpflanzen entstehen werden. So hat der Gott, der nicht war, die Welt gemacht, die nicht ist, aus dem, was nicht ist, indem er fallen ließ und unter legte ein Samenkorn, welches die ganze Samenfülle der Weltordnung in sich enthielt.

Wie das Ei eines schön gefärbten Vogels mit buntem Gefieder, das eines Pfauen oder eines anderen, der vielleicht noch zierlicher und bunter gefärbt ist, nur eines ist, aber in sich viele Vorbilder für vielgestaltige und buntgefärbte und mannigfache Bildungen enthält, so enthält das Samenkorn, das nicht ist, und von dem nicht vorhandenen Gotte herabgeworfen wurde, die zugleich vielgestaltige und mannigfachgeartete Samenfülle der Weltordnung. Alles also, was man sagen und wieder, was man ungefunden beiseite lassen kann, wessen Entstehung der künftigen Weltordnung aus dem Samen eingefügt sein soll und was zu verhängten Zeiten eigenartig durch Zuwachs anschwoll, das war von diesem Gotte, den seine Schöpfung weder zu nennen noch im Geiste zu erfassen befähigt wurde, als Schatz in dem Samen verborgen worden, wie wir auch bei dem neugeborenen Kinde die Zähne erst später sehen und das Hinzutreten der Zeugungskraft und des Geistes und aller Fähigkeiten, welche der heranwachsende Mensch von seiner Jugend an binnen kurzem erhält, ohne sie vorher besessen zu haben.

Da aber aus einem Gotte, der nicht ist, etwas ausgesondert wurde, das nicht ist, entsteht die Frage, wozu diese Ausscheidung stattfand und aus welchem Stoffe sie bestand und ob Gott die Welt bildete, wie die Spinne das Gewebe oder wie ein Sterblicher, wenn er Erz oder Holz oder einen anderen Stoff zur Bearbeitung hernimmt. Aber Gott bildete die Welt weder wie die Spinne das Gewebe, noch wie der Handwerker ein Geräte, sondern er sprach und sie wurde; und das ist es, was Moses sagte: »Es werde Licht; und es ward Licht« (Gen. I 3). Doch woher wurde das Licht? Aus dem Nichts. Denn nicht steht geschrieben, woher es wurde, sondern nur, daß es aus der Stimme des Sprechenden wurde. Da aber dieser Sprechende nicht war, war auch das Gewordene nicht. Aus nicht Vorhandenem also wurde der Samen der Welt, das Wort (der Logos), von dem es heißt: es werde Licht. Und das ist es, was in den Evangelien (Joh. I 9) gesagt ist: »Er war das wahre Licht, welches jeden Menschen erleuchtet bei seinem Herabkommen in die Welt«. Er nimmt seinen Ausgang von jenem Samen und wird erleuchtet. Das ist der Samen, der in sich die ganze Samenfülle enthält, der das nicht Seiende ist. Und woher das stammt, was nach meiner Darstellung hernach entstand, danach darfst du nicht forschen. Denn Gott hatte in sich den Sohn und Vorrat aller Samen, die nicht sind, und die von diesem Gotte, der nicht ist, zur Entstehung vorher bestimmt waren.

In diesem Samen war eine dreiteilige Sohnschaft, in allem dem nicht seienden Gotte wesensgleich, gezeugt aus nicht

Seiendem. Und von dieser dreifach gesonderten Sohnschaft war ein Teil leicht, einer schwer, der dritte der Reinigung bedürftig. Der leichte Teil nun brach zuerst, als der erste Auswurf des Samens aus dem Nichtseienden erfolgte, durch und erhob sich und stieg empor vom unteren zum oberen mit einer Geschwindigkeit, von welcher der Dichter (Homer Odyssee VII 36) sagt: »Wie eine Feder oder ein Gedanke«, und kam zu dem Nichtseienden. Denn nach ihm begehrt jegliches Geschöpf, ein jedes nach seiner Art, wegen seines Übermaßes an Schönheit und Jugendprangen. Der dichtere Teil aber blieb in dem Samen und vermochte, zur Nachbildung bestimmt, nicht empor zu steigen; denn viel mangelhafter als die leichtere Sohnschaft, welche aus Eigenem emporstieg, war diese, welche zurückblieb. Doch beflügelte sich die dichtere Sohnschaft mit dem heiligen Geiste; und die Sohnschaft übt eine Wohltat, indem sie sich mit ihm bekleidet und empfängt eine solche. Denn wie der Flügel eines Vogels an und für sich und getrennt vom Vogel sich weder je erhübe noch senkte, so vermöchte auch der Vogel ohne Flügel weder empor zu steigen noch sich herab zu lassen. Und so verhält sich die Sohnschaft zum heiligen Geiste und der heilige Geist zur Sohnschaft.

Wie ein Vogel von seinen Flügeln, wurde also die Sohnschaft empor gehoben von dem heiligen Geiste; und sie kam in die Nähe der leichten Sohnschaft und des nichtseienden Gottes, der die Welt geschaffen hatte aus Nichtseiendem, aber sie vermochte dieses nicht mit sich zu tragen, da es ihr nicht wesensgleich war und weil sie auch nichts vom Wesen der Sohnschaft an sich hatte. Sondern wie vielmehr reine und trockene Luft gegen das Wesen der Fische und ihnen verderblich ist, so war auch dem heiligen Geiste gegen sein Wesen das unaussprechlicher als das Unaussprechliche über allen Namen gelegene Gefilde der nicht seienden Gottheit sowohl als auch der Sohnschaft. So verließ denn die Sohnschaft den heiligen Geist in jenem seligen, jedem Gedanken und ebenso jeder Schilderung durch die Sprache entrückten Gefilde weder gänzlich einsam, noch getrennt von dieser Sohnschaft. Sondern vielmehr wie die höchst wohlriechende Myrrhe in ein Gefäß getan, darin, auch wenn es noch so sorgfältig entleert wird, doch ihren Geruch zurück läßt, obgleich sie vom Gefäße getrennt ist, das ihren Geruch behält, obgleich es nicht Myrrhe ist, – so verblieb auch der heilige Geist zwar ohne Anteil an der Sohnschaft und gesondert von ihr, hat aber, ähnlich dem Geruche der Myrrhe die Kraft der Sohnschaft in sich. Und das ist es, was gesagt ist: »Wie Myrrhe auf dem Haupte, die herab fließt in den Bart des Aaron« (Ps. CXXXII, 2), nämlich der Geruch, der von dem heiligen Geiste von oben herab gebracht wurde bis zur Formlosigkeit und zu unseren Regionen, auf welchem die Sohnschaft gleichwie mit den Flügeln des Adlers auf seinem Rücken emporgetragen sich zu erheben begann. Denn alles dringt von unten nach oben, vom Schlechteren zum Besseren, und nichts ist so sinnlos von dem, was die Oberhand hat, daß es etwa gar herab stiege nach unten. Doch die dritte Sohnschaft, welche der Reinigung bedarf, blieb zurück in dem großen Haufen der Samenfülle, Wohltaten übend und empfangend.

Als nun der erste und zweite Aufstieg der Sohnschaft erfolgt war, verblieb der heilige Geist in der erwähnten Art daselbst als Feste zwischen dem Überweltlichen und der Welt eingeordnet – denn zwischen der Welt und dem Überweltlichen ist in mitten der heilige Geist in der Höhe, ausgestattet mit dem Geruche der Sohnschaft, der in ihm bleibt – und durch diese Feste, welche oberhalb des Himmels ist, brach durch und wurde geboren aus dem Weltsamen und dem Haufen der Samenfülle der große Herrscher, das Haupt der

Welt, an Schönheit, Größe und Gewalt jeder Zerstörung entrückt. Denn unaussprechlicher ist er als das Unaussprechliche, mächtiger als das Mächtige, weiser als das Weise und überlegen jeder Tugend, die du nennen magst. Dieser erhub sich, kaum geboren, zur Höhe und schritt vollends nach oben bis zur Feste, in der Meinung, die Feste sei des Emporschreitens und der Erhebung Ende. Und da er meinte, dahinter sei überhaupt nichts mehr, ward er von allem, was unter ihm war, von allem innerhalb der Welt, der Weiseste, Tüchtigste, Hervorragendste, Leuchtendste und in jedem Vorzug allem überlegen, das du nennen magst, außer jener noch in der Samenfülle zurückgebliebenen Sohnschaft; denn er wußte nicht, daß sie weiser sei und mächtiger als er und ihm überlegen.

In der Meinung also, er selbst sei der Herr und Machthaber und weise Baumeister, wandte er sich der Schöpfung der Welt im einzelnen zu. Und zuerst gefiel es ihm, nicht allein zu sein. Und er schuf sich und zeugte sich aus dem, was ihm zur Verfügung stand, einen Sohn, weit mächtiger und weiser als er; denn all das hatte vorher bestimmt der Gott, der nicht ist, als er die Samenfülle herab warf. Beim Anblicke des Sohnes bewunderte ihn der Herrscher und gewann ihn lieb und erstaunte über ihn; denn ganz übergewaltig war seine Schönheit in den Augen des großen Herrschers, und der Herrscher setzte ihn sich zur Rechten. Und das ist die Acht, wo der große Herrscher seinen Sitz hat. Die ganze himmlische Schöpfung im Bereiche des Äthers hat der große, weise Weltschöpfer selbst gemacht; die Kraft dazu aber gab und flößte ihm ein der von ihm entstandene Sohn, der viel weiser war als der Weltschöpfer selbst. Und alles im Ätherbereiche ist voraus bestimmt und geordnet durch die Wirksamkeit des großen Herrschers bis zum Bereiche des Mondes; denn von hier an ist zwischen Äther und Luft geschieden.

Und als nun alle ätherischen Dinge geordnet waren, schritt wieder ein anderer Herrscher aus der Samenfülle hervor, größer als alles, was unter ihm lag, ausgenommen die zurückgelassene Sohnschaft, jedoch viel mangelhafter als der erste Herrscher. Aber auch er ist unaussprechlich. Und sein Ort heißt die Sieben, und von allem, was unter ihm liegt, ist er der Ordner und Schöpfer, der auch selbst wieder sich einen Sohn machte aus der Samenfülle, der selbst wieder besonnener und weiser war als er, ähnlich dem Sohne des ersten Herrschers. Aber das, was in diesem Bereiche ist, ist der Haufen und die Samenfülle selbst, und alles Gewordene wurde gewissermaßen schon im voraus gezeugt von dem, der das Künftige, was, wann und wie es geschehen soll, erwog. Und hierfür ist der Vorsteher und Ersinner und Schöpfer Niemand; denn hierfür genügt jene Überlegung, welche der Nichtseiende, als er sie tat, anstellte.

Da nun die ganze Weltordnung und das Überweltliche vollendet ist und in nichts mangelhaft, so bleibt die dritte Sohnschaft in der Samenfülle zurück, die in dem Samen zurückgelassen wurde, um Wohltaten zu üben und zu empfangen, und es mußte die zurückgelassene Sohnschaft enthüllt werden und wiederkehren nach oben, dort ober den grenzbildenden Geist zur leichten Sohnschaft, die da abbildete den Nichtseienden, wie geschrieben steht: »Und die Schöpfung selbst stöhnt auf und kreißet angesichts der Enthüllung der Söhne Gottes« (vgl. Röm. VIII, 19). Die Söhne aber sind wir, die geistigen Menschen, hier zurückgelassen, um zu ordnen und zu gestalten und aufzurichten und zu vollenden jene Seelen, deren Wesen sie dazu bestimmt, in diesem unteren Bereiche zu bleiben. »Bis zu Moses von Adam an herrschte die Sünde« (vgl. Röm. V 13, 14), wie es geschrieben steht; denn es herrschte der große Herrscher, dessen Bereich sich erstreckte bis zur Feste, da er meinte, selbst alleiniger

Gott zu sein, über dem niemand sei, da alles in verborgenem Schweigen verwahrt war. Das ist das Geheimnis, das früheren Geschlechtern nicht kund ward.

Es war aber auch für den folgenden Bereich ein König und Herrscher, nämlich für die Sieben. Und die Acht ist unaussprechlich, aussprechlich aber die Sieben. Und das ist der Herrscher der Sieben, der mit Moses sprach und zu ihm sagte: »Ich bin der Gott des Abraham und Isaak und Jakob, und den Namen des Gottes habe ich ihnen nicht offenbart« (denn so soll man die Schriftstelle, Exod. VI, 2, 3, schreiben), nämlich den des unaussprechlichen Gottes, des Herrschers der Acht. Und alle Propheten vor dem Retter haben davon gesprochen. Und da wir Kinder des Gottes enthüllt werden mußten, um derentwillen die Schöpfung aufstöhnte und kreißete im Angesichte der Enthüllung, kam die Heilsbotschaft in die Welt und durcheilte alle Herrschaften und Machtbereiche und Herrschersitze und alle genannten Namen[1]. Sie kam aber in Wahrheit, obgleich nichts von oben herab kam und obgleich auch die seelige Sohnschaft nicht wegtrat von jenem undenkbaren, nicht seienden Gotte. Denn so wie indischer Naphtha, wenn er sich auch in weitem Abstande davon zeigt, das Feuer fängt, so dringen auch von unten aus der Formlosigkeit des Haufens die Kräfte bis zur Sohnschaft oben hindurch. Denn es berühren und erfassen die Gedanken die obere Sohnschaft wie der indische Naphtha das Feuer fängt oder wie der Sohn des großen Herrschers der Acht an der jenseits der Grenzfeste gelegenen Seligkeit der Sohnschaft seine Leuchte entzündet. Denn die Macht der Sohnschaft inmitten des Bereiches des hei-

---

1) Vgl. Ephes. I 21. Gemeint sind die geheimen, mystischen Namen, welche den Herrschern, ihren Sitzen und Machtbereichen zukommen. Ohne deren Kenntnis ist es Niemandem, auch nicht dem Evangelium, möglich, die Gebiete dieser Herrscher (Archonten) zu durchziehen.

ligen Geistes gibt im Flusse und Fluge die Gedanken der Sohnschaft weiter an den Sohn des großen Herrschers.

Es kam also die Heilsbotschaft, das ist die Erkenntnis des
Überweltlichen, die der große Herrscher nicht verstand, zuerst von der Sohnschaft durch Vermittlung des zur Seite des
Herrschers harrenden Sohnes zu dem Herrscher, und der
Herrscher erfuhr, daß er nicht der Gott des Alls war, sondern
gezeugt, und daß oberhalb von ihm sich der hinterlegte
Schatz des unaussprechlichen und unnennbaren Nichtseienden und der Sohnschaft befände. Und er wand sich und geriet in Schrecken bei der Erkenntnis seiner früheren Unwissenheit. Das ist es, wenn es heißt: »Anfang der Weisheit ist die
Furcht des Herren« (Sprüche I 17). Denn er begann, weise zu
werden, unterrichtet von dem neben ihm thronenden Gesalbten, belehrt, wer der Nichtseiende ist, wer die Sohnschaft, wer der heilige Geist, wie die Einrichtung des Weltalls
ist und wohin sie zurückkehren wird. Das ist die im Geheimnisse erwähnte Weisheit, von der die Schrift sagt: »Nicht
in Worten, gelehrt von menschlicher Weisheit, sondern in
solchen, gelehrt vom Geiste« (I. Kor. II 13). Unterrichtet also
und belehrt und in Furcht versetzt, bekannte der Herrscher
seine Verfehlung, die er begangen hatte durch seine Überhe-
bung. Und das ist es, wenn es heißt: »Meine Verfehlung habe
ich erkannt, meine Übertretung sehe ich ein; von ihr will ich
Zeugnis ablegen in Ewigkeit« (vgl. Ps. XXXI, 5).

Und als der große Herrscher unterwiesen wurde, wurde
auch unterwiesen und belehrt die ganze Schöpfung der Acht,
und das Geheimnis wurde den Himmlischen bekannt, und
die Heilsbotschaft mußte auch schließlich zur Sieben gelangen, auf daß auch der Herrscher der Sieben vom Heile
unterrichtet werde. So entzündete denn der Sohn des großen Herrschers dem Sohne des Herrschers der Sieben die

Leuchte, wie er selbst die seine entzündet hatte von oben her an dem Feuer der oberen Sohnschaft; und erleuchtet wurde der Sohn des Herrschers der Sieben, und auch der Herrscher der Sieben geriet in Schrecken, ebenso wie der große Herrscher, und bekannte. Und alsbald wurde auch in der Sieben sämtliche Schöpfung erleuchtet und empfing die Botschaft des Heils.

Aber nachdem dies geschehen war, mußte auch die Formlosigkeit um uns schließlich erleuchtet werden, und es mußte der einer Fehlgeburt ähnlich in der Formlosigkeit zurückgelassenen Sohnschaft das Geheimnis enthüllt werden, das den früheren Geschlechtern nicht kund ward, wie geschrieben steht: »Durch Enthüllung wurde mir kund das Geheimnis« (Ephes. III 3, 5), und »vernommen habe ich unaussprechliche Sprüche, die dem Menschen zu sagen verboten sind« (II. Kor. XII 4). So kam denn das Licht, welches von oben her aus der Acht zu dem Sohne der Sieben gekommen war, von der Sieben herab zu Jesus, dem Sohne der Maria, und er wurde erleuchtet durch die Entzündung des Lichtes, das in ihm erstrahlte. Das ist es, wenn es heißt: »Der heilige Geist wird auf dich herabkommen« (Luc. 35), nämlich der, welcher von der Sohnschaft durch den Grenzbereich des Geistes zur Acht und dann zur Sieben, und dann bis zu Maria herab kam, »und die Macht des Höchsten wird dich beschatten« (ebenda), nämlich die Macht der Sonderung von der oberen Wartburg her, die dem Weltschöpfer gehört und hindurchdringt bis zur Schöpfung, die des Sohnes ist.

Nachdem aber Jesus entstanden war, geschah alles, wie es in den Evangelien geschrieben steht, damit der Anstoß für die Sonderung der miteinander vermischten Arten Jesus sei. Denn da die Weltordnung getrennt ist in die Acht, die das Haupt der ganzen Weltordnung ist, und in die Sieben, die das

Haupt der Siebenheit ist, und in diesen Bereich um uns, in dem die Formlosigkeit ist, mußte durch die Sonderung des Jesus das mit einander Vermischte in Arten getrennt werden. Dementsprechend litt auch nur jener Teil von ihm, der körperlich war und der Formlosigkeit zugehörte, und auch nur dieser kehrte in die Formlosigkeit zurück; aber der Teil, welcher seelisch war und dadurch zur Sieben gehörte, kehrte zur Siebenheit ein, während der an ihm der Wartburg und dem großen Herrscher Verwandte bei dem großen Herrscher blieb. Jedoch bis oben hinauf trug er empor seinen Anteil an dem grenzbildenden heiligen Geiste, und er verblieb auch in dem grenzbildenden Geiste. Doch wurde durch ihn die dritte Sohnschaft gereinigt, die zurückgelassen worden war, um Wohltaten zu üben und zu empfangen, und sie drang schließlich hinauf zu der seeligen Sohnschaft, alles dazwischen durchdringend. Anstoß zur Artsonderung ward nun Jesus, und sein Leiden fand zu keinem anderen Zwecke statt wie zum Behufe der Absonderung des Zusammengeschütteten. Denn auf dieselbe Weise, auf welche Jesus nach den Arten gesondert wurde, muß auch die Artsonderung der Sohnschaft stattfinden, welche zurückgelassen wurde in der Formlosigkeit, um Wohltaten zu üben und solche zu empfangen.

Die ganze Welt aber besteht auf diese Weise so lange, bis die ganze Sohnschaft, die zurückgelassen wurde, um an den Seelen in der Formlosigkeit Wohltaten zu üben und von Gestaltung durchdrungen solche zu empfangen, Gefolgschaft leistet dem Jesus und wieder gereinigt fürder empor steigt. Und sie wird von so leichter Beschaffenheit, daß sie von selbst emporzusteigen vermag, wie die erste. Denn ihre ganze Kraft ist in natürlicher Weise fest verbunden mit dem Lichte, das von oben herab leuchtet.

Wenn nun die ganze Sohnschaft gekommen sein und sich über den Grenzbereich des Geistes erhoben haben wird, dann wird die Schöpfung Erbarmen finden. Denn annoch stöhnt sie und leidet Qualen und harrt der Enthüllung der Söhne Gottes, auf daß sämtliche Menschen der Sohnschaft von hier nach oben gelangen.

Jedoch wenn dies geschehen sein wird, dann wird der Gott in das ganze Weltall die große Unwissenheit einführen, auf daß alles seiner Natur nach verharre und nichts wider seine Natur begehre. Vielmehr werden alle Seelen dieses Bereiches, die so beschaffen sind, daß sie bloß in ihm unsterblich verbleiben, in ihm verharren ohne Kenntnis eines von ihm verschiedenen oder besseren Bereiches, und es wird auch keine Kunde von den oberen Dingen an ein Ohr, noch die Kenntnis in ein Gemüt dringen, auf daß nicht nach Unmöglichem qualvolles Verlangen trügen die unten befindlichen Seelen, Fischen ähnlich, denen es gelüstet, auf den Bergen unter Schafen zu weiden, und denen ein solches Begehren zum Verderben gereichte. Denn alles an seinem Platze Verharrende bleibt unvergänglich; vergänglich aber ist es, sobald es die ihm von der Natur gesteckten Grenzen überspringen und überschreiten will. So wird denn auch der Herrscher der Sieben nichts von dem erkennen, was ober ihm liegt, denn auch ihn wird die große Unwissenheit ergreifen, und desgleichen auch alle unter ihm liegenden Schöpfungen.

Doch auch den großen Herrscher der Acht wird desgleichen die nämliche Unkenntnis erfassen und ebenso alle Schöpfungen unter ihm, auf daß keines nach keinem wider seine Natur begehre und auch nicht leide. Und dermaßen wird die Rückkehr aller nach der Natur in dem Samen und Ursprung gestifteten Dinge nach zugemessenen Zeitläuften erfolgen. Daß aber Jegliches seine eigene Zeit hat, erhärtete der Retter mit seinem Ausspruche: »Noch ist meine Stunde nicht da« (Joh. II 4), ebenso die Magier, welche den Stern sahen (vgl. Matth. II 1f und S. 112ff); denn auch er war unter der Entstehung der Sterne und Gezeiten der Rückkehr in dem großen Haufen vorher bedacht.

Denn Gegenstand des ganzen Weltgeschehens ist die Zusammenschüttung der Samenfülle und die Absonderung und Rückkehr des Zusammengeschütteten an die jedem Dinge eigenen Orte.

Bei den Doketen entsprach die Frucht des Baumes dem Nichts. Sie sollte das »Nichts« sein, das Gott zu Finsternis, Dunkel und Wirbel hinzufügen mußte, als er die Welt bildete. Damit war der Grundgedanke des Basilides gegeben. Entsteht aus der verschwindend kleinen Größe, aus der Frucht, die dem Nichts gleich ist, der Weltenbaum, dann entsteht überhaupt die ganze Welt aus dem Nichts, dann ist das Nichts die unendliche Fülle, aus der die Welt wird.

Basilides beruft sich, um diesen Gedanken zu verdeutlichen, auf das evangelische Gleichnis vom Senfkorne, aus dem ein mächtiger Baum wird. Damit bringt er zum Ausdrucke, daß er an die Gedanken der Doketen anknüpft. Denn so wie für die Doketen der Feigensamen, so ist für das Evangelium und Basilides eben das Senfkorn die »verschwindende Größe«. Auch die unzählbare Menge der Samenkörner in einer einzelnen Feige wird bei dem Senfbaume durch die unzählbare Menge seiner Samenkörner ersetzt. Diese ganze Unendlichkeit von Samen, d.h. im Sinne des Basilides von Nichtsen, ist aber schon in dem ersten Samenkorne enthalten. Daher nennt er das Nichts einen Schatz, einen Haufen von Samen, eine Samenfülle, die in dem nichtseienden Gotte verborgen ist.

Ferner vergleicht er die Mannigfaltigkeit von Möglichkeiten, die in dem Nichts schlummert, mit der Mannigfaltigkeit bunter Farben, die in dem Pfaueneie schlummern. Aber der Pfau ist zu dieser Vergleichung nicht zufällig gewählt worden. Man unterschied 365 Farben in seinem Gefieder. Er war also ein kosmologischer Vogel. 365 Himmel hat wohl schon Basilides und nicht erst seine Schule unterschieden. Nun sind in dem Pfauenei weder die Farben vorhanden, noch ein Licht, aus dem sie hervor gehen könnten: trotzdem stellen sie sich ein. Aus Nichtvorhandenem also wird das Licht und die Mannigfaltigkeit der Farben in dem Gefieder des Pfauen, indem es von dem Samen, der in seinem Eie liegt, den Ausgang nimmt. Und so wie das Pfauenei der Befruchtung durch den Samen des Pfauhahnes bedarf, bedarf auch die Welt der Befruchtung durch den Samen Gottes. Daraus folgt, daß Gott seinen Samen in die Welt herabfallen lassen mußte; sonst wäre sie ja nicht entstanden. Basilides läßt sich, indem er diesen Samen als Wort Gottes bezeichnet, auch darauf ein, andere Vorstellungen von der Weltschöpfung ausdrücklich abzuweisen. Gott hat sie nicht wie ein Handwerker gebildet – so wurde nur jener ganz kleine, mißratene Teil geschaffen, den der Weltschöpfer mit seinen Engeln hervorbrachte –, er hat sie aber auch nicht fertig aus sich entlassen wie die Spinne ihren Faden aus sich entläßt; vielmehr hat er sie durch Befruchtung ins Leben gesetzt, wie der Vater das Kind zeugt. Da aber nichts Weibliches vorhanden ist, woraus er sie hätte zeugen können, sondern der Haufen der Samenfülle ebenso nichts ist wie der nichtseiende Gott, so muß derselbe, auch wenn dies nicht direkt bezeugt ist, mannweiblich gedacht gewesen sein. Und der Same sollte sicherlich nicht nur als »Erguß« in die Welt kommen, sondern die Schöpfung »stöhnt und kreißt«, d.h. doch wohl: sie gebiert. Also etwa so wie das Kind aus dem Leibe der Mutter hervorbricht, wird der »Erguß« als Sohn Gottes die Samenfülle durchbrochen haben, die unten ist. Damit stimmt es sehr gut überein, daß Basilides den ersten »Erguß« geradezu als »Sohnschaft« bezeichnet. Wir müssen eine kosmologische Situation voraussetzen, jener bei den Sethianern besprochenen analog. Das Nichts ist oben und licht, die Samenfülle unten und dunkel. Dazwischen aber muß eine Scheidewand sein.

Ein glücklicher Zufall will es, daß in dem Exzerpte aus dem Systeme des Basilides, welches im Nachfolgenden hierher gesetzt ist und von Hippolytos überliefert wurde, sich wenigstens eine Andeutung über eine solche Scheidewand findet. An der betreffenden Stelle wird die »obere Wartburg« erwähnt. Das ist ein »orphisches« Element in dem Systeme; denn die Orphiker nahmen außerhalb des Welteies eine Wartburg an, in die sich der weltschöpferische Gott nach der Weltschöpfung zurückzieht. Da aber bei Basilides zwar wohl das Ei als kosmologisches Bild beibehalten, eine »Weltschöpfung« durch den nichtseienden Gott aber ausdrücklich abgelehnt wird, durfte der »oberen Wartburg« eine »untere Wartburg« entsprochen haben, so daß beide »Burgen« offenbar die untere und die obere Kuppe des Welteies darstellen. Die innere Wölbung des Eies muß zwischen dem oberen, lichten und dem unteren, dunklen Teile des Nichts liegen, die Eischale selber muß von dem Samenergusse durchbrochen werden. Statt der »Gebärmutter« der Sethianer haben wir also hier, in allen Teilen ganz analog, an ein »Ei« zu denken, in welches der Samen von außen her eindringt. Leider ist nicht einmal eine Andeutung darüber auf uns gekommen, in welcher Form dieser Same die Eischale durchbricht. Wollen wir die Sethianer hierüber zu Rate ziehen, so dürfen wir bloß an die Schlangenform denken, und die Vergleichung mit den Peraten, deren nihilistische Tendenz dem absoluten Nihilismus des Basilides gewiß äußerst nahe steht, würde dies bestätigen. Aber gewichtiger noch als die Folgerung, welche sich demnach aus den nächstverwandten Lehren der Gnosis ergibt, ist es, daß die Perser ein Weltei annahmen, in welches das böse Prinzip von außen (in Gestalt einer Schlange?) eindringt. Dualistische Voraussetzungen bei Basilides geben sich schon daraus zu erkennen, daß er das Nichts in einen hellen und in einen dunkeln Teil gesondert haben muß. Freilich wird sich alsbald zeigen, daß die Samenergüsse nicht nur die bösen Weltherrscher, sondern vor und nach ihnen auch die guten Prinzipien hervorbringen; aber auch bei den Peraten fanden wir eine gute Schlange neben einer bösen und dürfen daher, wenn auch Basilides selbst vielleicht nicht mehr an der Gestalt der Schlange festgehalten haben mag, einen starken persischen Einfluß auf seine Lehre in einem ihrer früheren Stadien für erwiesen erachten.

Die weiteren Weltereignisse, von denen Basilides redet, lassen sich am besten an der Hand des nachfolgenden Schemas überblicken:

Weltei.
　　Erste Hülle: Wartburg.
I. Erguß des Samens. Er durchbricht die Umzirkung der Wartburg.
　　　　Es entsteht die dreifache Sohnschaft, u. z.
　　　1. Die erste (1) leichte Sohnschaft, die aus eigener Macht zurückkehrt.
　　　2. Die zweite Sohnschaft, die in zwei Teile zerfällt:
　　　　a. in die eigentliche Sohnschaft (2) und
　　　　b. in den heiligen Geist (3).
　　　　Diese Sohnschaft beflügelt sich mit dem heiligen Geiste, kehrt so zurück, hinterläßt aber dem heiligen Geiste ihren Wohlgeruch. Dieser bildet die »Feste«.
　　　3. Die dritte (4), schwere Sohnschaft, die der Reinigung bedarf.
　　Zweite Hülle: Die »Feste«.
II. Erguß des Samens. Er durchbricht auch noch die »Feste« des heiligen Geistes. Es entsteht der
　　　1. Weltherrscher (5). Er bildet die sieben Himmel und wird dadurch zum *Achten*.

Dritte Hülle: Siebenter Himmel.

III. Erguß des Samens. Er durchbricht auch noch den siebenten Himmel. Es entsteht der

2. Weltherrscher (6). Ihm untersteht der Bereich der *Sieben.*

Vierte bis achte Hülle: Sechster bis zweiter Himmel.

IV. – VIII. Erguß des Samens. Er durchbricht auch noch alle anderen dazwischen liegenden Himmel. Es entstehen der

3.–7. Weltherrscher (7–11). Der siebente Weltherrscher thront über dem ersten Himmel.

Neunte Hülle: Erster Himmel.

IX. Erguß des Samens. Er durchbricht auch noch den ersten Himmel. Ihm entstammt die

Heilsbotschaft, d. i. Jesus (12).

Der unverkürzte Gedankengang des Basilides mag vielleicht komplizierter gewesen sein; die Grundlinien desselben können aber schwerlich ein anderes Schema als das gegebene vorausgesetzt haben. Auch reicht dasselbe für alle Details des uns Überlieferten aus. Demnach hat Basilides 9 Samenergüsse angenommen und ihnen 9 Hüllen im Welteie zugeordnet. Die Verwandtschaft dieser Konstruktion mit dem Weltbilde, welches in der Mithrasliturgie vorausgesetzt wird, ist auffallend. Dort ist der außerhimmlische Raum, über welchem Mithras gleichsam in seiner »Wartburg« thront, das Zehnte, während von der Erde aus gerechnet ihm 9 Hüllen voran gehen, die der Myste durchbrechen muß, nämlich die Luftregion, sieben Planetenregionen und die Polarregion. In beiden Fällen deutet die Neun natürlich wieder auf die Mondwoche, da auch Basilides eine periodische Wiederkehr, eine Sonderung und Zusammenschüttung der Samenfülle lehrte, die nur an dem Leitfaden der Analogie mit dem Periodenwechsel des Mondes, bei dem der Gegensatz zwischen

Licht und Finsternis so deutlich zutage tritt, entwickelt werden konnte. Ein astrales, auf den Lauf der Planeten in der himmlischen Rennbahn bezügliches, schon alter, hellenischer Mysterienlehre geläufiges Bild ist es auch, daß die Weltherrscher ihre Fackeln einander in ähnlicher Weise entzünden wie die Läufer im Stadion, welche ihre Geschicklichkeit dadurch an den Tag legen, daß sie das Licht einander mittelst der Fackeln im Laufe weiter geben.

Die Einzelheiten der Lehre des Basilides, namentlich die durch Jesus erfolgende Aussonderung der Samenfülle, die unmittelbar an die anziehende, abstoßende und sichtende Tätigkeit des Meersperbers bei den Peraten erinnert, erläutere ich nicht weiter, da sie als einfache Folgerungen aus dem dargelegten Aufbaue in sich verständlich sind. Dagegen bedarf noch die »große Unwissenheit«, welche sich schließlich auf die der Sohnschaft entäußerten Bereiche der Sieben und der Acht herab senkt, der Aufklärung. Man hat in diesem Gedanken einen Anklang an indische Lehren sehen wollen, aber mit Unrecht. Befindet sich die Fülle bei der nichtseienden Gottheit und ist die Sohnschaft, die Trägerin aller Erkenntnis, in das Nichts zurückgekehrt, dann kann aus rein systematischen Gründen nur mehr die Unwissenheit in der Welt bleiben. Und dadurch, daß sie sich ausbreitet und alles erfaßt, tritt ja lediglich derjenige Zustand wieder ein, der war, da die Welt noch nicht geworden war. Ausdrücklich erklärte doch Basilides, der nichtseiende Gott habe sich »gedankenlos, empfindungslos, willenlos, vorsatzlos, leidlos, begierdelos« angeschickt, die Welt zu schaffen. Also entsteht die Welt eben aus dem Zustande der Unwissenheit, in den sie nachher wieder versinkt. Sonst wäre das Weltgeschehen nicht, wie Basilides lehrte, periodisch. Basilides hätte also nicht nur seine Lehre von der »großen Unwissenheit« am Ende, sondern auch seine Lehre von der Herrschaft der großen Unwissenheit vor dem Beginne des Weltgeschehens von den Indern entnehmen müssen, wenn anders wirklich sein Nichts irgend etwas mit dem indischen Nirwana gemein hätte. Aber schon dadurch, daß das Nirwana das Ende des Weltgeschehens bedeuten soll, während bei Basilides die Welt periodisch entsteht und vergeht, ist ein so wesentlicher Unterschied zwischen beiden Lehren gegeben, daß von einer Entlehnung aus indischer Gedankenwelt bei Basilides wohl nicht gesprochen werden muß. Seine Begriffe lassen sich restlos aus den Voraussetzungen, welche die Peraten einerseits und die Doketen anderseits vorgebildet hatten, verstehen.

# 12. Karpokrates

In der Höhe ist der eine Ursprung und der Vater des Alls, unerkennbar, unnennbar, willens, Gleichheit unter den Dingen zu stiften.

Die Welt jedoch, und was in ihr ist, stammt von Engeln, welche weit hinter dem unerkennbaren Vater zurückstehen.

Dadurch, daß sie der höchsten Macht abtrünnig wurden, bildeten sie die Welt.

Und Jesus, unser Herr, war ein Sohn des Joseph, nicht anders als alle Menschen aus dem Samen von Mann und Weib entstanden, doch von den gewöhnlichen Menschen durch Weisheit, Tugend und Gerechtigkeit unterschieden.

In seinen Körper wurde das Gesalbte mit der Erinnerung an das, was er in der Höhe, als er im Umkreise des unerkennbaren Vaters war, gesehen hatte, von eben diesem Vater entsandt, mit dem Auftrage, den Jesus zu veranlassen, er möge die weltbildenden Engel fliehen, alle Dinge der Weltordnung durchschreiten und hernach, in allen befreit, das ihm Gleichwertige in Liebe umfassend, zu ihm zurückkehren.

So kam es, daß Jesus, aufgezogen in den jüdischen Vorschriften, dieselben verachtete, und eben hierdurch jene Macht erhielt, durch die er imstande war, im sieghaften Widerstreite gegen die Macht der weltbildenden Herrscher die Leiden aufzuheben, die zur Bestrafung der Menschen dienen.

Und eine Seele, welche imstande ist, die weltbildenden Herrscher ebenso zu verachten wie Christus, wird wie er die Macht zu gleichen Taten erhalten, und falls sie noch größerer Verachtung fähig ist, noch größerer Macht gewürdigt werden und Jesus selbst übertreffen.

Denn Gut und Böse gibt es nur in der Meinung der Menschen; denn keines Menschen Leben führt zur Befriedigung, es sei denn, daß alles, was ihm entgegensteht, ausgestochen ist.

Deshalb droht notwendig der Seele die Verpflanzung, wenn sie nicht schon im ersten Verkehre dieses Lebens allen Verlockungen nachgibt. Denn die Verbrechen sind ein Tribut an das Leben.

Und so oft muß die Seele in den Körper zurückkehren, so oft sie etwas ungetan gelassen hat, durch dessen Unterlassung sie in ihrer Freiheit behindert wurde.

Und deshalb hat Jesus im Gleichnisse gesagt:
»Wenn du mit deinem Widersacher unterwegs bist, dann sieh zu, daß du von ihm befreit werdest, auf daß er dich nicht dem Richter ausfolge, und der Richter dem Diener, und dieser dich in den Körper einschließe. Wahrlich, ich sage dir, du verlässest diesen Ort nicht, bis daß du nicht den letzten Groschen zurück gegeben hast.«[1]

Und der Widersacher ist einer der Herrscher, die in der Welt sind; er heißt Verleumder und ist dazu geschaffen, die untergegangenen Seelen aus der Welt zu dem Fürsten zu führen.

1) Luk. XII 58, Matth. V 25, 26.

Und dieser Fürst ist der erste unter den Weltbildnern, und er gibt solche Seelen einem anderen Engel, der sein Diener ist, auf daß er sie in neue Körper einschließe; denn der Körper ist ein Kerker.

Und das ist es, was er sagt: »Du verlässest diesen Ort nicht, bis daß du nicht den letzten Groschen zurückgegeben hast.«

Keiner vermag der Macht der Engel, welche diese Welt gebildet haben, zu entgehen, und jeder wird von ihnen in neue Körper verpflanzt; es sei denn, daß er das Maß seiner Verfehlungen erfüllt hat.

Und wenn nichts mehr davon fehlt, dann zieht die Seele befreit zu jenem Gotte, der über den weltbildenden Engeln ist; und derart werden alle Seelen gerettet.

Wenn aber einige dem zuvor kommen und schon in einer Verkörperung in alle Verfehlungen aufgehen, dann kommen sie nicht nochmals in einen Körper; sondern da sie alle Verfehlungen erfüllt haben, werden sie von der Verkörperung befreit.

Die Karpokratianer zogen mit beispielloser Kühnheit aus der nihilistischen Richtung der gnostischen Spekulation die praktischen Konsequenzen. An Jesus interessierte diese Häretiker nur, daß er dem jüdischen Gesetze, dem Gesetze der weltbildenden, bösen Engel, zuwider handelte. Wer dies noch rückhaltsloser tut als er, ist auch noch größer als Jesus. Denn die Macht dieser Engel ist groß, ihre Bosheit aber besteht darin, daß sie die menschliche Seele an der Rückkehr zur guten Urgottheit hindern und sie vielmehr nach jedem Sterben wieder in einen neuen Körper verpflanzen. Der Körper aber ist ein Kerker für die Seelen; darin stimmen die Karpokratianer mit alter orphischer Mysterienlehre überein.

Freilich begründen sie den Zwang zum Aufenthalte in diesem Körper völlig anders. Nicht die begangenen, sondern die unterlassenen Sünden geben den bösen Engeln die Macht, die Seele wieder in neue Körper zu verpflanzen. Sünde nämlich im Sinne dieser Welt, das heißt Zuwiderhandeln gegen das Gesetz der bösen Engel, ist erst das wahre Verdienst im Sinne jener Welt. Und bevor nicht eine jede Seele die nötigen Verdienste sich erworben, das heißt ein bestimmtes Maß von Sünden im Sinne dieser Welt begangen hat, wird sie nicht frei und würdig, in jene Welt ein zu gehen. Daher das satanische Gebot: Sündige nach Kräften, vielleicht kommst du schon in diesem Leben mit deinem Pensum ans Ende. Gib allen Verlockungen nach, vielleicht wirst du schon in diesem Leben dadurch »befriedigt« werden!

In diesen Grundsätzen liegt die Logik hellen Wahnwitzes, liegt ein völliges Scheitern und ein Wille zur Selbstzerfleischung, der seinesgleichen sucht. Die Geste dieser Sektierer entbehrt nicht eines gewissen prächtig-düsteren Zuges, einer Weihe, die nur über den ganz großen Taten der Verzweiflung schwebt. Kein Pessimismus kann so erschütternd auch noch das Letzte zerfressen wie diese Gier nach Sünde, nach »Befriedigung«. Und während schon der bloße Gedanke, der in diesem Systeme zur Tat drängt, in seiner Ungeheuerlichkeit Schauder erregt, haben die Karpokratianer und verwandte Sekten ihn auch wirklich ausgeführt. Manche modernen Forscher huschen zaghaften Schrittes an dieser Nachtseite der Gnosis vorbei oder trachten gar, sie zu beschönigen. Gerechter und würdiger ist es, ihr ruhig ins Auge zu blicken und das unendliche Seelenleid schiffbrüchiger Erkenntnis darin zu lesen.

Einen Karpokrates hat es kaum je gegeben. Der Name lautet wohl richtig Harpokrates und bezeichnet nicht ein Schulhaupt, sondern eine, namentlich in Ägypten verehrte Gottheit, die dem Priapos der Hellenen verwandt ist und ein

Dämon männlicher Zeugungskraft war. Sein Symbol ist der Phallos. Die Gottheit des Basilides, die den Samen ergießt, könnte in manchen Kreisen geradezu als Harpokrates gegolten haben. War das Ei ihr Erzeugnis, mußte ein Hahn sein Erzeuger sein. Und Abraxas ist hahnenköpfig. So wird er auf zahlreichen gnostischen Gemmen und Amuletten abgebildet. Gnostisch ist daher auch eine uns erhaltene eigentümliche Büste, welche einen hahnenköpfigen Gott darstellt, dessen Schnabel ein Phallos ist (über das »Aufpicken« der zerstreuten Samenkörner vgl. den Nachweis verwandter mystischer Motive in Nr. 1). Offenbar soll dies auf den Logos hindeuten, der der Samen dieser Welt ist. Auf dem Sockel der Büste steht daher ganz richtig geschrieben: »Retter der Weltordnung«. Dieser Gottheit gleich den Samen vergeuden, ihn der Macht der weltschöpferischen Engel dadurch entziehen: das ist Sünde im Sinne dieser Welt, aber höchstes Verdienst für die Ewigkeit.

Wie weit die Sekte der Harpokratianer zurückreicht, wissen wir nicht. Auch hat ihre mörderische Lebensauffassung sicherlich nicht an der Wiege der Gnosis gestanden. Trotzdem versteht Epiphanius, der zu diesen Stücken überaus ausführlich ist, vielleicht auch in der Absicht, die Gnosis von ihrer dunkelsten Seite her dar zu stellen, unter »Gnostikern« gerade Sekten dieser Art und nennt vornehmlich die Nikolaiten, die späteren Basilidianer und die Simonianer in solchem Zusammenhange. Sie hatten zahlreiche Schriften, darunter auch ein »Evangelium der Eva«, worin folgendes geschrieben stand: »Auf einem hohen Berge stand ich und sah einen Riesen und einen Zwerg. Und ich hörte es wie die Stimme des Donners und nahte, um zu hören. Und sie sprach zu mir und sagte: Ich bin du, und du bist ich. Und wo du bist, bin ich; und in alle Dinge bin ich zerstreut. Und aus ihnen sammelst du mich, so du willst. Und wenn du mich sammelst, sammelst du dich«. Das Zerstreute aber, das gesammelt werden soll, ist der männliche Samen und die weibliche Blutung. In einem anderen Buche, das »die großen Fragen der Maria« betitelt war, wurde geschildert, wie sich der Gesalbte der Maria enthüllte, als er sie auf einen Berg mitgenommen hatte. »Dort betete er und entließ aus seiner Weiche ein Weib und begann, sich mit ihr zu begatten; dann nahm er, was abfloß, zeigte es der Maria und sagte zu ihr, so müsse man handeln, um zu ›leben‹. Da entsetzte sich Maria und fiel zu Boden. Er aber erweckte sie und sprach zu ihr: Kleingläubige, was zweifelst du?« Eine andere Schrift dieser »Gnostiker« hieß »Das Buch Noria« und führte ihren Namen von Noria, dem Weibe des Noah, deren Name »Feuer« bedeutet in der Sprache der Syrer, und die daher der Pyrrha, dem Weibe des Deukalion, bei den Hellenen entspricht. »Sie wollte mit Noah zusammen in der Arche Aufnahme finden, aber der Fürst und der Schöpfer der Welt gestattete es ihr nicht, da er sie samt allen übrigen Menschen in der Sintflut vernichten wollte. Daher setzte sie sich wider seinen Willen nicht einmal, sondern zweimal und dreimal in die Arche und steckte sie in Brand. So kam es, daß der Bau der Arche des Noah viele Jahre dauerte, weil dieselbe mehrmals von ihr in Brand gesteckt wurde. Denn Noah war den Fürsten gehorsam, Noria aber enthüllte die oberen Gewalten, die den Fürsten entgegen sind. Und sie zeigte ferner, daß das der oberen Mutter von dem Fürsten dieser Welt und den übrigen Göttern, Engeln und Dämonen seiner Umgebung Geraubte aus der Macht der Körperlichkeit befreit und in der Gestalt der männlichen und weiblichen Absonderung gesammelt werden müsse”. Hier tritt also Noria in derselben Funktion auf wie Eva, Maria oder Sophia und die anderen »Huren«, welche in mehr durchgeistigter Bedeutung in vielen der bisher besprochenen gnostischen Systeme eine wichtige Rolle spielten.

Von dem Leben in solchen »Gemeinden«, von ihren Kultübungen und ihren Schriften, berichtet Epiphınius auch noch folgendes:

»Die Weiber haben sie gemeinsam. Und wenn einer aus ihrer Sekte zu ihnen zu Gaste kommt, erkennen sich Männer und Weiber wechselseitig daran, daß sie die zur Begrüßung dargebotene Hand unterhalb der Handfläche durch leichtes Streicheln kitzeln. Sobald sie einander erkannt haben, wenden sie sich sofort der Bewirtung zu. Auch wenn sie arm sind, lassen sie reichlich Fleischspeisen auftragen und Wein. Haben sie gezecht und sich gesättigt, so geben sie sich der Lust hin. Der Mann tritt von seiner Frau weg und spricht zu ihr: Steh auf und tu deinem Bruder Liebes. Nachdem sie sich begattet haben, nehmen Mann und Weib den vom Manne erflossenen Samen auf die Hände und beten, indem sie die Hände zum Himmel erheben, zum Vater des Alls: Diesen Leib Christi bringen wir dir zum Geschenke dar. Dann essen sie davon und sagen: Das ist der Leib Christi und das ist das Paschamahl, um deswillen unsere Körper leiden und das Leiden Christi zu bekennen gezwungen werden. Und auch wenn die monatliche Blutung des Weibes eintritt, verzehren sie dieses Blut und sagen dabei: Das ist das Blut Christi. Deshalb lesen sie auch in ihren geheimen Büchern: Ich sah einen Baum, der zwölf Früchte im Jahre trägt, und er (Gott? vielleicht aber sollte auch der Baum selber eine Stimme haben) sprach zu mir: das ist das Holz des Lebens. Das deuten sie auf die monatliche Reinigung des Weibes. Aber obgleich sie sich miteinander begatten, verbieten sie die Zeugung von Kindern. Wird aber doch ein Weib bei der Begattung schwanger, dann treiben sie das Kind ab, sobald es ihnen gut dünkt, nehmen die Frühgeburt und zerstampfen sie in einem Mörser mit der Keule, tun Honig, Pfeffer, Myrrhe und andere Spezereien dazu, um sich nicht zu erbrechen, nehmen mit den Fingern von der Speise und beten: Nicht hat uns der Fürst getäuscht; vielmehr sammeln wir den Erguß unseres Bruders. Auch pflegen sie sich die Hände mit Samen zu beschmieren und am ganzen Körper nackend zu beten, um durch diese

Veranstaltung Gott gegenüber völlige Offenheit zu erzielen. Männer und Weiber pflegen ihre Körper Tag und Nacht, salben sich, baden, schmausen, zechen und unterhalten sich mit Geschlechtsverkehr und Trunkenheit. Denn der Fürst, der diese Welt gemacht hat, will die Nüchternheit, und deshalb muß man den Körper dazu stählen, daß er imstande ist, zu seiner Zeit die Frucht zu tragen«.

Eine verwandte, besonders in Ägypten heimische Sekte waren die Phibioniten. Sie veranstalteten Orgien, bei denen sie die Weiber einander weitergaben. Dabei sprach der Empfänger zu dem Weibe: Vereine dich mit mir, auf daß ich dich vor den Herrscher bringe. Danach sprach er dann den Namen eines der 365 Engel aus, welche in den 365 Himmeln herrschen. Wer dies 365 mal der Reihe nach getan hatte, sagte: Ich bin der Gesalbte; denn ich bin durch die 365 Namen der Herrscher herabgestiegen. Andere Gnostiker wieder oblagen der Päderastie, andere der Onanie aus den nämlichen theoretischen Gründen. Andere wieder befaßten sich nur mit »Jungfrauen«. Darunter verstanden sie aber solche Weiber, deren Geschlechtsteil noch nie mit männlichem Samen in Berührung gekommen war, da sie noch stets denselben mit dem Munde aufzufangen verstanden hatten.

Daß diese Scheußlichkeiten für ausschweifende Menschen ein Anlaß werden konnten, sich der gnostischen Bewegung anzuschließen und ihr den Stempel der eigenen Gemeinheit aufzudrücken, bedarf keiner Erörterung. Wohl wenige von den vielen, die heutigen Tages eine »Umwertung aller Werte, ein »Sich ausleben Lassen« und ähnliche wohlfeile Schlagworte verkünden, dürften eine Ahnung haben, wie schroff und rücksichtslos ganz nahe verwandte moralische Experimente von den »Gnostikern« in abscheulichen Taten verwirklicht wurden und wie trostlos niedrig das Ende war, zu dem sie führten.

# VI. DIE SCHULE DES VALENTINOS

# A) LEHRGEBÄUDE

## a) DIE EREIGNISSE INNERHALB DER FÜLLE

### 1. DIE DREISSIG EWIGEN INNERHALB DER FÜLLE

In unsichtbaren und namenlosen Höhen gibt es einen vollendeten Ewigen von je her.
Er heißt URANFANG, URVATER UND URGRUND.

Unfaßbar und unsichtbar, ewig und unentstanden, weilt er in höchster Ruhe und Stille in unendlichen Ewigkeiten.

Bei ihm ist der GEDANKE, der auch GNADE und SCHWEIGEN heißt.

Und es gedachte der URGRUND, aus sich zu entsenden den Anfang Aller, den er gleichsam als Samen zu entsenden und niederzulegen gedachte in die Gebärmutter des SCHWEIGENS, das bei ihm war.

Und das SCHWEIGEN nahm diesen Samen auf und wurde schwanger und gebar den GEIST, der dem, der ihn entsandt hatte, glich und allein die Größe des Vaters faßte. Dieser GEIST heißt auch EINGEBORENER und VATER und ANFANG DES ALL. Mit ihm zusammen wurde die WAHRHEIT hervorgebracht.

Und das ist die erste urentstandene Vierheit, die Wurzel des All: nämlich der URGRUND und das SCHWEIGEN, dann der GEIST und die WAHRHEIT.

Doch als der EINGEBORENE erkannte, von wannen er hervorgebracht war, brachte auch er das WORT und das LEBEN hervor, den Vater aller, die nach ihm sein sollten, und den Anfang und die Gestaltung der ganzen Fülle. Von WORT und LEBEN wurden durch Vereinigung MENSCH und KIRCHE hervorgebracht. Und das ist die urentstandene, durch vier Namen bezeichnete Acht, deren jeder männlich ist und weiblich zugleich, die Wurzel und die Grundlage des All: URGRUND, GEIST, WORT, MENSCH. Denn der URVATER vereinigte sich durch Verbindung mit seinem GEDANKEN, der EINGEBORENE, das ist der GEIST, mit der WAHRHEIT, das WORT mit dem LEBEN, der MENSCH mit der KIRCHE.

Diese zur Ehrung des VATERS hervorgebrachten Ewigen wollten den VATER auch aus Eigenem ehren und brachten durch Vereinigungen Sprößlinge hervor. WORT und LEBEN brachten nach dem MENSCHEN und der KIRCHE andere zehn Ewige hervor: den UNERGRÜNDLICHEN, die MISCHUNG, den NIEALTERNDEN, die EINIGUNG, den SELBSTENTSPROSSTEN, die FREUDE, den UNBEWEGTEN, die VERMENGUNG, den EINGEBORENEN, die SELIGE.

Das sind die zehn Ewigen, die von WORT und LEBEN hervorgebracht wurden. Doch auch der MENSCH brachte mit der KIRCHE zwölf Ewige hervor: den TRÖSTER und den GLAUBEN, den VÄTERLICHEN und die HOFFNUNG, den MÜTTERLICHEN und die LIEBE, den STETSBEDACHTEN und das VERSTÄNDNIS, den KIRCHLICHEN und die GLÜCKSELIGKEIT, den ERSEHNTEN und die WEISHEIT.

Das sind die dreißig verschwiegenen und unerkannten Ewigen, das ist die unsichtbare, geistige Fülle, dreigeteilt in Achtheit, Zehnheit und Zwölfheit. Deshalb hat der RETTER durch dreißig Jahre nichts in der Öffentlichkeit getan, um zu bewähren das Geheimnis dieser Ewigen.

Auch das Gleichnis von den Arbeitern, die in den Weinberg entsandt sind, weist deutlich auf diese dreißig Ewigen hin.

Denn die einen Arbeiter (Matth. XX, 2) werden zur ersten, die anderen zur dritten, andere zur sechsten, andere zur neunten, andere zur elften Stunde entsandt; eins, drei, sechs, neun und elf gibt aber zusammen dreißig. Mit diesen Stunden sind also die Ewigen gemeint.

Und das sind die großen, bewundernswerten und verborgenen Geheimnisse. Und was immer in den heiligen Schriften geschrieben steht, bezieht sich auf diese Geheimnisse.

## 2. DAS LEIDEN
### DER ERSTEN WEISHEIT

Der URVATER dieser Ewigen wurde allein von dem aus ihm entstandenen Sohne, nämlich von dem EINGEBORENEN, das ist von dem GEISTE, erkannt. Für die anderen insgesamt war er unsichtbar und unfaßbar; denn nur der GEIST freute sich, da er den VATER sah. Und seine unermeßliche Größe erfassend jubelte er.

Und er gedachte, auch den übrigen Ewigen die Größe des VATERS mitzuteilen, wie groß, mächtig, anfanglos, unfaßbar und unbegreiflich der VATER zu schauen sei.

Das SCHWEIGEN aber hielt ihn nach dem Willen des VATERS zurück, da sie wollte, daß in allen Wunsch und Sehnsucht nach der Kenntnis von dem URVATER erwache.

Aber auch die übrigen Ewigen sehnten sich in gleicher Weise insgeheim, den zu sehen, der den Samen zu ihrer Entstehung entsandt hatte, und die anfanglose Wurzel zu erkunden.

Aber die allerletzte und jüngste Ewige aus der Zwölf-
heit, welche MENSCH und KIRCHE hervorgebracht hatten,
nämlich die WEISHEIT, trat weitaus hervor. Und sie litt Lei-
den, fern der Vereinigung des mit ihr verbundenen ERSEHN-
TEN. Denn was seinen Anfang genommen hatte bei dem GEI-
STE und der WAHRHEIT, nämlich das Streben nach der
Erkenntnis des VATERS, das erfloß jetzt zu der ewigen WEIS-
HEIT: ein Antrieb zur Liebe, jedoch auch zum Wagnisse, da
sie nichts mit dem vollendeten VATER gemein hatte, wie der
Geist.

Und ihr Leiden war die Suche nach dem VATER; denn sie
wollte seine Größe erfassen. Da sie dies aber nicht vermochte, geriet sie in Unglück und schwere Kämpfe wegen
der Größe des URGRUNDES und der Unerforschlichkeit des
VATERS und ihrer Liebe zu ihm.

Und in ein unmögliches und undurchführbares Beginnen
verstrickt, gebar sie das formlose Wesen, wie eben ein Weib
aus sich selbst es zu gebären vermag. Als sie dieses gewahr
ward, ward sie zuerst ob der Unvollendetheit des Erzeugnis-
ses betrübt. Dann aber fürchtete sie, ihm könne etwa gar
selbst das Sein nicht vollständig zukommen. Erschreckt und
verwirrt darüber forschte sie nach der Ursache dieses Ereig-
nisses und danach, wie sie das Geborene verbergen könne.
Aus ihrem Nachdenken aber beschloß sie, umzukehren; und
sie versuchte, zu dem VATER zurückzueilen; und sie wagte es
eine Zeit lang, bis sie die Kräfte verließen, so daß sie bittflehend sich an den VATER wandte. Und mit ihr baten die übrigen Ewigen und zu allermeist der GEIST.

Damals erhielt das Wesen seinen ersten Anfang von der
Unwissenheit, der Trauer, der Furcht und dem Schrecken.
Der VATER aber sandte wegen der Bitten des EINGEBORE-
NEN herab zu ihr den BEGRENZER in seinem Ebenbilde, un-
vermählt, unweiblich. Denn der VATER ist in Verbindung mit
dem SCHWEIGEN bald übermännlich, bald überweiblich.

Dieser BEGRENZER heißt auch PFAHL[1] und TÄUFER und ERNTER und GRENZSTECKER und GELEITER.

Durch ihn wurde die WEISHEIT gereinigt und gefestigt und mit ihrem Gatten vereint. Und sie wurde in die Fülle aufgenommen, woselbst sie verblieb. Ihre ERWÄGUNG aber ließ sie von sich getrennt zurück mit deren Leidensschicksale. Und dieselbe wurde von dem BEGRENZER begrenzt und gepfählt und wurde das geistige Wesen, das einen natürlichen Trieb zum Ewigen hat. Aber es ist ohne Gestalt und ohne Wissen, weil es nichts behält; und es heißt deshalb die kraftlose und weibliche Frucht[2].

# 3. DIE ENTSTEHUNG DES ERSTEN UND DES ZWEITEN GESALBTEN

Nachdem die kraftlose weibliche Frucht außerhalb der Fülle der Ewigen abgesondert war, verließ ihre Mutter (nämlich die wieder in die Fülle zurückgekehrte WEISHEIT) ihre eigene Vereinigung und brachte eine andere, eingeborene Vereinigung nach der Voraussicht des VATERS hervor, auf daß keiner der Ewigen ihr ähnlich je leide, nämlich den Gesalbten und das heilige PNEUMA zur Festigung und Bestärkung der Fülle, von denen die Ewigen wieder in Ordnung gebracht wurden.

1) So übersetze ich das Wort stauros nach seiner Grundbedeutung. Erst die Christen verstanden es als Kreuz. Die Todesstrafe der »Pfählung« (im Sinne der Christen »Kreuzigung«) bestand darin, daß der Verbrecher an den Phahl gebunden wurde, daß man ihm die Gliedmaßen zerschlug und daß man ihn dann so den Strahlen der glühenden Sonne aussetzte.
2) Vgl. die Samenfülle bei Basilides, die Frucht des Feuerbaumes bei Simon Magus, die Frucht des Feigenbaumes bei den Doketen, endlich die goldenen Früchte des Himmelsbaumes, auf welche die peratische Lehre zurückgreift. Wie bei den Doketen dem Feigenbaume der Dornbusch steht auch hier der kraftlosen, weiblichen Frucht später eine vollendete, männliche gegenüber.

Denn der GESALBTE lehrte sie die Beschaffenheit der Vereinigung und daß es sein Genüge habe, wenn sie den Begriff des Ungewordenen erkennten. Und er erklärte ihnen die Erkenntnis des VATERS und daß er unfaßbar und unbegreifbar ist, und daß man ihn weder sehen kann, noch hören, es sei denn, daß er durch den EINGEBORENEN erkannt wird. Und die Ursache des ewigen Verharrens ist für alle übrigen das Allerunbegreiflichste an dem Vater; was sie aber an dem Entstehen und Geformtwerden begreifen, das begreifen sie durch den Sohn. Und das hat der soeben hervorgebrachte GESALBTE unter ihnen gewirkt.

Das eine heilige PNEUMA aber lehrte sie alle in gleicher Weise Dank sagen und führte die wahre Ruhe herbei. Und dermaßen an Form und Meinung gegeneinander ausgeglichen, wurden die Ewigen Alle GEISTER, und Alle WORTE und Alle MENSCHEN und Alle GESALBTE. Und die weiblichen unter ihnen wurden in gleicher Weise Alle WAHRHEITEN und Alle LEBEN und Alle PNEUMATA und Alle KIRCHEN.

Das auf diese Art befestigte All, das zu vollkommener Ruhe gelangt war, pries nun in höchster Freude den URVATER und nahm an der großen Begeisterung teil. Und wegen dieser großen Wohltat vereinigten sich aus einem Willen und einem Gedanken alle Ewigen in der ganzen Fülle, und mit ihnen eines Sinnes der GESALBTE und das PNEUMA, nachdem ihr VATER sein Siegel auf sie gedrückt hatte, und jeder von den Ewigen trug das Schönste und Strahlendste, das er in sich hatte, bei und brachte es zum gemeinsamen Geschenke dar; und sie verflochten diese Gaben harmonisch miteinander und vereinigten sie sorgsam. Und sie brachten hervor ein Erzeugnis zu Ehre und Preis des URGRUNDES: die vollendete Schönheit und den Stern der Fülle, die vollkommene Frucht, den JESUS. Er heißt auch der RETTER und der GESALBTE und das WORT nach seinem VATER. Und er heißt ALLER, weil er von allen entstanden ist.

Und zu seiner Ehrung brachten sie ihnen selbst gleichartige Engel als seine Speerträger hervor.

Das sind die Ereignisse, die sich innerhalb der Fülle abspielten, die Schicksale des in das Leiden verflochtenen Ewigen, der beinahe zugrunde gegangen wäre in Folge der Menge des Stoffes, als er bei der Suche nach dem VATER ins Unglück geriet. Und das ist die Verfestigung des BEGRENZERS und des PFAHLES und des TÄUFERS und des ERNTERS und des GRENZSTECKERS und des GELEITERS, die aus dem Kampfe hervorging. Und das ist die Entstehung des ersten GESALBTEN zusamt dem heiligen PNEUMA, die aus dem Verzeihen ihres VATERS nach der Entstehung der Ewigen zustande kam, und die Herstellung des zweiten Gesalbten, der auch RETTER heißt, aus den zusammengefügten Beiträgen der Ewigen.

## b) DIE EREIGNISSE AUSSERHALB DER FÜLLE

### 1. DAS LEIDEN DER ZWEITEN WEISHEIT

Die ERWÄGUNG der oberen WEISHEIT, welche auch ACHAMOTH heißt, wurde losgelöst zusamt ihrem Leiden von der Fülle. Und sie mußte durch den Zwang der Notwendigkeit im Schatten und an nichtigen Orten aufwallen; denn außerhalb des Lichtes und der Fülle war sie gestaltlos und kenntnislos, gleichsam ein Auswurf, weil sie nichts zu behalten vermochte.

Ihrer erbarmte sich der GESALBTE in der Höhe. Und ausgespannt über den Pfahl gestaltete er aus eigener Kraft die Gestalt, die nur im Wesen, nicht aber in der Erkenntnis besteht. Und dann kehrte er zurück, indem er seine Macht an sich zog.

Und er ließ diese Gestaltung des Pfahles zurück, auf daß die ERWÄGUNG ihres Leidensschicksales inne werde, das aus ihrer Trennung von der Fülle erfolgte, und daß auch sie davon ihr Verschiedene anstrebe im Besitze der ihr von dem GESALBTEN und dem heiligen PNEUMA zurückgelassenen Witterung[3] des Unvergänglichen.

Deshalb heißt auch diese ERWÄGUNG sowohl WEISHEIT nach ihrer Mutter als auch heiliges PNEUMA nach dem PNEUMA des GESALBTEN.

Gestaltet und bewußt geworden suchte diese ERWÄGUNG, als sie des WORTES, das ihr unsichtbar beigewohnt hatte, das heißt des GESALBTEN, so rasch wieder entäußert war, nach der Auffindung desjenigen Lichtes zu streben, das sie verlassen hatte, ohne daß sie dies jedoch vermochte, da sie von dem BEGRENZER behindert wurde.

Und damals hinderte der BEGRENZER ihr Drängen nach vorwärts, indem er sprach: IAOS[4]. Von hier leitet der Name Iao seinen Ursprung her, und den Begrenzer vermochte die ERWÄGUNG nicht zu durchdringen. Denn verflochten war sie in ihr Leidensschicksal und vereinsamt außen zurückgelassen, und verfallen an jede Art des vielgestaltig bunten Leidens.

3) Gemeint ist eine Spur des Wohlgeruches des Pneuma.
4) Vgl. S. 71ff., wo das Aussprechen dieses Namens ebenfalls den Stillstand im Aufruhre des Kosmos herbei führt.

Und sie litt die Trauer, daß sie das Licht nicht erfassen konnte, und sie litt die Furcht, wie das Licht könne sie auch das Leben verlassen, und sie litt den Zweifel, da sie von nichts etwas wußte.

Und sie hatte nicht wie ihre Mutter, die erste WEISHEIT, die Ewige, bloß Veränderungen zu erleiden, sondern die Gegensätzlichkeit[5]. Außerdem widerfuhr ihr noch eine andere Art der Bekehrung zu dem, der ihr das Leben gegeben hatte: sie wurde die Sammlung und das Wesen des Stoffes, aus dem diese Weltordnung besteht.

Denn aus der Bekehrung des Weltalls und des Weltbildners hat alle Seele ihren Ursprung genommen. Aus der Furcht und der Trauer hat alles übrige seinen Anfang; denn aus den Tränen der ERWÄGUNG sind die Meere und Quellen der Ströme und alles Flüssige geworden, aus ihrem Lachen ist alles Leuchtende geworden und aus ihrer Trauer und ihrem Erschrecken entstanden alle körperlichen Grundstoffe dieser Welt.

Denn bald weinte die ERWÄGUNG und trauerte, weil sie allein in der Finsternis und Leere zurück gelassen war, bald wieder wurde sie froh und lachte, wenn sie des Lichtes, das sie verlassen hatte, gewahr wurde, bald wieder fürchtete sie sich und sorgte sich und war unwissend[6].

Ein großes Leiden entstand der ERWÄGUNG hieraus, und in jämmerlicher Weise litt sie, da ihr Schicksal mit dem Körperlichen verstrickt war.

---

5) Die Elemente sind einander paarweise entgegengesetzt, Feuer und Wasser, Erde und Luft. Da aus den Gemütszuständen der ERWÄGUNG die Urstoffe (Elemente) entstehen, muß sie also gegensätzliche Zustände erleiden.
6) Vgl. den naassenischen Psalm S. 65. Der TRÖSTER wird also in ähnlicher Weise mit höchster Gabenfülle ausgestattet wie Jesus.

## 2. VORBEREITUNG DER WELTSCHÖPFUNG DURCH DEN RETTER

Als die Mutter der Dinge alle Leiden durchschritten und sich mit Mühe über dieselben erhoben hatte, wandte sie sich bittflehend an das Licht, das sie zurückgelassen hatte, nämlich an den Gesalbten. Und der zögerte, da er in die Fülle zurückgekehrt war, zum zweiten Male hinabzusteigen, und sandte ihr den TRÖSTER, nämlich den RETTER.

Und er gab ihm alle Macht des Vaters, und übergab alles seiner Gewalt. Und den Ewigen trug er auf, in dem TRÖSTER alles Sichtbare und Unsichtbare, alle Kronen, Gottheiten und Herrschaften zu begründen[7]. Und er sandte ihn zu der ERWÄGUNG mit seinen Altersgenossen, den Engeln.

ACHAMOTH scheute sich vor ihm und legte zuerst einen Schleier an vor Scham. Dann aber, als sie ihn im ganzen Reichtume seiner Früchte erblickte, eilte sie auf ihn zu. Und sie empfing von seinem Erscheinen Kraft.

Und der TRÖSTER gestaltete sie zu einer Gestalt nach der Erkenntnis, und er bewirkte die Heilung ihrer Leiden, indem er dieselben von ihr trennte, ohne jedoch dieselben zu vernachlässigen. Denn so wie die Leiden der ersten ACHAMOTH konnte er die dieser nicht verschwinden machen, da sie schon Bestand und Kraft hatten. Aber er schied sie von ihr und tat sie zusammen und ließ sie sich festigen. Und sie, die aus körperlosen Leiden bestanden, verwandelte er in körperlosen Stoff.
Und so gab er ihnen Beschaffenheit und Wesenhaftigkeit, so daß sie sich zusammen ballten und Körper erhielten zur

---

7) Der TRÖSTER wird also in ähnlicher Weise mit höchster Gabenfülle ausgestattet wie Jesus.

Bildung zweier Wesenheiten: der Schlechtigkeit des Leidens und des Duldens der Bekehrung.

Derart betätigte sich der RETTER bei der Weltschöpfung, indem er sie ermöglichte. Die ACHAMOTH aber war von dem Leiden befreit. Und in ihrer Freude sammelte sie den Anblick der Lichter, die in ihr waren, nämlich der Engel, die den TRÖSTER begleiteten. Und sie empfing von denselben und gebar Früchte nach deren Ebenbilde: eine geistige Geburt nach dem Ebenbilde der Speerträger ihres RETTERS.

Und da drei Arten des Stofflichen sie umgaben: nämlich die eine aus dem Leiden entstammte, die der Stoff selbst war, die zweite aus der Bekehrung entstammte, die die Seele war, die dritte, von der sie schwanger ging, die das Pneuma war, so wandte sie sich zu der Gestaltung dieser Stoffe. Aber das Pneumatische (Geistige) vermochte sie nicht zu gestalten; denn es war von derselben Beschaffenheit wie sie selbst. So wandte sie sich denn zur Gestaltung ihrer seelischen Wesenheit, die aus ihrer Bekehrung entstanden war, und von dem RETTER brachte sie dessen Lehren hervor.

## 3. DIE WELTSCHÖPFUNG

Zuerst gestaltete die ACHAMOTH aus ihrem seelischen Wesen den Vater und den König Aller, nämlich aller, die ihr wesensgleich sind, das heißt aller Seelischen, die auf der rechten Seite sind, und Aller, die aus dem Leiden stammen und aus dem Stoffe, die auf der linken Seite sind. Und von ihm wurde alles unvermerkt auf den Antrieb der Mutter geformt; und darum heißt er auch der MUTTERVATER, der VATERLOSE, der WELTSCHÖPFER und der VATER. Und zwar heißt er rechter Hand, das heißt im Bereiche des Seelischen, »Vater«; aber linker Hand, das heißt im Bereiche des Stofflichen, heißt er »Weltschöpfer«, und in beiden Bereichen zusamt »König«.

Denn die ERWÄGUNG wollte das All zur Ehrung der Ewigen schaffen, und darum bildete sie Abbilder von ihnen; noch richtiger aber ist es, daß eigentlich der RETTER all dies durch sie schaffen ließ.

Und in dem Bilde des unsichtbaren VATERS verewigte sie sich selbst, ohne daß es der WELTSCHÖPFER merkte, der selbst das Abbild des eingeborenen Sohnes war, so wie die nach ihnen entstandenen Erzengel und Engel den Ewigen glichen.

Und der WELTSCHÖPFER wurde VATER und GOTT aller Dinge außerhalb der Fülle und Schöpfer des Seelischen und Stofflichen. Er schied diese beiden, zusammengeschütteten Wesenheiten und erzeugte aus Körperlosem Körperliches. So schuf er das Himmlische und das Irdische und wurde der Schöpfer des Seelischen und des Stofflichen, des Rechten und des Linken, des Leichten und des Schweren, des empor Strebenden und des herab Sinkenden.

Sieben Himmel richtete er ein, oberhalb welcher er selber ist. Und deshalb ist er die Siebenheit und seine Mutter ACH-AMOTH ist die Achtheit, in Beibehaltung der Zahl des Ur-entstehens und der ersten Achtheit in der Fülle. Die sieben Himmel aber sind geistige Gebilde, nämlich Engel; und der WELTSCHÖPFER ist selbst ein gottähnlicher Engel, wie auch das Paradies, das oberhalb des dritten Himmels ist, ebenfalls die Gewalt eines Engels ist, von dem Adam, der sich darin aufhielt, etwas erhalten hat.

Dies nun meinte der Weltschöpfer alles aus sich selbst zu zu bereiten; er tat es aber über Antreiben der ACHAMOTH, so daß er den Himmel bildete, ohne den Himmel zu kennen, und den Menschen bildete, ohne den Menschen zu kennen, und die Erde wies, ohne die Erde zu verstehen. Und alles, dessen Gestalten er schuf, kannte er nicht, auch nicht die Mutter selbst; vielmehr glaubte er allein Alles zu sein. Und diese Meinung erregte in ihm seine Mutter, die ihn derart anregen wollte, Haupt und Anfang seiner Wesenheit, Herr der ganzen Dinglichkeit zu sein. Und sie heißt MUTTER und ACHTHEIT und WEISHEIT und ERDE und JERUSALEM und heiliges PNEUMA, und mit ihrem männlichen Namen TOT. Sie besitzt den Platz in der Mitte und ist oberhalb des WELT-SCHÖPFERS, jedoch unterhalb und außerhalb der Fülle, bis daß die Vollendung gekommen sein wird.

### 4. ANTEIL DER STOFFE AN DER WELTSCHÖPFUNG

Da das stoffliche Wesen aus drei Leidenszuständen besteht, aus Furcht und Trauer und Zweifel, fand der Weltschöpfer aus dem Zweifel seine Entstehung, während aus der Trauer das Seelische seinen Bestand erhielt, und aus der Furcht das übrige seine Entstehung herleitet, wie zum Beispiele die Seelen der wilden und unvernünftigen Tiere, und auch der Menschen.

Und deshalb war auch der Weltschöpfer zu schwach, Geistiges zu erkennen, so daß er sich für den einzigen Gott hielt und durch die Propheten sagen ließ: Ich bin Gott, und außer mir gibt es keinen (Jesaias XLV 5, 6; XLVI 9). Aus der Trauer entstand aber auch das Geistige in der Schlechtigkeit, aus dem der VERLEUMDER seinen Ursprung nahm, der auch WELT-HERRSCHER heißt, und das Dämonische und die bösen Engel, und alles geistige Zustandekommen der Schlechtigkeit.

Und der WELTSCHÖPFER ist zwar der Sohn der MUTTER aller dieser, aber der WELTHERRSCHER ist das Erzeugnis des WELTSCHÖPFERS. Und der WELTHERRSCHER erkennt, was über ihm ist; denn er ist das Geistige der Schlechtigkeit, der

WELTSCHÖPFER aber weiß es nicht; denn er ist bloß von see-lischer Beschaffenheit.

Ihre MUTTER jedoch wohnt in dem überhimmlischen Orte, das ist in dem Orte der Mitte, der WELTSCHÖPFER je-doch in dem himmlischen Orte, das ist in der Siebenheit, der WELTHERRSCHER endlich in unserer Weltordnung.

Aus dem Erschrecken und dem Zweifel nämlich entstanden auch die Grundstoffe der Weltordnung, also Körperhaftes aus Körperlosem: die Erde aus dem Erstarren des Schreckens, das Wasser aus dem Flusse der Tränen, die vor Angst entströmten, die Luft aus dem Gerinnen der Trauer, das Feuer aber wohnt ihnen allen inne zu Tod und Verderben, wie auch die Unwis-senheit in allen diesen drei Leidenszuständen verborgen ist.

## 5. DIE BILDUNG DES MENSCHEN

Als der WELTSCHÖPFER die Weltordnung schuf, bildete er auch den irdenen Menschen, aber nicht von dieser trockenen Erde, sondern aus der unsichtbaren Wesenheit, indem er von dem hingegossenen, flüssigen Stoffe nahm und ihm das See-lische einhauchte.

Und das ist der Mensch, der im Bilde und in der Ähnlich-keit zustande kam, nämlich im Bilde, da er stofflich ist, der Gottheit nur gleichend, doch nicht ihr wesensgleich – in der Ähnlichkeit aber da er seelisch ist, da das Pneuma des Lebens seine Wesenheit ausmacht und aus einer geistigen Quelle stammt. Hernach warf er ihm den häutigen Mantel um, näm-lich den Körper des Fleisches.

Aber die Geburt der ACHAMOTH, die sie nach der Be-trachtung der Engel, die den RETTER umgaben, gebar, und die wesensgleich der MUTTER war, nämlich geistig, kannte der Weltschöpfer selber nicht. Und unvermerkt legte er, ohne dies selbst zu wissen, in den Menschen die Gabe, daß aus dem, was von ihm in die von ihm gebildete Seele gesäet war und in diesen stofflichen Körper, indem es in ihm als Schwängerung ausreifte und dabei vermehrt wurde, die Fähigkeit zur Aufnahme des vollendeten WORTES erwuchs.

So blieb dem WELTSCHÖPFER der geistige Mensch, der infolge der geheimen Kraft und Vorsorge der WEISHEIT zugleich mit seinem Hauche in dem irdenen Menschen gesäet wurde, verborgen. Denn so wie der WELTSCHÖPFER von seiner Mutter nichts wußte, ebenso wenig wußte er auch von ihrem Samen, obgleich dieser Same die KIRCHE war, nämlich ein Abbild der KIRCHE, die oben ist. Und dieser geistige Mensch ist in den Menschen, auf daß sie die Seele von dem Weltschöpfer haben, den Körper von dem Lehme, das Fleischliche von dem Stoffe, den geistigen Menschen aber von ihrer Mutter ACHAMOTH.

## 6. DIE BESTIMMUNG DES MENSCHEN

Von den drei Zuständen ist der stoffliche der linke und muß notwendig zugrunde gehen, da er keinen Hauch der Unvergänglichkeit aufzunehmen vermag. Der seelische ist rechts und steht in der Mitte zwischen dem geistigen und dem stofflichen, weshalb er sich dorthin wendet, wohin er den Einschlag erhält. Der geistige ist entsandt, um hier, mit dem seelischen verbunden, gestaltet zu werden und mit ihm zusammen auf zu wachsen und ihn zu bekehren. Und deshalb heißt er das Salz und das Licht der Weltordnung (Matth. V, 13, 14); denn er ist notwendig, um die Seele zur Erkenntnis zu erziehen.

Und daraus ist auch die Weltordnung zubereitet worden, und der RETTER ist auch zu diesem Seelischen gekommen, da es in seiner Macht steht, dasselbe zu retten. Denn was er retten wollte, dessen Ursprünge hat er in sich aufgenommen: von der ACHAMOTH hat der GESALBTE das Geistige, von dem WELTSCHÖPFER das Seelische angezogen und von der Welteinrichtung umgab er sich mit dem Körper, der ein seelisches Wesen hat und zubereitet ist mit verborgener Kunst, so daß er unsichtbar und unberührbar, aber leidensfähig ist, obgleich er nicht das mindeste Stoffliche an sich hat. Denn nicht vermag der Stoff die Rettung in sich aufzunehmen.

Die Vollendung aber wird eintreten, sobald alles Geistige durch Gestaltung und Erkenntnis vollendet ist, nämlich alle geistigen Menschen die vollkommene Kenntnis von GOTT und der ACHAMOTH besitzen und eingeweiht sind in diese Geheimnisse. Denn im Seelischen wurden unterwiesen die seelischen Menschen, die durch Werke und bloßen Glauben bewährt sind, aber nicht die vollendete Erkenntnis besitzen, welche allein die KIRCHE den Ihren verleiht.

Und deshalb bedürfen wir der guten Tat, da anders die Rettung nicht möglich ist, obgleich die geistigen Menschen nicht vermöge ihrer Handlungen, sondern vermöge ihrer Veranlagung geistig sind, so daß sie als solche überall und auf jede Art gerettet werden. Denn so wie das Irdene unmöglich an der Rettung teilnehmen kann, so kann auch das Geistige unmöglich die Vernichtung empfangen, in welche Handlungen immer es verstrickt werden mag. Denn so wie das Gold, das in den Schmutz geworfen ist, seine Schönheit nicht verliert, sondern seine eigentümliche Beschaffenheit bewahrt, da der Schmutz dem Golde nichts anzuhaben vermag, so nehmen auch die geistigen Menschen, in welche stofflichen Schicksale immer sie auch verflochten werden mögen, durch dieselben keinen Schaden und verlieren nicht ihre geistige Beschaffenheit.

Sobald aber der gesamte Samen gereift sein wird, tritt ACH-AMOTH, ihre Mutter, vom Orte der Mitte hinweg und gelangt in den Bereich der Fülle. Und sie empfängt ihren Bräutigam, den RETTER, den, der aus den Gaben Aller geworden ist, auf daß eine Vereinigung entstehe des RETTERS und der WEIS-HEIT, der ACHAMOTH. Und dies ist der Bräutigam und die Braut. Und die ganze Fülle ist das Brautgemach. Und dementsprechend legen auch die geistigen Menschen ihre Seelen ab und werden zu gedanklichen Pneumata. Unvermerkt und unsichtbar treten sie ein in die Fülle, gewissermaßen als Bräute der Engel, die den RETTER umgeben.

Und auch der WELTSCHÖPFER tritt selbst an den Ort seiner Mutter, der WEISHEIT, das ist an den Ort der Mitte. Die Seelen der Gerechten erholen sich ebenfalls an dem Orte der Mitte; denn nichts Seelisches kann in die Fülle eintreten.

Und sobald dies geschehen ist, ergreift das Feuer, das in der Welt verborgen ist, in seinem Aufflammen und Aufleuchten den gesamten geschaffenen Stoff und verzehrt ihn, so daß er nicht mehr vorhanden ist.

Der Weltschöpfer aber erkennt hiervon nichts, bevor der Retter herabgekommen ist, nämlich der RETTER, der durch MARIA eintritt. Denn wie das Wasser durch eine Röhre eintritt, so ist auch dieser RETTER, von Allen gebildet, aus der Fülle bei der Taufe herabgekommen in der Gestalt einer Taube. Und in ihm entstand der geistige Samen der ACHA-MOTH.

Unser Herr ist aus vier Dingen zusammen gesetzt, und er bewahrt das Abbild des Uranfanges und der ersten Vierheit:

nämlich aus dem Geistigen, das von der ACHAMOTH ist, und aus dem Seelischen, das vom WELTSCHÖPFER ist, und aus der Einrichtung der Welt, die hergestellt wurde durch eine geheime Kunst, und aus dem Retter, der herabgekommen ist in Gestalt einer Taube.

## 8. JESUS UND DIE PROPHETEN

Und der RETTER verharrte ohne Leiden; denn er konnte nicht leiden, da er unbegreiflich und unsichtbar war. Und deshalb wurde er entrückt, als jener Jesus, in den er eingepflanzt war, zu Pilatus geführt wurde.

Aber auch der Samen von der Mutter litt nicht in ihm; denn auch dieses geistige Gebilde war ohne Leiden und unsichtbar, selbst für den WELTSCHÖPFER.

Gelitten hat vielmehr nur der seelische GESALBTE und derjenige, welcher auf geheimnisvolle Weise gebildet war aus der Einrichtung der Welt, damit durch ihn seine Mutter das Bild der oberen Gewalten offenbare, nämlich jenes GESALBTEN, der ausgespannt war auf dem Pfahle und der da gestaltete die Achamoth in der Gestaltung ihres Wesens; denn alle diese Gestaltungen sind Abbilder jener Vorbilder.

Jene Seelen aber, welche den Samen der ACHAMOTH erhielten, wurden besser als die übrigen. Und deshalb wurden sie auch mehr als die anderen geliebt von dem WELTSCHÖPFER, ohne daß er jedoch die Ursache wußte, da er vielmehr meinte, diese Seelen seien durch ihr eigenes Verdienst so beschaffen. Und deshalb befehligte er sie in die Körper der Propheten und Priester und Könige; und viel wurde von diesem Samen gesagt und von den Propheten geoffenbart, was aus einer höheren Erkenntnis entsprungen ist. Denn viel hat die Mutter über die überirdischen Dinge durch sie verkünden lassen, und auch durch die Seelen, die von ihnen abstammen. Und demnach teile man die Propheten dahin ein, daß die einen von der Mutter etwas mitgeteilt haben, die anderen von dem Samen etwas mitgeteilt haben, die dritten von dem WELTSCHÖPFER etwas mitgeteilt haben.

Und auch in JESUS unterschied man so, daß er etwas von dem RETTER mitgeteilt hat, daß er aber auch von der Mutter etwas mitgeteilt hat, und daß er von dem Weltschöpfer etwas mitgeteilt hat.

Der WELTSCHÖPFER aber, der nicht wußte, was über ihm war, ward in Bewegung versetzt durch diese Worte, verachtete aber ihren Sinn und meinte, daß eine andere Ursache dieselben verschuldet habe.

## 9. DIE VOLLENDUNG DER WELTSCHÖPFUNG

Bald hielt er das prophetische Pneuma, das einen ihm eigenen Antrieb zur Bewegung in sich hat, für die Ursache der Prophetie, bald den Menschen oder seine Verflechtung mit dem Wesen. Und so blieb er unwissend bis zur Herabkunft des Herrn.

Als aber der RETTER kam, erfuhr er von ihm alles. Und mit Bereitwilligkeit trat er vor ihm in aller seiner Macht zurück. Und auf ihn bezieht sich, was in dem Evangelium von dem Hauptmanne gesagt ist, der zu dem RETTER sprach: »Denn ich habe unter mir zu meinem Befehle Soldaten und Diener, und was ich ihnen auftrage, das tun sie« (Matth. VIII, 9; Luk. VII, 8).

Und dieser WELTSCHÖPFER wird auch die Schöpfung im gegebenen Augenblicke vollenden, insbesondere auf das Betreiben der KIRCHE, aber auch wegen seiner Kenntnis des ihm in Aussicht gestellten Lohnes, wenn er an den Ort seiner Mutter zurückkehrt.

Es gibt jedoch drei Arten von Menschen: den irdenen, seelischen, geistigen, wie auch entstanden: Kain, Abel, Seth.

Und von ihnen entstammen die drei Beschaffenheiten, nicht jede einzeln, sondern jede als Art.

Und das Irdene ward vergänglich, und das Seelische ruht, wenn es den besseren Teil erwählt, in dem Orte der Mitte aus, während es, wenn es den schlechteren erwählt, ebenfalls hinaus geht zu dem ihm Verwandten, – das Geistige jedoch, das die ACHAMOTH mitunter auch jetzt noch in gerechten Seelen säet, wird hier gebildet und auferzogen, weil es unmündig hinausgeschickt wurde.

Und hernach wird es der Vollendung für wert erachtet und gleichsam als Braut den Engeln des RETTERS zurückgegeben, während die Seelen dieser Menschen in dem Orte der Mitte unter dem Zwange der Notwendigkeit zusammen mit dem Schöpfer ausruhen bis zur Vollendung.

Und die seelischen Menschen sind ihrer Beschaffenheit nach bald gut, bald böse.

Und die guten sind imstande, den Samen zu empfangen, die ihrer Beschaffenheit nach Bösen jedoch vermögen niemals den Samen zu empfangen.

Diese Lehre haben die Propheten verkündet und der Herr hat sie gelehrt und die Apostel haben sie überliefert. Wer sie erkannt hat, ist erhaben über alle anderen.

Und die heiligen Schriften stehen mit ihr in Übereinstimmung, und ebenso die Gleichnisse des Herrn und die Aussprüche der Apostel, auf daß diese Lehre nicht ohne Zeugnis bleibe.

# B. SCHRIFTDEUTUNG

## a) ZU DEN EREIGNISSEN INNERHALB DER FÜLLE

### 1. VON DEN EWIGEN

Nirgends sind diese Geheimnisse offenkundig gesagt; denn nicht alle Menschen sind imstande, sie zu erfassen. Aber in verborgener Weise hat sie der RETTER durch Gleichnisse für diejenigen angedeutet, die dieselben zu verstehen vermögen; denn die dreißig Ewigen werden angedeutet durch die dreißig Jahre, in denen der RETTER nichts öffentlich tat, und durch das Gleichnis von den Arbeitern im Weinberge (Matth. XX 2). Auch Paulus nannte diese Ewigen wiederholt aufs Deutlichste, indem er auch ihre Reihenfolge bewahrte, so oft er sagte: »Durch alle Geschlechter der Ewigen des Ewigen« (Eph. III 21). Und auch bei dem Abendmahle wird gesagt: »Durch die Ewigen der Ewigen«, was auf jene Ewigen hinweist. Und wo immer »ewig« oder »Ewige« gesagt wird, bezieht es sich auf jene.

Die Hervorbringung der Zwölfheit der Ewigen wird dadurch angedeutet, daß der RETTER sich in seinem zwölften Jahre mit den Schriftgelehrten unterhielt (Luk. II 42), ferner durch die Berufung der Apostel (Luk. VI 13); denn zwölf Apostel gibt es. Und daß auch der übrigen Ewigen achtzehn sind, ist dadurch gesagt, daß er achtzehn Monate hindurch nach seiner Auferstehung mit den Schülern Umgang pflog. Auch die zwei ersten Buchstaben seines Namens beweisen es, nämlich das Iota und das Eta, daß achtzehn Ewige entstanden. Und die zehn Ewigen werden in gleicher Weise durch das Iota, das seinen Namen eröffnet, angedeutet. Und deshalb sagte der RETTER: »Ein Jota und ein Strichlein werden vorüber gehen, bis daß alles wird geschehen sein«, (Matth. V 18).

Und das Schicksal des zwölften Ewigen ist angedeutet durch den Abfall des Judas, der als zwölfter der Apostel den Verrat übte. Ferner ist es angedeutet dadurch, daß Jesus im zwölften Monate litt; denn ein Jahr hindurch hat er nach seiner Taufe verkündet. Auch durch das Weib mit dem Blutflusse wird es klärlich angedeutet. Denn zwölf Jahre hatte sie gelitten, bis sie durch das Erscheinen des RETTERS geheilt wurde, indem sie den Saum seines Gewandes berührte. Und deshalb sagte der Retter: »Wer hat mich berührt?« (Mark. Vff). Und damit lehrte er seine Schüler das Geheimnis, das sich unter den Ewigen zugetragen hatte, und die Heilung des leidenden Ewigen. Denn durch das Weib, das zwölf Jahre gelitten hat, wird jene Kraft bezeichnet, welche sich ausdehnte und die, wenn sie nicht sein Gewand, das heißt die Vierheit der ersten WAHRHEIT, die durch den Saum angedeutet wird, berührt hätte, in der Unendlichkeit des von ihr hervorgebrachten Wesens zerflossen und in sie aufgegangen wäre. Aber sie kam zum Stillstande, und ihrem Leiden geschah Einhalt; denn die Macht, die von dem Retter ausging, war der BEGRENZER. Und der tat Einhalt ihrem Leiden und begrenzte es.

## 2. VON DEN GESALBTEN

Daß der RETTER, der aus allen hervor ging, das All ist, sagt die Schrift mit den Worten: »Jedes Männliche, das den Mutterleib öffnet« (Luk. II 23 nach Exod. XIII 2); denn das All war der RETTER, als er den Mutterleib des Gedankens des leidenden Ewigen öffnete. Und als der leidende Ewige in die

Fülle zurückkehrte, wurde dieser Gedanke außerhalb der Fülle abgesondert, und er heißt die zweite Achtheit. Und von Paulus wurde offenbar deshalb gesagt: »Und er selbst ist Alles« (Kol. III 21), und dann wieder: »Alles ist bei ihm und aus ihm ist Alles« (Röm. XI 36), und wieder: »In ihm wohnt die ganze Fülle der Gottheit" (Kol. II 9), und endlich: »Dermaßen wurde das All in dem GESALBTEN durch Gott wiederholt« (Eph. I 10).

Und der BEGRENZER hat zwei Kräfte: die befestigende und die trennende. Und sofern er befestigt, bringt er zum Stehen und ist der Pfahl, soferne er aber trennt und sondert, ist er der GRENZSTECKER. Der RETTER hat diese seine Wirksamkeit folgendermaßen bezeichnet. Zuerst die befestigende mit den Worten: »Wer nicht seinen Pfahl trägt und mir folgt, kann nicht mein Schüler sein« (Luk. XIV 27). Und: Nimm deinen Pfahl und folge mir« (Mark. X 21). Aber die trennende mit den Worten: »Ich bin nicht gekommen, zu bringen den Frieden, sondern das Schwerdt« (Matth. X 31). Und dasselbe deutete auch Johannes an mit den Worten: »Die Worfel ist in seiner Hand zur Reinigung der Tenne, und das Getreide wird er in seine Scheune bringen, aber das Unkraut in unauslöschlichem Feuer verbrennen« (Luk. III 17). Hierdurch wird die Macht des Begrenzers bezeichnet. Denn die Worfel ist jener Pfahl, welcher eben so alles Stoffliche aufzehrt wie das Feuer das Unkraut, und die Geretteten reinigt wie die Worfel das Getreide. Auch der Apostel Paulus gedenkt dieses Pfahles mit den Worten: »Das Wort des Pfahles ist Torheit für die, so zugrunde gehen, aber die Kraft Gottes für die Geretteten« (I Kor. I 18). Und wieder: »Nicht möge ich mich in irgend etwas rühmen, es sei denn in dem Pfahle Jesu; denn durch ihn ist die Welt an mich und ich bin an die Welt gepfählet« (Gall. VI 14).

## b) ZU DEN EREIGNISSEN
## AUSSERHALB DER FÜLLE

### 1. VON DER ERLÖSUNG

Von den Dingen außerhalb der Fülle ist folgendes in den heiligen Schriften erwähnt:

Der RETTER ist in den letzten Zeiten des Bestehens dieser Welt zu dem Zwecke zum Leiden gekommen, auf daß er das Leiden, das dem letzten der Ewigen zustieß, offenbare und durch sein Ende das Ende des Geschehens im Reiche der Ewigen andeutet.

Jene zwölfjährige Jungfrau (Luk, VIII 41), die Tochter des Vorstandes der Gebethäuser, welche der Herr, indem er zu ihr trat, von den Toten auferweckte, ist ein Abbild der ACHAMOTH, welche der ausgespannte GESALBTE gestaltet hat, und die er geführt hat zur Erkenntnis des in ihr zurückgelassenen Lichtes. Weil aber der RETTER sich selber offenbart hat ihr, die außerhalb der Fülle das Schicksal des Auswurfes hatte, sagte Paulus in seinen Briefen an die Korinther: »Das Äußerste von allen hat sich auch mir gezeigt, gleich wie dem Auswurfe« (Kor. XV 8).

Die Herabkunft des RETTERS aber zusamt seinen Altersgenossen zu der ACHAMOTH hat derselbe Apostel in demselben Briefe geoffenbart mit den Worten: »Das Weib muß auf seinem Haupte einen Schleier haben von wegen der Engel« (I Kor. XI 10). Und daß die ACHAMOTH, als der RETTER zu ihr kam, aus Scham sich mit einem Schleier verhüllte, hat Moses offenbart, indem er den Schleier über sein Antlitz breitete.

Und ihre Leidensschicksale, die sie gelitten hat, hat der RETTER offenbart durch die Gestalt des Pfahles und mit den Worten: »Mein Gott, weshalb hast du mich verlassen« (Matth. XXVII 46). Damit hat er offenbart, daß die WEISHEIT zurückgelassen wurde von dem Lichte und daß sie behindert wurde von dem BEGRENZER in ihrem Streben nach vorwärts. Und ihre Trauer ist offenbart in den Worten: »Meine Seele ist zu Tode betrübt« (Matth. XXVI 38). Und ihre Furcht ist offenbart in den Worten: »Vater, wenn es möglich ist, möge dieser Kelch an mir vorübergehen« (Matth. XXVI 39). Und ihre Ratlosigkeit ist ebenso offenbart mit den Worten: »Und ich weiß nicht, was ich sagen soll« (Joh. XII 27).

## 2. VON DER WEISHEIT

Und daß die WEISHEIT umher irrte außerhalb der Fülle und daß sie gestaltet wurde von dem GESALBTEN und daß sie aufgohr unter dem Einflusse des RETTERS, das wurde offenbart in der Erzählung (Luk. XV 4 ff), daß er selbst gekommen sei zu dem verirrten Schafe; denn das Schaf bezeichnet die irrende Mutter aller Dinge[8], aus der gesäet wurde die KIRCHE. Das Irren aber ist der Aufenthalt der Mutter in den Leidensschicksalen außerhalb der Fülle, aus denen die Entstehung des Stoffes erfolgte.

Das Weib aber, das sein Haus auskehrte und eine Drachme fand (Luk. XV 8ff), ist die obere WEISHEIT, die ihre ERWÄGUNG zurückgelassen hat und hernach, nachdem alles durch die Gegenwart des RETTERS gereinigt worden ist, sie wieder findet, weshalb sie auch wieder zu den Ewigen innerhalb der Fülle zurückkehrt.

8) Vgl., daß auch die Simonianer ihre Helena (Sophia) als irrendes Schaf auffaßten.

Der Simeon aber, »der den GESALBTEN in seine Arme schloß und ihn begrüßte und zu ihm sprach: Jetzt lässest du deinen Sklaven, o Herr, nach deinem Ausspruche in Frieden« (Luk. II 28 ff), ist das Abbild des WELTSCHÖPFERS, der bei der Herabkunft des RETTERS seine Versetzung erfuhr und Dank abstattete dem URGRUND.

Und Anna (Luk. II 36), die gemäß der Prophetie, die in dem Evangelium verkündet wurde, sieben Jahre mit ihrem Manne zusammen lebte, die ganze übrige Zeit hindurch aber Witwe blieb, bis sie den RETTER sah und erkannte und über ihn mit Allen sprach, ist offenbar die ACHAMOTH, die nach kurzer Zeit den RETTER sah mit seinen Altersgenossen, und welche die ganze übrige Zeit verharrte, um ihn erst wieder aufzunehmen, wenn er dereinst zurückkehren wird, um sie zurück zu führen in ihre Vereinigung.

Und ihr Name ist offenbart von dem RETTER durch seinen Ausspruch: »Und es wurde gerichtet die Weisheit von ihren Kindern« (Luk. VII 35), und von Paulus mit den Worten: »Die WEISHEIT nennen wir unter den Vollendeten« (I Kor. II 6). Und die Vereinigung in der Fülle hat Paulus an einer Stelle offenbart, an der er von der (ehelichen) Vereinigung in diesem Leben schrieb: »Dieses Geheimnis ist groß; doch dies sage ich in Hinblick auf den GESALBTEN und die KIRCHE« (Eph. V 32).

## 3. VON DEN MENSCHEN

Drei Arten Menschen gibt es: Den stofflichen, der durch die Frage offenbart ist: »Soll ich dir folgen? Nicht hat der Sohn des Menschen, wo er sein Haupt hinlegen könnte« (Luk. IX 57 f), den seelischen, der offenbart ist mit den Worten: »Ich will dir folgen; doch gestatte mir vorher, daß ich den Leuten in meinem Hause Auftrag gebe« und »Niemand, der seine Hände auf den Pflug legt und nach rückwärts blickt, ist geeignet für die Königsherrschaft der Himmel« (Luk. IX 61 ff) denn er ist in der Mitte – und auch jener, der sich zur Seite der Gerechtigkeit bekennt, hernach aber nicht Gefolgschaft leisten will, sondern von den Reichtümern verführt unvollendet bleibt, gehört zu den seelischen Menschen – und den geistigen Menschen, der offenbart ist mit den Worten: »Lasset die Toten ihre Toten begraben« (Luk. IX 60), du aber zieh hin und verkünde das Königreich Gottes! Bei Zacharias aber sagte er zu dem Zöllner: »Steig eilends herab; denn heute will ich in deinem Hause weilen« (Luk. XIX 5). Denn das bezieht sich auf den geistigen Menschen.

Und das Gleichnis vom Sauerteige, den das Weib verborgen hat in drei Maße Mehl, bezeichnet die drei Arten Menschen. Denn das Weib ist die WEISHEIT, die drei Maße Mehl sind die drei Arten Menschen, der geistige, der seelische, der irdene. Der Sauerteig aber bezeichnet den RETTER selbst.

Und Paulus hat ausdrücklich von dem irdenen, seelischen und geistigen Menschen gesprochen: »Wie der Irdene so sind die Irdenen« (I Kor. XV 48). Und anderswo: »Der seelische Mensch empfängt nicht aus dem Pneuma« (I Kor. II 14). Und anderswo: »Der Geistige erfaßt alle« (I. Kor. II 15), und darin bezieht sich das »Aber der Seelische empfängt nicht das Pneuma« auf den WELTSCHÖPFER, der als seelisches Wesen nicht erkannte, daß die Mutter geistig war, und der auch ihren Samen nicht erkannte, und ebensowenig die Ewigen in der Fülle.

Daß aber der Retter, als er sah, was er retten wollte, dem Geschauten seinen Anfang gab, hat Paulus offenbart mit den Worten: »Und es war der Beginn des Anfanges heilig und das Gemenge« (Röm. XI 16). Mit dem Beginne des Anfangs ist der geistige Mensch gemeint. Das Gemenge aber sind wir, das heißt die seelische KIRCHE, deren Gemenge der GESALBTE nahm und in sich aufrichtete; denn er war der Sauerteig.

## c) AUSLEGUNG DER EINLEITUNG DES EVANGELIUM JOHANNIS

### JOH. 1 – 18

Im Anfange war der Logos, und der Logos war bei Gott, und Gott war der Logos.

Dieser war im Anfange bei Gott.

Alles ward durch ihn, und ohne ihn ward nichts, was geworden ist.

In ihm war das Leben, und das I.eben war das Licht der Menschen.

Und das Licht scheint in der Finsternis, und die Finsternis hat es nicht erfaßt.

Er war das wahrhafte Licht, das, zur Welt gekommen, jeden Menschen erleuchtet.

Er war in der Welt und die Welt ist durch ihn geworden; aber die Welt erkannte ihn nicht.

Er kam in das Seine, und die Seinen nahmen ihn nicht auf.

Wie viele ihn aber aufnahmen, denen gab er Macht, Kinder Gottes zu werden, die an seinen Namen glauben,

die nicht aus Geblüt, noch aus Fleisches Willen, noch aus Mannes Willen sondern aus Gott gezeugt wurden. Und der Logos ward Fleisch und schlug seinen Wohnsitz auf in uns.

Und wir sahen seine Herrlichkeit, ein Abbild der Herrlichkeit des Eingeborenen von dem Vater her, voll Gnade und Wahrheit, dieweil zwar das Gesetz durch Moses gegeben ward, Gnade und Wahrheit aber durch Jesum, den Gesalbten, geworden ist.

Gott hat keiner je gesehen;

aber der eingeborene Sohn, der in des Vaters Schoß ist, der hat ihn kund gemacht[9].

Und auch Johannes, der Schüler des RETTERS, hat die erste Achtheit offenbart mit seinen Aussprüchen. Denn er wollte die ganze Entstehung verkünden, wie der VATER das All hervorgebracht hat. Und deshalb spricht er von dem aus Gott zuerst entstandenen Anfange, den er den EINGEBORENEN Sohn und Gott nennt, in dem der VATER das All samenhaft hervorgebracht hat. Von ihm wurde der LOGOS

---

9) Diese »strophische« Gliederung der Einleitung in das Evangelium Johannis, in welcher die historischen Glossen der Verse 5–8 weggelassen und v. 15, 16 durch v. 17, 18 ersetzt sind, hat D. H. Müller ›Das Johannes-Evangelium‹ im Lichte der Strophentheorie (Wr. Sitzungsberichte, philos. hist. Klasse Bd. 161. 8, Wien 1909, S. 2ff.) gegeben und mit folgenden Worten erläutert: »In der ersten Strophe (v. 1–5) wird das Wort, der *Logos,* geschildert, der bei Gott war und in den sich Gott verwandelt hat. Die Quelle und der Ursprung alles Seins waren in ihm. Aus dem Wort entwickelte sich das *Leben* und dieses wurde das *Licht* der Menschen. Das *Licht* scheint in der Finsternis, die Finsternis hat es nicht aufgenommen, d.h. sie hat sich von ihm nicht durchdringen lassen. – Eingeschaltet wird hier die erste Glosse (v. 6–8) über Johannes den Täufer, der nicht das Licht war, sondern als Zeuge des Lichtes gekommen war. – Die zweite Strophe (v. 9–13) schildert das *Licht.* Die erste Zeile greift auf die letzte Zeile der ersten Strophe sowie der ersten Glosse zurück und führt den Gedanken vom Lichte in der Finsternis (d.h. der Welt) weiter aus. Nur diejenigen, welche das Licht erkennen, sind Kinder Gottes geworden durch Gott, nicht durch das *Fleisch.* – Die dritte Strophe (v. 14, 17 und 18) läßt die Zwischenstufen (Leben und Licht) weg und sagt kurz: ›das *Wort* ward *Fleisch*‹. Die erste Zeile greift so auf den *Logos* in der ersten Zeile der Strophe 1 (Responsion) und auf das *Fleisch* in der letzten Zeile der zweiten Strophe zurück (Verkettung) und baut auf diese Art den ganzen Gedankeninhalt des Prologs zusammen. In der Tat klingt die Strophe in die Worte ›der einzige Sohn‹ aus. – Die zweite Glosse (v. 15, 16) setzt die erste fort und bildet den Übergang zur weiteren historischen Erzählung.«

(WORT) hervorgebracht, und in ihm wieder ist die ganze Wesenheit der Ewigen, die das WORT hernach gestaltet hat. Da er also von der ersten Entstehung redet, beginnt seine Lehre ganz richtig mit dem Anfange, das ist mit Gott, und mit dem WORTE, indem er sagt: »Im Anfange war das Wort, und das Wort war bei Gott, und Gott war das Wort; dieses war im Anfange bei Gott«. Zuerst unterscheidet er dreierlei: den GOTT, den ANFANG und das WORT, hernach aber vereinigt er sie, um die Hervorbringung anzudeuten, nämlich die des SOHNES und des WORTES, und zugleich auch ihre gegenseitige Vereinigung im VATER. Denn im VATER und von dem VATER war der ANFANG, und von dem ANFANG stammt das Wort. Richtig also sagt er: »Im Anfange war das Wort«, denn es war in dem SOHN. »Und das Wort war bei Gott«, denn auch der ANFANG war bei ihm, und »Gott war« in Folge dessen »das Wort«. Und der aus Gott entstandene ist Gott: »Dieser war im Anfange bei Gott«.

Er offenbarte aber auch die Reihenfolge der Hervorbringung mit den Worten: »Alles bestand durch ihn, und ohne ihn ward nichts«; denn die Gestalt und die Entstehung aller Ewigen nach ihm hat das WORT verursacht.

Und was in ihm entstanden ist, ist das LEBEN. Und die hieraufbezügliche Vereinigung hat er offenbart mit den Worten: »Alles ward durch ihn«, aber »in ihm war das LEBEN«. Denn das LEBEN, das in ihm entstanden ist, ist ihm näher als das, was durch ihn gebildet worden ist; denn es ist mit ihm zusammen und trägt mit ihm Früchte. Denn dadurch, daß es bei ihm war, »war das LEBEN das Licht der Menschen«. Und dadurch, daß er den MENSCHEN erwähnt, deutet er zugleich auch die KIRCHE an, damit durch den einen Namen die Gemeinsamkeit der Vereinigung angedeutet werde; denn aus dem WORT und dem LEBEN entsteht der MENSCH und die KIRCHE.

Das LEBEN aber nennt er das Licht der Menschen; denn sie werden durch dasselbe erleuchtet. Und dies Erleuchten ist ein Gestaltetwerden und ein Empfang von Offenbarungen. Und das sagt auch Paulus mit den Worten: »Alles Offenbarte ist Licht« (Eph. V 13). Weil jedoch das LEBEN offenbart und gezeugt hat den MENSCHEN und die KIRCHE, wird es Licht genannt.

Deutlich hat Johannes mit diesen Worten sowohl alles andere gezeigt als auch die zweite Vierheit: das WORT und das LEBEN, den MENSCHEN und die KIRCHE.

Aber auch die erste Vierheit hat er angedeutet, indem er von dem RETTER sagte, daß alles außerhalb der Fülle durch ihn gestaltet werde, und daß er die Frucht der ganzen Fülle sei. Denn auch als das Licht bezeichnete er ihn, »das scheint in der Finsternis, das aber die Finsternis nicht erfaßt hat«, da alles, was durch die Formung des Leidens entstanden ist, von dem Geformten nicht verstanden wurde. Auch SOHN und WAHRHEIT und LEBEN und FLEISCH nennt er das Entstandene, und er sagt, daß wir seine Herrlichkeit gesehen haben, die die Herrlichkeit des Entstandenen war, und daß sie glich der Herrlichkeit des Eingeborenen, die vom Vater ihm war gegeben worden, voll von GNADE und WAHRHEIT. Er sagt dies folgendermaßen: »Und das Wort ward Fleisch und schlug seinen Wohnsitz auf in uns. Und wir sahen seine Herrlichkeit, ein Abbild der Herrlichkeit des Eingeborenen von dem Vater her, voll Gnade und Wahrheit«. Deutlich also hat er die erste Vierheit geoffenbart, indem er erwähnte: den VATER und die GNADE, den EINGEBORENEN und die WAHRHEIT.

So hat Johannes über die erste Achtheit, die die MUTTER aller Ewigen ist, gesprochen. Den VATER hat er erwähnt und die GNADE, den EINGEBORENEN und die WAHRHEIT, das WORT und das LEBEN, den MENSCHEN und die KIRCHE.

Wenn heutigen Tages jemandem die Aufgabe gestellt würde, ein System zu konstruieren, das von jedem der bisher betrachteten etwas, von keinem aber alles enthält, und das sie untereinander möglichst harmonisch ausgleichen soll, so würde wohl ein dem valentinianischen äußerst verwandtes Gebilde herauskommen. Der ziemlich ausführliche und logisch übersichtlich geordnete Auszug, den uns Irenaios erhalten hat, läßt sich am besten verstehen, wenn man eben voraussetzt, daß diese Lehre eine ausgleichende und vermittelnde Stellung zwischen den verschiedenen gnostischen Schulen einnehmen wollte.

Die Lehre des Valentinos selber war einfacher, dem in Nr. 5 mitgeteilten ophitischen Systeme, das ja schon alle wesentlichen Züge, namentlich aber das Leiden der Sophia enthält, noch ähnlicher. Sie ist uns nicht vollständig und nicht zuverlässig überliefert. Aber was wir von ihr wissen, deutet nicht darauf hin, daß sie hervorstechende Eigentümlichkeiten besaß. Denn der zahlensymbolische Charakter ihres Aufbaues, der dann besonders bei Markos, einem Schüler des Valentinos, ins Einzelne ausgeführt wurde, war ja eigentlich allen gnostischen Systemen eigen. Daß die Kirchenväter diesen Einschlag als pythagoreisch bezeichneten, ist begreiflich, da Pythagoras dem ganzen Altertume als Vater der Zahlenmystik galt. Die Weiterbildung, die uns vorliegt, zeigt sich ebenfalls von einer strengen Symmetrie in den Zahlenverhältnissen zwischen den göttlichen Personen beherrscht. Sie kann aber nicht weit hinter der Zeit des Valentinos liegen, da sie noch nicht zu großer Kompliziertheit gediehen ist. Später freilich artete diese Architektonik immer mehr in eine aberwitzige Verschnörkelung aus. Jeder Ewige wurde nach zahlensymbolischen Prinzipien gespalten, jeder Vorgang wurde dann zwischen den vermehrten Gestalten mit unwesentlichen Änderungen bis zum Überdrusse wiederholt. Man ordnete den Weltherrschern, Engeln und Dämonen Schätze, Türen, Schlösser, Siegel, Geheimnisse zu und ließ die Gläubigen mystische, meist völlig sinnlose Namen auswendig lernen, die ihnen die Türen öffnen, die Siegel lösen, die Schlösser erschließen, die Geheimnisse offenbaren und die Schätze zu eigen machen sollten. Auch ließ man sie dabei Amulette verwenden, auf denen geheimnisvolle Zeichen eingegraben waren, mittels welcher die gefährlichen überirdischen Gewalten gebannt werden sollten. Schriften, in denen solch krause »Systematik« entwickelt wird, sind namentlich in koptischer Sprache mehrfach auf uns gekommen. Das belangreichste, aber doch schon endlos weitschweifige, wirre und schemenhafte Buch dieser Art ist die sogenannte »Pistis Sophia«, welche die Leidensschicksale der aus der Fülle in die Finsternis verschlagenen Weisheit umständlich schildert. Auch Stücke der »Bücher Jeû« und einer unbetitelten Apokalypse, zweier ebenfalls recht abstruser Machwerke, hat man aufgefunden. Der Wert, welchen solche Überreste gnostischer Originalwerke, obgleich sie erst aus späten Zeiten stammen, namentlich für den Religionsforscher besitzen, darf uns nicht verführen, die zunehmende Äußerlichkeit der religiösen Auffassung, die Leere und Öde der betreffenden Erzeugnisse zu entschuldigen. Proben aus diesen Werken hierher zu stellen, konnte ich mich eben wegen des recht eigentlichen Mangels an innerem Werte, der sie in so trauriger Weise auszeichnet, nicht entschließen.

Das valentinianische System selber ist klar. Besondere Beachtung verdient die Zahl der Ewigen, die es annimmt. Es sind ihrer dreißig, in sichtlicher Beziehung zu den Monatstagen. Der letzte, dreißigste Ewige, die Weisheit, gerät in die Finsternis. Das entspricht dem Neumonde. Sie läßt einen Auswurf zurück, die zweite Weisheit, der die Welt entstammt. Das ist der überzählige Tag des Monats, der einen 31. als Schalttag nötig macht. Die zweite Weisheit kehrt ebenfalls in die Fülle ein. Das ist die Angliederung des 31. Tages an den erweiterten Monat. Also entspricht das Weltgeschehen auch hier den Monatsepagomenen, nur nach einem chronologischen Zyklus, welcher die Ausgleichung des Mondwechsels mit einem zwölf Monate währenden Sonnenjahre zum Gegenstande hat, also einen dreißigtägigen Monat voraussetzt. Sonst ist an Einzelheiten wenig zu erläutern. Das meiste ergibt sich durch Vergleichung mit dem ophitischen Systeme der Nr. 5 von selbst. Anschauliche Bilder sind bloß in den Namen und Titeln angedeutet (Samen, Schatz, Stern der Fülle, unreife und reife, kraftlose, vollendete Frucht u. dgl.); die konkreten, an sie anknüpfenden Züge aber sind alle schon zu blutleeren Abstraktionen verflüchtigt. Unter den Namen der Ewigen fällt besonders die KIRCHE auf. Das Wort hat nicht die uns heute geläufige Bedeutung. Vielmehr verstanden die Valentinianer darunter etwa das, was in unseren deutschen Worten: «Berufenheit», »Auserwähltheit« liegt. Die Kirche ist für sie nicht eine Gemeinde, sondern eine Eigenschaft, welche den Mitgliedern der Gemeinde aus dem Besitze der Heilslehre erwächst. Wertvoll endlich ist auch die uns im Zusammenhange mit der Lehre der Valentinianer überlieferte Schriftdeutung. Aus ihr sieht man, daß sie sich namentlich mit dem neuen Testamente auseinanderzusetzen strebten, während die übrigen Systeme meist das alte zitierten. Auch dies deutet darauf hin, daß die Valentinianer ein sich dem orthodoxen Christentume in manchen Stücken annähernder Zweig der Gnosis sind.

# VII. AUS DEN APOKRYPHEN APOSTELGESCHICHTEN

# 13. Erinnerungen des
## heiligen Johannes an Jesum

M eine Brüder!

Nichts Fremdartiges oder Sonderbares widerfuhr euch, daß ihr den Herrn unter verschiedenen Gestalten erblicktet, wo doch auch wir, die er sich zu seinen Sendboten erwählt hatte, vielfach geprüft wurden. Aber wenn ich euch derlei mitteile, so gestatte ich euch nicht, was ich gesehen und was ich gehört habe, aufzuschreiben oder weiterzusagen. Aber auch so muß ich es euerem Verständnisse anpassen, und nur so weit als jeder von euch zu folgen vermag, kann ich euch mitteilen, was ihr euch hernach zu eigen machen könnt, damit ihr seine Herrlichkeit schauet, wie er war, jetzt ist, und sein wird.

Als er den Petros und Andreas, die unsere Brüder sind, erwählte, kam er zu mir und meinem Bruder Jakobos und sprach:

Ich bedarf euer, kommt zu mir!

Und mein Bruder, der dies vernahm, sprach:

Johannes! Dieser Knabe am Strande, der uns ruft, was will er?

Und ich sprach: Welcher Knabe?

Er erwiderte: Der uns winkt.

Da antwortete ich: Da wir schon lange auf dem Wasser sind und nicht geschlafen haben, siehst du schlecht, mein Bruder Jakobos. Oder bemerkst du wirklich nicht, daß dort ein wohlgestalteter, schöner Mann mit freundlichem Antlitze steht?

Den sehe ich nicht, antwortete er. Aber laß uns nahe kommen und sehen, was er will.

So ließen wir den Kahn schweigend hingleiten und sahen, daß er uns gleich zu Hilfe kam, als wir denselben fest machten.

Als wir aber die Stätte, in der Absicht, ihm zu folgen, verließen, schien er mir eine Glatze zu haben; doch sein Kinn trug einen dichten Bart. Dem Jakobos aber schien er erst ein Jüngling zu sein mit einem Bartflaume,

So waren wir beide im Zweifel, was dieses Gesicht bedeuten solle. Dann folgten wir ihm und wußten uns alsbald wieder nicht die Sache zurechtzulegen. Denn diesmal widerfuhr mir etwas noch Sonderbareres. Ich versuchte ihn nämlich in seiner eigentümlichen Wesenheit zu schauen, bemerkte aber, daß er nie mit den Wimpern zuckte, sondern die Augenlider stets offenhielt.

Auch erschien er mir oft als mißgestalteter Zwerg, dann wieder als einer, der zum Himmel aufblickt.

Auch hatte er noch eine fernere, wunderbare Eigenschaft. Wenn er ruhte, pflegte er mich an seine Brust zu nehmen, und ich hing innig an ihm. Und da war seine Brust beim Betasten mitunter weich und zart, mitunter aber hart wie Felsenzacken.

Ein andermal nahm er mich, den Jakobos und den Petros auf den Berg mit, wo er zu beten pflegte, und wir sahen dort ein Licht, daß ein Mensch, der sich der vergänglichen Sprache bedient, gar nicht ausdrücken kann, wie strahlend es war.

Ein andermal brachte er ebenfalls uns drei auf den Berg und sprach: Kommet mit mir! Wir gingen wieder mit ihm und sahen ihn in einem Abstande von uns beten. Da er mich aber liebte, so wagte ich heimlich, daß er es nicht sehe, ihm zu nahen und den Blick auf ihn gerichtet, mich hinter ihn zu stellen. Und ich erblickte ihn, überhaupt nicht mit Kleidern angetan, entkleidet alles dessen, was von uns erblickt wird, und überhaupt nicht als Menschen.

Und seine Füße waren weißer als Schnee, so daß sogar die Erde ringsum von seinen Füßen erhellt wurde. Sein Haupt aber stieß an den Himmel, so daß ich voll Angst aufschrie. Er aber wandte sich um und schien plötzlich ein Zwerg. Und er kam mir über und zog mir das Kinn empor und sprach: Johannes, werde nicht ungläubig! Sei gläubig und mach dich nicht überflüssig. Und ich antwortete ihm: Herr, was habe ich denn getan?

Aber ich sage euch, Brüder, an dieser Stelle, an der er mein Kinn genommen hatte, krankte ich dreißig Tage, so daß ich zu ihm sprach:

Herr, wenn schon ein Streich, den du im Scherze gibst, solche Schmerzen verursacht, wie wäre es da, wenn du mich mit Ruten züchtigtest!

Und er sprach: Bei dir steht es, nicht zu erproben, was keiner erproben soll.

Wieder war es, daß wir, seine Schüler, insgesamt in Genezareth in einem Hause schliefen, und daß ich allein unter seinem Gewande hervorlugte, um zu beobachten, was er tue. – Da vernahm ich, wie er zuerst sagte: Johannes, schlaf! Und ich stellte mich, als schliefe ich und sah einen anderen Schläfer, den ich zu meinem Herrn sagen hörte: Jesus, die du erwähltest, glauben dir noch nicht. Und mein Herr entgegnete ihm: So ist es; denn sie sind Menschen.

Eine andere Erscheinung steht mir vor Augen, Brüder. Einmal wollte ich mich überzeugen, daß er einen festen und stofflichen Körper besitze, und stieß an ihn. Aber wie ich ihn berührte, war er unstofflich und körperlos, und gleichsam überhaupt nicht vorhanden.

Eingeladen von einem der Pharisäer ging er hin, und wir kamen mit ihm.

Und jedem von uns wurde ein Brot vorgesetzt von denen, die uns gerufen hatten.

Und er selbst nahm auch eines. Und jeder brach vom kurzen Ende ein Stück ab, aber unsere Brote blieben ganz, so daß, die uns gerufen hatten, sich verwunderten.

Oft ging ich mit ihm und wollte sehen, ob seine Spur auf der Erde sich zeige; denn ich sah, daß er über der Erde schwebte. Doch sah ich nie eine Spur.

Und das, meine Brüder sage ich euch zur Anleitung des Glaubens an ihn. Denn seine großen und wunderbaren Taten sollen heute verschwiegen bleiben; denn sie sind Geheimnisse und vielleicht weder geeignet, gesagt, noch gehört zu werden.

Bevor er jedoch von den gesetzlosen und von der gesetzlosen Schlange zum Gesetze angehaltenen Juden ergriffen wurde, versammelte er uns alle und sprach:

Bevor ich ihnen übergeben werde, lasset uns den Vater preisen und so der Zukunft entgegen gehen.

Er befahl uns, einen Kreis zu schließen, ließ uns einander die Hände reichen, trat in unsere Mitte und sprach:

Antwortet mir immer Amen!

Und er begann, den Sang[1] zu singen mit den Worten:

---

1) In der Übersetzung dieses sehr mangelhaft überlieferten Gedichtes habe ich einige, unvollständig erhaltene oder meines Erachtens den Zusammenhang störende Verse entfallen lassen.

Ehre dir, Vater!
Und wir umschlossen ihn im Kreise und antworteten:
– Amen!
Ehre dir, Logos!    – Amen!
Ehre dir, Gnade!    – Amen!
Ehre dir, Pneuma!  – Amen!
Ehre dir, Heiliger! – Amen!
Ehre dir, Ehre!      – Amen!
Wir danken dir, Licht,
in dem kein Schatten ist! – Amen!

Gerettet werden will ich
und retten will ich! – Amen!
Gelöst werden will ich
und lösen will ich! – Amen!
Verwundet werden will ich
und verwunden will ich! – Amen!

Geboren werden will ich
und gebären will ich! – Amen!
Essen will ich
und verzehrt werden will ich! – Amen!
Hören will ich
und gehört werden will ich! – Amen!

Gedacht werden will ich,
selber ganz Geist! – Amen!
Gereinigt werden will ich
und reinigen will ich! – Amen!
Beweint will ich sein:
schlaget mich alle! – Amen![2]

2) Diese zwei Zeilen habe ich umgestellt; sie gehen in den Texten der »Achtheit« unten voran und durchbrechen dort den Zusammenhang.

Die Gnade tanzt:
tanzet alle mit mir! – Amen!
Eine einzige Achtheit
jubelt mit uns! – Amen!
Die ganze Zehnzahl
tanzet mit uns! – Amen![3]

Die Zwölfzahl oben
tanzet mit uns! – Amen!
Das ganze Weltall
tanzet mit uns! – Amen!
Was nicht tanzt,
weiß nicht, was geschieht! – Amen!

Fliehen will ich
und bleiben will ich! – Amen!
Schmücken will ich
und geschmückt werden will ich! – Amen!
Vereint werden will ich
und vereinen will ich! – Amen!

Ich habe kein Haus
und habe Häuser! – Amen!
Ich habe keinen Ort
und habe Örter! – Amen!
Ich habe keinen Tempel
und habe Tempel! – Amen!

Licht bin ich dir,
der du mich schauest! – Amen!

---

3) Diese zwei Zeilen habe ich eingefügt, da offenbar das ganze Pleroma mit Jesus tanzen soll.

Spiegel bin ich dir,
der du mich sinnest! – Amen!
Tor bin ich dir,
der du an mich pochest! – Amen!
Pfad bin ich dir,
der du mich wandelst! – Amen!

Lauschend meinem Gesang
sieh dich selbst in mir redend! – Amen!
Sieh im Tun
meine Geheimnisse schweigend! – Amen!

Der du tanzest,
sinne, was ich tue!
Daß es dein Leiden ist,
das ich erleiden soll, Mensch!

Denn nicht könnte ich
sehn, was du leidest,
wenn ich nicht zu dir
vom Vater als Logos entsandt wäre.

Der du siehst, was ich leide:
du sahst mich, als litte ich!
Es erblickend standest du nicht,
sondern bewegtest dich ganz!

Wer ich bin, wirst du sehen,
sobald ich weg bin;
der ich scheine, bin ich nicht:
sobald du nur kommst, wirst du's sehen.

Wenn du zu leiden weißt,
hast du das Leiden nicht mehr.

Was du nicht weißt,
das werde ich dich lehren.

Dein Gott bin ich,
nicht der des Verräters.
Wiegen will ich mich
mit den heiligen Seelen um mich.

Erkenne das Wort der Weisheit.
Sage mir nochmals:
Ehre dir, Vater! – Amen!
Ehre dir, heiliger Geist! – Amen!

Ich habe getanzt:
doch du erwäge alles
und sprich erwägend:
Ehre dir, Vater! – Amen!

Und diesen Tanz, ihr Lieben, tanzend, kam der Herr mit uns hinaus. Und wir flohen wie Verirrte oder Verscheuchte, ein jeder woanders hin. Ich sah ihn leiden und blieb nicht bei seinem Leiden, sondern floh auf den Ölberg, weinend über das Vorgefallene. Und als er auf dem Kreuze ausrief: «Nimm auf!», in der sechsten Stunde des Tages, da wurde es finster auf der ganzen Erde.

Und der Herr stand inmitten der Höhle vor mir und erleuchtete sie und sprach: Johannes! Für die Menge unten in Jerusalem werde ich gekreuzigt und mit Lanzen gestochen und mit Stäben, und trinke Essig und Galle. Dir aber sage ich, und was ich sage, vernimm: ich habe dir versprochen, auf diesen Berg herauf zu kommen, auf daß du hörest, was der Schüler von dem Lehrer lernen muß, der Mensch von Gott.

Und mit diesen Worten zeigte er mir ein Kreuz, aus Licht gezimmert, und um dieses Kreuz herum eine große Menge, die durcheinander flutete in wechselnder Gestalt. Und sie hatte eine einzige Gestalt und ein gleiches Aussehen. Ober dem Kreuze aber sah ich den Herrn ohne Gestalt, vielmehr bloß als eine Stimme, jedoch nicht als jene, die wir gewohnt waren, sondern als eine Stimme, süß und glückverheißend, eine wahre Gottesstimme, die zu mir sprach:

Johannes! Einer muß das von mir hören; denn ich brauche einen, der es hören soll. Dieses Kreuz des Lichtes wird von mir um euretwillen bald Wort genannt, bald Geist, bald Jesus, bald Gesalbter, bald Türe, bald Weg, bald Brot, bald Samen, bald Auferstehung, bald Sohn, bald Vater, bald Geisteshauch, bald Leben, bald Wahrheit, bald Glaube, bald Gnade[4]. Und diese Namen hat es um der Menschen willen; jedoch in Wirklichkeit ist es die an und für sich gedachte und uns verkündete Begrenzung aller Dinge, und für das Verfestigte die zuverlässige Befreiung aus allen Fesseln, und der Einklang der Weisheit. Denn an dem Einklange der Weisheit sind beteiligt rechte und linke Kräfte, Gewalten, Herrschaften, Dämonen, Mächte, Drohungen, Erzürnungen, Verleumder, Satanas[5] und die unterste Wurzel, aus welcher die Wesenheit des Entstandenen herstammt[6].

4) Hier sind 16 Begriffe (Wort, Geist, Jesus, Gesalbter, Türe, Weg, Brot, Samen, Auferstehung, Sohn, Vater, Geisteshauch, Leben, Wahrheit, Glaube, Gnade) von einem einheitlichen Urwesen als dem 17ten ausgesagt, das in 3 Teile (Begrenzung der Dinge, Befreiung des Verfestigten, Einklang der Weisheit) zerfällt.
5) Wieder sind hier 9 Wesenheiten aufgezählt, welche aus der »untersten Wurzel« als 10ten entspringen (da die rechten und linken Kräfte wohl einfach als Kräfte schlechthin zu zählen sind).
6) Man erhält demnach im Ganzen 16 Namen, 3 Seiten des Urwesens und 9 Wesenheiten, die daran teilhaben, – also 28 Begriffsbestimmungen des Unaussprechlichen, den Tagen eines Mondmonats entsprechend.

Dieses Kreuz (Pfahl) nun, welches alles vermittelst des Logos verfestigte und die Dinge der Entstehung von den unteren Dingen trennte, hernach aber ins All emporquoll, ist nicht jenes hölzerne Kreuz, das du sehen wirst, wenn du von hier hinabsteigst. Auch bin ich, den du jetzt nicht siehst, sondern dessen Stimme du bloß vernimmst, nicht der, welcher auf dem Kreuze ist; für den, der ich nicht bin, ward ich gehalten, ohne der zu sein, der ich für die Vielen war. Vielmehr ist, was sie von mir sagen werden, niedrig und mein nicht würdig. Und wenn schon der Ort der Erholung weder gesehen noch beschrieben wird: um wieviel weniger wird man mich, seinen Herren, zu schauen vermögen.

Die gleichförmige Menge um das Kreuz herum ist die untere Wesenheit des Menschen. Und sie siehst du in dem Kreuze, wenngleich auch nicht in einheitlicher Gestalt; und keineswegs wurde sie gänzlich von dem herabkommenden Logos zusammengefaßt. Wenn jedoch die Wesenheit des Menschen und die herabkommende Menge von dem Logos völlig erfaßt sein wird, überzeugt durch die Macht meiner Stimme, wie du sie jetzt vernimmst, dann werde ich nicht mehr sein, der ich jetzt bin. Denn bis du dich nicht mein eigen nennst, bin ich nicht, was ich bin. Doch wenn du mich vernimmst, verharre, sobald du mich vernommen hast, wie ich selbst; und ich werde sein, der ich war, sobald du wie ich selbst bei mir bist. Denn dies steht bei dir. Die Vielen jedoch und vor allem die, so außerhalb des Geheimnisses stehen, verachte und erkenne mich vielmehr, wie ich ganz und gar bei dem Vater bin und wie der Vater bei mir ist.

Nichts von dem also, was sie von mir sagen werden, habe ich gelitten. Aber auch jenes Leiden, das ich dir und den anderen im Tanze gezeigt habe, will ich als Geheimnis bezeichnet hören. Denn wer ich bin, wenn du schauest, das hab ich dir ja gezeigt. Wer ich aber wirklich bin, das weiß ich allein und kein anderer. Laß mich denn das Meine bewahren und begnüge dich, das Deine durch mich zu schauen. Mich aber in Wahrheit schauen, das ist, wie ich dir sagte, unmöglich. Du vernimmst, daß ich litt; aber ich litt nicht. Und du vernimmst, daß ich nicht litt; aber ich litt doch! Gegeißelt wurde ich und kein Schlag traf mich; gehenkt, ward ich nicht aufgehangen. Das Blut, das aus mir floß, floß wieder nicht; und überhaupt: was jene von mir sagen, trifft nicht zu, und was sie nicht sagen, das habe ich erlitten. Was das aber ist, will ich dir im Rätsel andeuten: denn ich weiß, daß du es verstehen wirst. Denk mich also als des Wortes Lobpreisung, des Wortes Geißelung, des Wortes Blut, des Wortes Wunde, des Wortes Zusammenhang, des Wortes Leiden, des Wortes Verfestigung, des Wortes Tod[7]. Und durch diese Umgrenzungen beschreibe ich den MENSCHEN. Sinne nun dem Worte nach, dann wirst du auch seinen Herrn verstehen, und den MENSCHEN zu dritt, und was er gelitten hat. –

Und nachdem er dies zu mir gesprochen hatte und anderes, was ich nicht nach seinem Willen zu sagen weiß, verschwand er, ohne daß ihn einer aus den Haufen erblickt hätte. Und als ich hinab kam, verlachte ich alle jene, die zu mir sprachen, was sie von ihm sprechen, indem ich nur diese eine Überzeugung in mir befestigte, daß der Herr alles symbolisch vollführt hat, und in angemessener Weise zur Bekehrung und Rettung der Menschen.

7) Hier haben wir 8 Begriffe (Lobpreisung, Geißelung, Blut, Wunde, Zusammenhang, Leiden, Verfestigung, Tod), durch welche das Wesen des Wortes oder vielmehr des »Menschen« als neuntes bestimmt wird. Ähnlich sahen wir oben den »Menschen« achtfach gegliedert, nach 8 Begriffen, welche sein Wesen ausmachten.

Lasset uns denn, meine Brüder, uns, die wir die Gnade und die Liebe des Herren zu uns gesehen haben, seiner Erbarmung teilhaftig, ihn anbeten, und zwar weder mit den Händen, noch mit dem Munde, noch mit der Zunge, noch überhaupt mit einem körperlichen Behelfe, sondern in der Tiefe unseres Gemütes. Und wir wollen beachten, daß er auch im Gefängnisse und in den Grabkammern, in Fesseln und im Kerker, in Schimpf und Schmach, auf dem Meere und auf dem Festlande, bei Geißelungen, Urteilssprüchen, Nachstellungen, Hinterlisten und Racheakten um unseretwillen uns zur Seite ist; und indem er überhaupt bei uns allen, die wir leiden, zugegen ist, Brüder, leidet er mit uns. Nicht duldet es ihn, wenn ihn unsereiner anruft, uns zu überhören, sondern da er überall ist, hört er uns alle; so auch jetzt mich und die Drusine, er der Gott der Verschlossenen, der uns durch seine Heiterkeit Rettung bringt.

Glaubt mir daher, ihr Lieben, daß ich euch nicht die Verehrung eines Menschen verkünde, sondern die eines unwandelbaren, unüberwindbaren Gottes, eines Gottes, der höher ist als alle Macht und alle Kraft sämtlicher Engel und Schöpfungen und Ewigen, und älter als sie und stärker. Hierin verharrend und hierauf bauend, wird eure Seele unvernichtbar bleiben.

Und nachdem Johannes dies den Brüdern mitgeteilt hatte, stieg er empor zu dem Lustgarten des Andronikos. Und Drusine folgte von ferne her seiner Fußspur.

Diese Erzählungen sind durchwegs auf valentinianischen Gedanken aufgebaut und wollen dieselben in symbolischer Weise versinnlichen.

Die Valentinianer lehrten, der Leib des Gesalbten sei aus dem Stoffe, der Seele und dem Geiste in wunderbarer Weise durch eine geheimnisvolle Kunst zusammengesetzt gewesen und habe daher gelitten und doch nicht gelitten. Nichts anderes aber als eben die legendäre Verdeutlichung dieser eigenartigen Beschaffenheit des Körpers Jesu bezwecken die Erzählungen unseres »Evangeliums«, die um so passender dem heiligen Johannes in den Mund gelegt sind, als ja gerade die Valentinianer sich eingehend mit der Interpretation der johanneischen Schriften befaßt haben. Zeigt sich also Jesus bald als Knabe, bald als Greis, bald als Riese, bald als Zwerg, bald stofflich, bald übersinnlich, bald einfach, bald doppelt, bald verschieden von Johannes, bald rätselhaft mit ihm verschmolzen, so sind alle diese gegensätzlichen Zustände in seiner Erscheinung nur Äußerungen des gegensätzlichen Wesens, welches ihm eben nach der Lehre der Valentinianer zukam.

Auch die Kreuzesvision auf dem Ölberge ist valentinianisch, das Kreuz (der Pfahl) der BEGRENZER, dessen Wesen darin besteht, daß er die Weisheit hinderte, sich in die Finsternis zu verlieren. Johannes schaut in der Ölbergvision das Wesen dieses dem Verständnisse der Menge entrückten Ausflusses der Ewigen, dessen Unerkennbarkeit und Unfaßlichkeit für den Verfasser des »Evangeliums« der Anlaß wird, in recht durchsichtigen, aber sehr dunkel klingenden Antithesen gegensätzliche Bestimmungen davon auszusagen.

In dem Tanzliede, das wohl als Kern des Mysteriums gelten soll, waltet kein anderer Geist. Es verhält sich zur Ölbergvision wie ein Text zu seiner Erläuterung. Fast alle Wendungen, die in ihm vorkommen, wiederholt die Stimme Jesu auf dem Ölberge in ausführlicherem, deutlicherem Zusammenhange. Der Tanz ist der Reigen der Gestirne und der Sphären. Achtheit, Zehnheit (die ich ergänzte) und Zwölfheit entsprechen den 8, 10 und 12 Ewigen der Valentinianer, welche in ihrer Gesamtheit die Fülle ausmachen. Die »Häuser« sind die himmlischen Behausungen der Planetengottheiten, ihre Standorte bei den einzelnen Tierkreiszeichen. Sie sind «Häuser« aber natürlich nicht wirkliche Häuser, »Tempel«

und doch nicht Tempel, und Jesus, der von einem derselben zum anderen wandert, hat »Örter« aber keinen »Ort«. Der ganze »Sang« ist in diesem astralen Teile im Wesen ein mystischer Sternenreigen, christlichen Verhältnissen wohl nur äußerlich angepaßt und vielleicht von uralten heidnischen Vorbildern abhängig.

Uns ist zu wenig von der Symbolik der Valentinianer überliefert, als daß wir alle Einzelheiten in unserem Evangelium erschöpfend deuten könnten.

Jedenfalls hatten auch manche, zuerst ganz unauffällige Wendungen ihre versteckten Feinheiten. Zu den 30 Tagen, die Johannes an seinem Backenstreiche krankte, gab es gewiß eine kunstreiche Interpretation, ebenso zu dem Mantel unter dem er hervor lugte, er der einzige Wachende unter den übrigen Schläfern.

Gegen den Schluß seiner Erzählungen zieht der heilige Johannes selber seine Folgerungen aus dem Mitgeteilten, die in dem, die ganze Tendenz dieser Schrift klar legenden Satze auslaufen: »daß der Herr alles symbolisch getan hat und in angemessener Weise zur Bekehrung und Rettung der Menschen«.

# 14. Taten des heiligen Thomas in Indien

*ERSTE TAT*

Zu jener Zeit waren wir Sendboten insgesamt in Jerusalem, jener Simon, den man Petros nannte, und sein Bruder Andreas, Jakobos, der Sohn des Zebedaios, und sein Bruder Johannes, Philippos und Bartholomaios, Thomas und Matthaios, der Zöllner, Jakobos, der Sohn des Alphaios und Simon aus Kanaan und Judas, der Sohn des Jakobos.

Und wir verlosten untereinander die Regionen der Welt, auf daß jeder in die Region und zu dem Volke, welches er erlose und zu dem der Herr ihn entsende, wandere.

Und Judas-Thomas, der auch Zwilling heißt, erloste Indien. Aber er wollte nicht hinziehen, sondern sagte, er könne um der Schwäche seines Fleisches willen sich nicht auf den Weg machen, und sprach:

Wie soll ich, ein Hebräer, zu den Indern ziehen und ihnen die Wahrheit verkünden?

Und als er dies erwog und aussprach, erschien ihm der Retter des Nachts und sprach zu ihm:

Thomas, fürchte dich nicht! Ziehe nach Indien und verkünde dort die Lehre!

Denn meine Gnade ist mit dir.

Thomas aber gehorchte nicht, sondern sprach:

Entsende mich, wohin immer du willst; aber nach Indien breche ich nicht auf.

Und als er dies sagte und dachte, traf es sich, daß dort ein Handelsmann, der aus Indien gekommen war, sich aufhielt, mit Namen Abbanes, entsandt von dem Könige Gundaphoros mit dem Auftrage, einen Zimmermann käuflich zu erwerben und zu ihm zu bringen. Der Herr aber sah ihn mittags auf dem Markte wandeln und sprach zu ihm:

Du willst einen Zimmermann kaufen?

Und jener erwiderte: Jawohl!

Und der Herr sprach zu ihm: Ich habe einen Zimmermann zum Diener und will ihn verkaufen.

Mit diesen Worten zeigte er ihm den Thomas von ferne her, und er wurde einig mit ihm auf den Preis von drei Pfund ungeprägten Silbers, und er schrieb den Kaufvertrag mit den Worten:

Ich, Jesus, Sohn Josephs, des Zimmermanns, bekenne, verkauft zu haben meinen Knecht Judas-Thomas, zubenannt der Zwilling, dir Abbanes, dem Handelsmanne des Königs der Inder Gundaphoros.

Und als der Kauf abgeschlossen war, nahm der Herr den Judas-Thomas und führte ihn zu dem Handelsmanne Abbanes.

Und als ihn Abbanes sah, sprach er zu ihm:

Dieser Mann hier, ist der dein Herr?

Und der Sendbote antwortete und sprach:

Er ist mein Herr.

Und jener entgegnete: Von ihm habe ich dich gekauft. Und der Sendbote schwieg.

Am folgenden Morgen sprach der Sendbote im Gebete inbrünstig zum Herrn:

Wohin du willst, Herr, ziehe ich. Dein Wille geschehe!

Er kam jedoch zu dem Handelsmanne Abbanes, ohne überhaupt etwas mit sich zu bringen, ausgenommen seinen eigenen Wert. Denn diesen hatte ihm der Herr gegeben mit den Worten:

Mit dir sei dein Wert zusamt meiner Gnade, wohin immer du ziehst.

Den Abbanes traf der Sendbote an, wie dieser gerade seine Geräte zum Schiffe hinabtrug. Und so begann er denn, ihm hierbei zu helfen. Als sie aber eingestiegen waren und Platz genommen hatten, erforschte Abbanes den Sendboten mit den Worten:

Welche Beschäftigung verstehst du?

Und er sprach: Aus Holz kann ich Pflüge und Joche und Wagen und Schiffe und Schiffsruder und Webstühle und Räder, aus Stein Pfeiler und Tempel und Königshallen bauen.

Da sprach Abbanes, der Handelsmann, zu ihm: Gerade einen solchen Handwerksmann brauchen wir.

So traten sie denn die Fahrt an. Sie hatten günstigen Wind und die Reise ging nach Wunsch vonstatten, bis daß sie nach Andrapolis, der Stadt eines Königs, kamen.

Sie stiegen aus dem Schiffe und betraten die Stadt. Und siehe: Flötenspiel und Getön von Wasserpfeifen und Trompetengeschmetter empfing sie. Da forschte der Sendbote nach der Ursache mit den Worten:

Was ist das für ein Fest in dieser Stadt hier?

Und die Leute dort antworteten:

Auch dich haben die Götter hergeführt, daß du dich ergetzest in dieser Stadt. Denn unser König hat nur eine Tochter und gibt sie jetzt einem Manne zur Ehe. Hochzeitsfreude und Festesjubel ist das, was du da heute siehst. Denn der König hat durch Herolde verkünden lassen allüberall, daß alle zur Hochzeit kommen sollen, die Reichen und die Armen, die Knechte und die Freien, die Fremden und die Bürger.

Doch wenn einer die Einladung verschmäht und nicht zur Hochzeit kommt, soll er dem Könige dafür Rechenschaft schuldig sein.

Abbanes hörte dies und sprach zu dem Sendboten: Laß denn auch uns hingehen, auf daß wir den König nicht verletzen, da wir ja völlig fremd sind. Und der Sendbote sprach: Gehen wir denn.

Nachdem sie also in der Herberge eingekehrt waren und sich ein wenig ausgeruht hatten, gingen sie zur Hochzeit. Und als der Sendbote alle an der Tafel liegen sah, legte er sich auch hin in die Mitte. Da blickten alle zu ihm hin als zu einem Fremden, der aus einem fernen Lande gekommen ist. Der Handelsmann Abbanes aber legte sich, da er ja der Herr war, an einem anderen Orte zur Tafel.

Als sie nun speisten und zechten, rührte der Sendbote nichts an. Daher sagten seine Nachbarn:

Was kamst du hierher, wenn du weder issest noch trinkest? Er aber antwortete ihnen und sprach:

Um größerer Dinge als der Speise oder des Getränkes halber kam ich her; vielmehr zu dem Zwecke, des Königs Willen zu erfüllen. Denn die Herolde verkünden den Auftrag des Königs, und wer die Herolde nicht hört, soll Rechenschaft schuldig sein vor dem Throne des Königs.

Als sie nun speisten und zechten und Kränze und Myrrhensalben herein getragen wurden, nahm jeder von der Salbe, und der eine salbte sein Antlitz, der andere den Bart und andere wieder andere Stellen ihres Körpers. Der Sendbote aber salbte den Scheitel seines Hauptes und träufte von der Salbe auch in seine Ohren, führte sie auch an seine Zähne und rieb die Gegend des Herzens sorgfältig damit ein. Und den ihm dargereichten, aus Myrthen und anderen Blüten gewundenen Kranz nahm er und setzte ihn sich auf das Haupt. Dann nahm er einen Kalmusstengel in seine Hand und hielt ihn so. Die Flötenspielerin jedoch, die in ihrer Hand die Doppelflöte hielt, umschritt alle und blies. Als sie aber an den Ort kam, wo der Sendbote war, stand sie ober ihm stille und blies zu seinem Haupte eine lange Zeit. Denn diese Flötenspielerin war ihrer Herkunft nach eine Hebräerin.

Da jedoch der Sendbote zur Erde blickte, streckte einer der Weinschenken seine Hand aus und stieß ihn an. Da erhub der Sendbote seine Augen, heftete sie auf den, der ihn gestoßen hatte, und sprach: Mein Gott wird dir im künftigen Leben dieses Unrecht verzeihen; aber in dieser Welt wird er seine Wunder zeigen, und alsbald werde ich diese Hand, die mich stieß, von Hunden zerrissen sehen.

Und nach diesen Worten begann er die Saiten zu schlagen und folgendes Lied zu singen:

Das Mädchen ist des Lichtes Tochter,
auf der da ruht und welcher inne wohnt
der fröhliche Abglanz der Könige
und erquickend ist ihr Anblick.

Denn in strahlender Schöne leuchtet sie,
deren Kleider Frühlingsblumen gleichen:
und ein Dufthauch des Wohlgeruches
strömet von ihnen aus.

Und in dem Scheitel[1] thront der König,
nährt mit seinem Himmelsbrote seine Beisitzer;

1) Gemeint ist der Scheitel des Himmels, auf dem der König ebenso thront wie auf dem Scheitel der himmlischen Braut die Wahrheit. Zu dieser wie zu der vorangehenden Strophe ist zu vergleichen, daß auch die Juden in ihrer Kabbala an den Vers (V 2) des hohen Liedes: »Denn mein Haupt ist voll des

auf ihrem Scheitel ruht die Wahrheit,
Freude zeigt sich zu ihren Füßen.
Ihr Mund ist geöffnet,
und so ziemt es ihr, ihre Zähne sind zweiunddreißig
weiß gekleidete Diener,
die sie in Gesängen preisen.

Ihre Zunge gleicht dem Vorhange der Türe,
der sich dem Eintretenden öffnet;
ihr Nacken erhebt sich wie Stufen,
die der erste Bildner gebildet hat.

Ihre zwei Hände deuten und weisen
Herolden gleich auf den Reigen der seligen Ewigen;
ihre Finger zeigen hin auf die Tore der Himmelsstadt.

Das Haus ihres Brautgemaches ist glänzend
und erfüllt vom Dufte der Erlösung;
in ihm ist die Wahrheit als Teppich gebreitet,
und seine Pforten sind mit Treue geschmückt.

Sieben Brautführer umringen sie,
die sie selbst sich erwählt hat;
sieben Brautführerinnen hat sie,
die mit ihr den Reigen aufführen.


Taues, meine Locken (sind voll) der Tropfen der Nacht« eine Lehre von der
kosmischen Frisur anknüpften. Danach sind die unendlich zahlreichen
Haare der heiligen Frisur Quellen der Emanation aus dem kosmischen
Hirne. Ja das Manna der Wüste wurde als Tau dieses Gehirnes aufgefaßt.
Daß der König mit seinem Himmelsbrote seine Beisitzer nährt, würde wohl,
wenn man solche Voraussetzungen für unseren Hymnus annehmen will,
nunmehr in dem hier gegebenen, eigenartigen Zusammenhang mit dem
Scheitel der Wahrheit verständlich werden.

Zwölf sind es, die ihr dienen
und die ihr unterworfen sind;
sie richten den Blick auf den Bräutigam hin,
um durch seinen Anblick erleuchtet zu werden.

Und für die Ewigkeit werden sie mit ihm sein
in jener ewigen Freude;
und sie werden bei jener Hochzeit sein,
zu der sich die Großen versammeln.

Und sie werden bei jenem Mahle weilen,
dessen die Ewigen gewürdigt werden;
und sie werden bekleidet werden mit
königlicher Gewandung
und werden sich umtun strahlende Kleider.

Und in Freude und Frohlocken
werden die Gäste und Gastgeber sein;
und sie werden preisen
ihn, den ewigen Vater,

Dessen fröhliches Licht sie empfangen haben,
und in dessen – ihres Herrn – Anschauung sie
erleuchtet wurden;
dessen unvergängliche Speise sie genossen haben,
die immer bei ihnen bleibt,

Und von dessen Wein sie getrunken haben,
der ihnen keinen Durst erweckt und keine Begierde;
und sie preisen samt dem seligen Geisteshauche
den Vater der Wahrheit und die Mutter der Weisheit.

Und als er gesungen und dieses Lied beendet hatte, blickten
alle dort Anwesenden auf ihn. Und er schwieg. Und sie sa-

hen sein Äußeres verändert, und was er gesagt hatte, verstanden sie nicht. Denn er war ja ein Hebräer und seine Worte waren hebräisch gewesen. Allein die Flötenspielerin vernahm alles. Denn sie war ihrer Herkunft nach ebenfalls eine Hebräerin. Und indem sie von ihm wegtrat, spielte sie den anderen auf, schaute aber des öfteren zu ihm weg und blickte auf ihn. Denn gar sehr liebte sie ihn als einen vom gleichen Stamme wie sie. Auch war er von anmutigerer Erscheinung als alle, die sich dort befanden.

Und als die Flötenspielerin damit zu Ende war, allen aufzuspielen, setzte sie sich ihm gegenüber nieder, schaute auf ihn und faßte ihn ins Auge. Er aber schaute überhaupt auf niemand und achtete keines; vielmehr hatte er seine Augen bloß zur Erde gewandt, darauf achtend, wann er von hier erlöst würde.


Unterdessen ging jener Weinschenk, der ihn angestoßen hatte, zur Quelle hinaus, um Wasser zu holen. Doch traf es sich, daß dort ein Löwe war. Und der tötete ihn und ließ ihn an jenem Orte liegen, nachdem er ihn in Stücke zerrissen hatte. Hunde aber ergriffen alsbald seine Glieder, und unter ihnen ein schwarzer Hund seine rechte Hand, die er im Maule haltend an den Ort des Gelages schleppte.

Bei diesem Anblicke packte alle Entsetzen, und sie frugen, wer denn aus ihrer Mitte abhanden gekommen sei. Als es aber offenbar wurde, daß es die Hand des Weinschenken sei, der den Sendboten gestoßen hatte, zerbrach die Flötenspielerin ihre Flöten und warf sie weg, kam zu den Füßen des Sendboten, ließ sich dort nieder und sprach:

Dieser Mensch ist entweder Gott oder ein Sendbote Gottes. Denn ich habe gehört, wie er auf Hebräisch zu dem Weinschenken sprach: Alsbald werde ich die Hand, die mich stieß, von Hunden zerrissen sehen. Und das sahet ihr jetzt erfüllt. Denn wie er sagte, so ging es aus.

Und einige glaubten ihr, andere aber nicht. Der König jedoch, der dies vernommen hatte, kam herzu und sprach zu dem Sendboten:

Steh auf und komm mit mir und bete für meine Tochter. Denn sie ist mein einziges Kind, und heute verheirate ich sie.

Doch der Sendbote wollte nicht mit ihm von dannen gehen; denn noch war ihm der Herr nicht dortselbst enthüllt worden. Aber der König brachte ihn wider seinen Willen in das Brautgemach, auf daß er für das Brautpaar bete. So stand denn der Sendbote und begann zu beten und sprach:

Mein Herr und mein Gott!
*Du* Weggenosse deiner Knechte,
*du* Führer und Lenker derer, die an ihn glauben,
*du* Zuflucht und Erholung der Bedrückten,

*Du* Hoffnung der Armen und Befreiung der Gefangenen,
*du* Arzt der in Krankheit verfallenen Seelen und Retter
    jeglicher Kreatur,
*du* Lebensspender des Weltalls und der in ihm waltenden
    Seelen,
*du* weißt das Künftige, der du es auch um unseret willen
    vollendest.

*Du* Herr, der du enthülltest die verborgenen
Geheimnisse
*und* Sprüche aufdecktest, die man nicht künden darf,
*du* bist der Wachstum spendende Herr des guten Baumes
*und* durch deine Hände gelangen alle guten Werke zur
    Ausführung

*Du* bist der Herr, der in allem ist
*und* der alles durchschreitet,
*und* allen seinen Taten einwohnt
*und* durch ihre Wirkungen offenbart wird,

Jesus Christus, der Sohn der Heiterkeit und der
vollkommene Retter,
Christus, Sohn des lebendigen Gottes,
eine Macht, die unfehlbar den Feind überwindet,
eine Stimme, welche die Fürsten vernehmen, da sie all
ihre Machtbefugnis erschüttert.

Der Gesandte bist du, der von der Höhe entstammt ist
und bis in die Unterwelt hinab stieg,
der du die Tore geöffnet und von dort heraufgeführt hast,
all die, welche vor langen Zeiten dort eingeschlossen
worden waren in der Schatzkammer der Finsternis,
und denen du den Weg gezeigt hast, der zu der Höhe
empor führt.

Ich bitte dich, Herr Jesus,
*und* lege Fürbitte ein bei dir für diese jungen Leute,
auf daß du ihnen zu Hilfe kommest und ihnen beistehest
*und* tuest, was ihnen von Nutzen ist.
Und er legte ihnen seine Hände auf und sprach: Der Herr
wird mit euch sein.
Dann verließ er sie an diesem Orte und ging hinweg.

Der König aber verlangte, die Brautführer möchten das
Brautgemach verlassen. Und als alle hinausgegangen und die
Türen verschlossen waren, da hob der Bräutigam den Vor-
hang des Brautbettes in die Höhe, um sich der Braut zu nahen, und erblickte den Herrn Jesus in der Gestalt des Judas
Thomas, der sich mit der Braut unterhielt, also in der des
nämlichen Sendboten, der sie soeben gesegnet hatte und von
ihnen hinweg gegangen war, und er sprach zu ihm:
Wie? Bist du nicht vor allen hinausgegangen? Wie kommt
es, daß man dich hier findet?
Und der Herr sprach zu ihm: Ich bin nicht Judas-Thomas,

ich bin sein Bruder. Und der Herr setzte sich auf das Lager und befahl ihnen, sich ebenfalls auf die Stühle zu setzen und begann und sprach zu ihnen also:

Gedenket, meine Kinder, was euch mein Bruder gesagt und wem er euch ans Herz gelegt hat. Und wisset dies, daß ihr, wenn ihr ablasset von dieser schmutzigen Gemeinschaft, reine, heilige Tempel sein werdet, ledig aller geheimen und offenbaren Schläge und Wehen, und das Leben wird euch weder Sorgen machen, noch die Kinder, deren Ende der Tod ist. Und wenn ihr viele Kinder erzeuget, werdet ihr ihretwillen Räuber und habsüchtig, schindet Waisen und bereichert euch an Witwen und ladet durch solche Taten die schwersten Strafen auf euch. Auch sind die meisten Kinder nichts nutz, von bösen Geistern besessen, die einen offensichtlich, die andern unvermerkt; denn entweder sind sie mondsüchtig, oder bresthaft, oder stumm, oder taub, oder gelähmt, oder töricht. Doch auch wenn sie gesund sind, sind sie entweder faul oder vollführen nutzlose oder gar schändliche Taten. Entweder werden sie beim Ehebruche ertappt oder bei einem Morde oder einem Diebstahle oder bei der Hurerei.

Und von all dem werdet ihr in Mitleidenschaft gezogen werden. Doch wenn ihr mir folgt und eure Seele für Gott rein bewahrt, dann erhaltet ihr lebendige Kinder, welche von allen jenen Fehlern nicht berührt werden; sorglos werdet ihr sein und ein ungestörtes Leben führen, ohne Trauer und Sorgen.

Und ihr werde jene wahre, unvergängliche Hochzeit abhalten und Brautleute bei ihr sein, die in jenes Brautgemach eintreten, das voll ist von Licht und Unsterblichkeit.

Als dies die jungen Leute hörten, glaubten sie dem Herrn und gaben sich ihm zu eigen und enthielten sich der schmutzigen Begierde, und blieben also die Nacht über an dem Orte.

Der Herr aber verschwand vor ihrem Angesichte mit den Worten: Die Gnade des Herrn wird mit euch sein.

Als der Morgen anbrach, kam der König, ließ den Tisch füllen und dem Bräutigam und der Braut vorsetzen. Doch fand er sie einander gegenüber sitzend, und fand die Braut mit unbedecktem Antlitze, und der Bräutigam war gar fröhlich. Und die Mutter trat zur Braut und sprach:

Weshalb, mein Kind, sitzest du so da, so ganz ohne dich zu schämen, als ob du schon lange Zeit mit deinem Manne zusammen gelebt hättest?

Und der Vater sprach: Wegen deiner großen Liebe zu deinem Manne bedeckst du dich nicht?

Und die Braut antwortete und sprach:

*In* Wahrheit, Vater, meine Liebe ist groß
*und* ich flehe zu meinem Herrn,
*daß* in mir verharren möge die Liebe,
die ich in dieser Nacht erkannt habe,
*und daß* ich davon Ursach gebe jenem Manne,
den ich heute früh erkannt habe.

*Und* deshalb bedecke ich mich auch nicht mehr,
*weil* der Spiegel der Scham von mir hinweg genommen
    ist,
*und* ich scheue mich nicht und empfinde keine Scham,
*weil* das Treiben der Scheu und Scham von mir weit
    hinweggenommen ist.

*Und* ich gerate nicht in Furcht,
*weil* die Furcht nicht bei mir geblieben ist,
*und ich* bin voll Heiterkeit und Freude,
*weil* der Tag der Freude nicht zerstört wurde.

*Und ich habe* diesen meinen Mann gering geschätzt
und diese Hochzeit,
*welche* vor meinen Augen dahingegangen sind,
*weil ich* in einer anderen Hochzeit vermählt wurde,

*Und ich habe* mich nicht mit diesem vergänglichen
Manne begattet,
*welches* Geilheit und Bitternis der Seele zur Folge hat,
*weil ich* mit dem wahren Manne vermählt wurde.

Und während die Braut noch mehr der Art sagte, antwortete
der Bräutigam und sprach:

Herr, ich danke

*Dir, der du* von dem fremden Manne verkündet
*und* in uns befunden wurdest,
*der du* mich dem Verderben entrückt
*und* in mir das Leben gesäet hast,
*der du* mich von dieser schwer zu heilenden
    Krankheit befreit
*und* in mich die in Ewigkeit verharrende
    weise Gesundheit verpflanzt hast
*der du* dich mir gezeigt
*und* mir alle Umstände, die mich umgeben, enthüllt hast,

*Der du* mich von dem Falle befreit
*und* mich zu dem Bessern empor geführt hast,
*der du* mich dem Irdischen entfremdet
*und* des Unsterblichen und ewig Währenden gewürdigt
    hast;
*der du* dich selber erniedrigt hast bis zu mir und meiner
    Nichtigkeit,

*um* mit deiner Herrlichkeit, zu mir tretend,
    mich dir zu vereinen;
*der du* mir anwiesest, mich selber zu suchen und zu
    erkennen, wer ich war,
*um* wieder der zu werden, der ich war –

*Dir*, den ich nicht kannte,
*indeß* du selbst nach mir suchtest,
*den ich* nicht verstand,
*indeß* du mich erfreutest;
den ich nicht wahrnahm,
und dessen ich jetzt nicht vergessen kann;
dessen Liebe in mir lohet,
obgleich ich ihn nicht geziemend zu nennen weiß,

Während, was ich von ihm zu sagen vermag, kurz ist und
    gar
dürftig, und keinen Vergleich aushält mit seiner
    Herrlichkeit,
obwohl er nicht zürnt, daß ich mich erkühne, vor ihm zu
    sprechen, was ich nicht weiß,
da ich ja auch dies nur sage um willen meiner Liebe zu
    ihm.

Als der König vom Bräutigam und der Braut dies hörte, zerriß er sein Gewand und sprach zu denen, die in seiner Nähe
ihn umstanden:

Gehet eilends hinaus und durchziehet die ganze Stadt und
ergreifet und bringet her jenen Menschen, jenen Zauberer, der
zum Unheil in diese Stadt gekommen ist; denn mit meinen eigenen Händen habe ich ihn in dies mein Haus geführt, und ich
selbst war es, der zu ihm gesagt hat, er solle beten für diese
meine höchst unglückliche Tochter. Aber wer ihn findet und
herbringt, dem gebe ich alles, was immer er von mir verlangt.

So gingen sie denn hinaus und zogen einher auf der Suche nach ihm. Doch sie fanden ihn nicht. Denn er war zu Schiff. Sie kamen auch in die Herberge, wo er eingekehrt war, und fanden dort die Flötenspielerin, weinend und trauernd, da er sie nicht mitgenommen hatte. Als sie ihr jedoch auseinandersetzten, was sich mit den jungen Leuten zugetragen habe, freute sie sich gar sehr über diese Nachricht, tat ihre Trauer ab und sprach:

jetzt habe auch ich die Ruhe gefunden.

Und sie stand auf und ging zu den Brautleuten hin und blieb mit ihnen zusammen geraume Zeit, bis daß sie auch den König bekehrten. Und es sammelten sich dort viele Brüder, bis daß sie vernahmen, Thomas sei in die Städte Indiens gekommen und lehre dort. Da brachen sie auf und stießen zu ihm .

## ZWEITE TAT [2]

Als darauf Thomas mit Abbanes in die Städte Indiens, welche von dem Könige Gundaphores beherrscht wurden, gekommen war, erklärte er sich vor dem Könige bereit, ihm einen Palast zu bauen. Geld und alles Erforderliche wurde reichlich herbei geschafft, der Sendbote aber verteilte alles Empfangene an die Armen. Als nach einiger Zeit der König sich nach dem Fortgange des Baues erkundigte und die Antwort erhielt, der Palast sei fertig bis auf das Dach, sandte er abermals Gold und Silber in Überfluß. Aber auch dieses wurde von dem Sendboten unter die Armen verteilt. Wie nun der König wieder in die Stadt kam und sich nach dem von Judas-Tho-

2) Hier gebe ich nur den Inhalt in seinen wesentlichen Zügen an.

mas erbauten Palaste erkundigte, erfuhr er, der Sendbote habe an den Bau keine Hand angelegt; dagegen ziehe er in Städten und Dörfern umher, verteile Almosen, Lehre einen neuen Gott, heile Kranke, treibe Dämonen aus und tue andere Wunderdinge.

Auf diese Kunde hin geriet der König in heftigen Zorn und ließ den Abbanes und den Sendboten vor sich kommen. Judas-Thomas erwiderte auf Befragen, der Palast sei fertig. Der König könne ihn aber erst nach seinem Tode erschauen. Da befahl Gundaphoros, beide ins Gefängnis zu werfen und sann über eine besonders grausame Todesstrafe für sie nach. Endlich beschloß er, sie zuerst schinden und dann verbrennen zu lassen.

In derselben Nacht wurde der Bruder des Königs, namens Gad, todkrank. Vor seinem Tode bestärkte er noch den Gundaphoros in dem Entschlusse, an dem Magier Rache zu nehmen. Doch als er gestorben war, trugen Engel seine Seele gegen Himmel, zeigten ihm die Stätten und Wohnungen daselbst und frugen ihn, welche Wohnung er sich erwählen möchte. Gad wählte den von Thomas seinem Bruder erbauten Palast. Als er jedoch erfuhr, wem derselbe gehöre, verlangte er von den Engeln die Erlaubnis, ins Erdenleben zurück zu kehren, um dem Bruder den Palast abzukaufen.

Eben wollte man dem Leichname das Grabgewand anziehen, als die Seele zurückkehrte. Sobald dies dem Könige gemeldet wurde, eilte er zu dem wiederbelebten Bruder und erfuhr durch diesen von dem Palaste, den der hebräische Sklave ihm im Himmel erbaut habe. Den Wunsch des Bruders, ihm diesen Palast zu verkaufen, mußte er als unerfüllbar erklären; doch verfiel er darauf, daß der Baumeister ja noch lebe und ihm einen anderen, weit schöneren, bauen könne.

Hierauf entließ der König Gundaphoros den Judas-Thomas aus dem Gefängnisse und begehrte seine Fürbitte, damit er dereinst würdig befunden werde, den himmlischen Palast zu bewohnen. Ebenso wandte sich Gad mit der Bitte an ihn, daß ihm dereinst das von den Engeln Gezeigte beschieden werden möge. Judas-Thomas wandte sich im Gebete an den Herrn Jesus und bat ihn, den König und dessen Bruder in seine Herde aufzunehmen. Und als er ihnen nach entsprechender Vorbereitung das erste »Siegel« gespendet hatte, vernahmen sie die Stimme des Herren, der ihnen zurief: Friede sei mit euch! Als sie jedoch das zweite, bestätigende Siegel erhalten hatten, erschien ihnen der Herr selbst in der Gestalt eines Jünglings mit einer brennenden Leuchte, deren Glanz alle anderen Lichter verdunkelte, und verschwand alsbald.

Doch in der Nacht erschien dem Thomas der Herr und befahl ihm, sich am folgenden Tage auf den Weg nach Osten zu begeben und zwei Meilen weit zu wandern. Dort werde er seine Herrlichkeit schauen.

## DRITTE TAT

Und der Sendbote zog dorthin, wohin zu ziehen ihm der Herr befohlen hatte. Und als er in die Nähe des zweiten Meilensteins gekommen war und ein wenig vom Wege abbog, sah er den Leichnam eines wohlgestalteten Jünglings liegen und sprach:

Herr, hast du mich nicht deshalb veranlaßt, hierher zu kommen, damit ich diese Versuchung sehe? Also geschehe dein Wille, wie du wünschest. Und er begann zu beten und sprach:

Herr, Richter der Lebendigen und Toten,
der Lebendigen, die da stehen,
und der Toten, die da liegen,
du Herrscher und Vater aller,

Du Vater der Seelen,
doch nicht jener, die in den Leibern sind,
sondern derer, die sie verlassen haben,
wo hingegen du über die Seelen,
die sich noch in der Befleckung befinden,
Herrscher bist und Richter –

Komm in dieser Stunde,
in der ich dich rufe,
und zeige deine Herrlichkeit
an dem, der hier liegt!

Und als er dies gesagt hatte, kam ein großer Drache aus einer Höhle hervor, stieß mit seinem Haupte auf den Boden und ringelte seinen Schweif auf der Erde, erhob seine gewaltige Stimme gegen den Sendboten und sprach: Künden will ich vor dir, aus welchem Grunde ich ihn getötet habe, da du ja dazu hierhergekommen bist, mich meiner Taten zu überführen.

Und der Sendbote sprach: Rede denn.

Darauf der Drache: Ein Weib ist der Grund, das sich in diesem Gefilde aufhielt. Sie durchschritt dasselbe um meinetwillen, und ich sah sie und liebte sie und folgte ihr und bewachte sie. Und ich fand diesen Jüngling, wie er mit ihr koste, ihr beiwohnte und viel Schändlichkeiten mit ihr vollführte. Und mir kann es recht sein, daß dies vor dir offenbar wird; denn ich weiß, daß du der Zwilling Christi bist, der unser Geschlecht immerdar überführt.

Doch da ich den Tag des Herren nicht entweihen wollte, habe ich den Jüngling nicht zur nämlichen Stunde getötet, sondern ich bewachte ihn, bis daß es Abend ward, stach ihn dann und tötete ihn so, eigentlich zumeist deshalb, weil er am Tage des Herrn gewagt hatte, derlei zu tuen.

Der Sendbote aber sprach prüfend zu ihm: Sage mir, aus welchem Samen und aus welchem Geschlechte du stammst. Und er antwortete ihm:

*Ich bin ein* Sprößling des Geschlechtes der Kriechtiere,
   ein schädlicher Sproß des Schädlichen,

*Ich bin der* Sohn dessen, der schädigte und geschlagen hat
   die vier Brüder, die hintreten, (stehen und stehen
   bleiben).
*Ich bin der* Sohn dessen, der auf dem Throne des
   Verderbens sitzt,
   der das Eigentum nimmt von denen, die leihen,
*Ich bin der* Sohn eines Abtrünnigen,
   der den Weltkreis umgürtet.
*Ich bin ein* Blutsverwandter dessen, der außerhalb des
   Ozeans weilt,
   dessen Schwanz in seinem eigenen Munde liegt.

*Ich bins, der* durch die Scheidewand in das Paradies
   drang,
   und mit der Eva redete, was mein Vater mir zu reden
   auftrug,
*Ich bins, der* den Kain entflammte und anfeuerte, daß er
   den eigenen Bruder töte,
   *und* durch mich wuchsen Distel und Dornen auf
   Erden.
*Ich bins, der* die Engel aus der Höhe herabgestürzt,

*und* sie durch die Begierde nach Weibern gefesselt hat.
*Ich bins, der* das Herz Pharaos verhärtete, daß er die
Kinder Israels tötete
*und* sie in hartem Dienstjoch knechtete.

*Ich bins, der* die Menge in der Wüste verführte,
als sie das Kalb machten.
*Ich bins, der* den Herodes anfeuerte und den Kaiphas
entflammte,
durch das falsche Zeugnis vor Pilatus,
*Ich bins, der* den Judas entflammte und erkaufte,
Christum zu verraten.
*Ich bins, der* den Abgrund des Tartarus bewohnt und
inne hat;
der Sohn Gottes aber schädigte mich wider meinen
Willen
*und* erwählte die Seinen aus meiner Gewalt.

*Ich bin ein* Blutsverwandter dessen, der von Osten
kommen wird,
dem auch Macht verliehen ist, zu tun, was er will, auf
Erden.

Und als dies jener Drache gesagt und die ganze Schar es vernommen hatte, erhub der Sendbote seine Stimme zur Höhe
und sprach: Laß ab, Schamloser, weiter zu lästern, da du
schon ganz abgestorben bist. Denn das Ende des Verderbens
ist schon da.
Und wage nicht, zu sagen, was du vollführt hast durch die, so
dir untertan worden sind. Vielmehr befehle ich dir im Namen
jenes Jesus, der bis jetzt gegen euch im Kampfe liegt um der
ihm zugehörigen Menschen willen, daß du dein Gift, welches
du in diesen Mann geworfen hast, aussaugest und aus ihm in
dich hinein ziehest.

Und der Drache sprach: Noch ist der Augenblick meines Endes nicht da, wie du meinst. Was zwingst du mich, zu nehmen, was ich in diesen da warf, und zu sterben vor der Zeit? Wird doch auch mein Vater erst, sobald er, aus der Tiefe emporgezogen, was er in die Schöpfung warf, aussaugt, sein Ende finden.

Aber der Sendbote entgegnete ihm: So zeig denn das Wesen deines Vaters. Und der Drache kam und tat seinen Rachen an die Wunde des Jünglings und sog die Galle aus ihm. Und in kurzem ward die Farbe des Jünglings, die vorher dunkelrot war, hell. Der Drache aber schwoll an. Doch als der Drache die ganze Galle in sich eingezogen hatte, sprang der junge Mann auf, lief zu den Füßen des Sendboten und fiel nieder. Der Drache jedoch schwoll immer mehr und barst, und das ganze Gift und die Galle floß aus. Aber an dem Orte, an dem das Gift sich entleert hatte, entstand ein großer Schlund, der jenen Drachen verschlang,

Der Sendbote jedoch sprach zu dem Könige und dessen Bruder: Nehmt Handwerker, füllet die Grube aus, legt Grundsteine und bauet über ihnen Häuser, damit es eine Behausung werde für Fremdlinge.

Die »Taten des heiligen Thomas« sind eine umfangreiche Schrift, welche erst mit dem Martyrium und Tode des heiligen Thomas endet. Sie ist durchwegs gnostisch gefärbt, wenngleich sie auch fast in allen ihren Teilen sich eine christliche Überarbeitung hat gefallen lassen müssen. Insbesondere aber zeichnet sie sich dadurch aus, daß in den Zusammenhang der Wunder, von denen sie berichtet, bei passenden Gelegenheiten rein gnostische Hymnen und Gebete eingeschaltet sind. Auch der Hymnus an die Seele, der den Gegenstand der Nr. 2 bildete, stammt aus den Thomasakten.

Hier gebe ich die erste und dritte Tat vollständig, die zweite, des Zusammenhanges wegen, nur im Auszuge.

Die Tendenz der Akten ist streng asketisch. Schon die erste Tat predigt geschlechtliche Enthaltsamkeit und Abkehr von der Sinnenlust. Man erinnere sich der Naassener, welche sogar die Kastration empfahlen, oder des Simon Magus, dem die Sinne zum Vergänglichen gehörten. Die Diktion der Schrift ist ungleich schlichter als die des Johannes-»Evangeliums«. Sie bemüht sich, eine gewisse Deutlichkeit an den Tag zu legen, welche dort preziös vermieden wird. Daher ist auch die symbolische Bedeutung dieser Wundergeschichten großenteils schon durch den Wortlaut gegeben. Anderseits freilich unterlaufen dem Erzähler manche Ungeschicklichkeiten, die mitunter ans Lächerliche streifen, wie z.B. die Erscheinung Jesu im Ehebette. Ebenso ist der Zorn des Königs Gundaphoros über die üblen Zweideutigkeiten, mit denen ihn Thomas traktiert, nicht unbegreiflich. Der Erzähler hat es eben doch nicht verstanden, seine Symbolik restlos und angemessen in Handlung aufzulösen.

Der Höhepunkt der Komposition in der ersten Tat ist das Gastmahl. Natürlich ist hier alles symbolisch zu verstehen und jede Einzelheit darauf berechnet, den Hymnus, den Thomas singt, zur rechten Geltung zu bringen. Der irdische König in jener Stadt ist nur ein Gleichnis für den himmlischen König, der auch nach dem christlichen Gleichnisse der kanonischen Evangelien (Matth. XXII 2–14; vgl. Luk. XIV 16–24) alle Welt zu dem von ihm angerichteten Hochzeitmahle einlädt. Thomas deutet das sehr vernehmlich mit den Worten an: Denn die Herolde verkünden den Auftrag des Königs; wer die Herolde nicht hört, soll Rechenschaft schuldig sein vor dem Throne des Königs. Ebenso ist die Tochter, die er vermählen will, ein Gleichnis für die Weisheit-Sophia. Die Beschreibung ihrer Schönheit bezieht sich auf die Teile des Weltalls. Die sieben Brautführer und Brautführerinnen entsprechen ihrer Zahl nach den Planeten, die zwölf Diener den Tierkreiszeichen, zugleich aber auch der Zwölfheit in der Fülle, von welcher die Valentinianer lehrten. Auch gibt das Gedicht in der Form einer Verheißung sogleich die Deutung seiner eigenen Symbolik. Die Zwölf, welche der Braut dienen, nämlich die Tochter des Königs umgeben, an deren Hochzeit Thomas teilnimmt, werden auch an der himmlischen Hochzeit teilnehmen, wenn die Braut, nämlich die Weisheit, in die Fülle als in ihr Brautgemach einkehren wird. Zur wahren Lehre bekehrt werden sie den zwölf Ewigen entsprechen und die Herrlichkeit des Urvaters erschauen.

Die Bedeutung der Flötenspielerin und des Weinschenken, die in der erhaltenen Fassung doch nur Nebenfiguren sind, läßt sich kaum mehr ermitteln. Vielleicht sollte irgend einmal die Flötenspielerin nicht der im Hymnus beschriebenen, jungfräulichen Sophia, sondern ihrem Gegenstücke, der durch den Sendboten in Vertretung des Gesalbten bekehrten Hure Sophia entsprechen. Ob aber der Weinschenke jemals zu dem Symbolinhalte der Erzählung eine nähere Beziehung gehabt hat, vermag ich nicht zu durchblicken.

In der dritten Tat klingen alte, allen Völkern geläufige Motive, allerdings schon in recht verballhornter Form, an. Der Drache bewacht ein Weib und tötet oder verzaubert den Jüngling, der es befreien will. Endlich aber kommt einer, der ihn zu besiegen vermag, und alle Getöteten oder Verzauberten wieder aufweckt. Wer kennte nicht Hunderte von Märchen dieser Art? Aber die einfache Handlung ist hier zum Wunder umgebildet und mit symbolischen Zügen durchflochten. Der Drache ist zum bösen Prinzipe in der Weltordnung geworden, ein Hymnus auf seine Herkunft wird ihm gleichsam als Schwanengesang in den Rachen gelegt. Seine Bosheit wird recht grell gemalt, um seine Ohnmacht dem guten Prinzipe gegenüber besonders anschaulich hervorzuheben. Dabei sind aber doch auch typisch gnostische Züge verwendet. Der Drache rühmt sich, aus dem Geschlechte dessen zu stammen, der »schädigte und geschlagen hat die vier Brüder, die hintreten, stehen und stehen bleiben«. Das ist ein deutlicher Anklang an die Lehre des Simon Magus. Wahrscheinlich ist die Stelle verderbt und hat ursprünglich gesprochen von den »vier Brüdern dessen, der stand, steht und stehen wird«, nämlich von den vier Elementen. Ferner wird auch noch zwischen dem Drachen, den Thomas tötet, und dem Urweltdrachen eine merkwürdige Analogie aufgestellt. So wie der Drache an dem eigenen Gifte zugrunde geht, das er in den Körper des Jünglings geworfen hat, so soll auch sein Vater, der Urweltdrache, an dem eigenen Gifte zugrunde gehen, das er in die Welt geworfen hat. Er soll aus der Tiefe (des Urmeeres?) in die Höhe gezogen und gezwungen werden, sein eigenes Gift, mit dem er die Welt verpestet hat, aus ihr in sich zu saugen. Durch diese Wendung erhält im Sinne unserer Gnostiker die Tat des heiligen Thomas wirklich evangelischen Charakter, da sie die Aussicht darauf eröffnet, daß die Welt von der Schlechtigkeit, die in ihr waltet, befreit werden wird.

# Nachweis der Quellen

Bei dem gegenwärtigen Stande der Forschung können die gnostischen Originaltexte auf dem Wege einer bloßen Übersetzung durchaus nicht in erschöpfender oder auch nur befriedigender Weise für weitere Kreise wiedergegeben werden.

Abgesehen von den Hindernissen, welche sich jeder Übersetzung, namentlich aber einer solchen aus der hellenischen Sprache entgegenzustellen pflegen, tritt hier in erster Linie noch die Schwierigkeit hinzu, daß sich die Gnostiker einer, in jedem Systeme wechselnden, nur in den Hauptzügen gleichbleibenden, sich jedoch immer mehr und mehr verästelnden Terminologie bedienten, für deren einzelne Kunstworte dem modernen Denken vielfach passende Ausdrücke, ja in Folge der inzwischen völlig veränderten kulturellen Voraussetzungen und Denkrichtungen sogar selbst oft die Möglichkeiten des Verständnisses fehlen, die erst wieder auf historischem Wege mühsam gewonnen werden müssen. Außerdem liebten sie dunkle mehrdeutige Redewendungen, Wortspiele und symbolische Andeutungen. Unsere Nachrichten von den einzelnen Systemen sind in verschiedener Sprache überliefert, welche bald den Einfluß semitischer Syntax (vgl. z.B. No. 3), bald den klassischer Vorbilder (No. 6) verspüren läßt. Hierzu kommt, daß sich diese Nachrichten selbst wieder in der Mehrzahl der Fälle zu den ursprünglichen Lehrmeinungen der betreffenden Lehrer oder Sekten etwa so verhalten, wie eine vermittels eines buckeligen Spiegels gesehene, mit einem faltenreichen Schleier umhüllte und nicht gerade von Künstlerhand hergestellte Nachbildung zu der originalen

Büste. Irgend einmal hat es eine gnostische Sekte gegeben; irgend jemand hat von ihr verschiedene Nachrichten, vielleicht aus persönlicher Berührung, vielleicht aus Schriften, welche diese Sekte benützte, erhalten. Daraus gestaltete sich seine Kenntnis von dem betreffenden religiös-philosophischen Systeme, das er in verkürzter oder redigierter Form niederschrieb. Sammlungen solcher Niederschriften, in die selbst unterwegs mancherlei hineingearbeitet worden ist, haben unsere Gewährsmänner benützt. Aber sie haben sie nicht einfach abgeschrieben, sondern exzerpiert, hin und wieder eigene Bemerkungen dazwischengeflochten und manches verkürzt oder umgestellt, vieles – gewiß oft Wichtiges – übergangen oder verstümmelt: in solchem und oft noch in schlimmerem Zustände sind die meisten Berichte über die gnostischen Systeme auf uns gekommen. Andere Quellen wieder sind in Zauberpapyri überliefert, überladen mit ungehörigen Einschüben, Zauberformeln und wüstem Volksaberglauben, ihrer früheren Form entkleidet und zu allem Überflusse erbärmlich schlecht geschrieben. Dies zeigt, daß solche Texte, so wie sie sind, für eine Übersetzung, die dem Zwecke dienen will, das Interesse weiterer Kreise an gnostischer Spekulation zu befriedigen, überhaupt nicht reif sind. Sie müssen vorher *bearbeitet* werden. Solche Bearbeitungen liegen zum Teile schon vor für Abraxas – aber eben nur zu einem so geringen Teile. Das Ideal wäre es also, abzuwarten, bis schließlich in ähnlicher Weise *alle* Hauptstellen der Überlieferung für die einzelnen gnostischen Systeme in solcher, die Rekonstruktion älterer Textbestände anstrebender Art behandelt wären, um dann erst an deren Übersetzung heranzutreten. Aber die Wirklichkeit verhält sich zu diesem Ideale nicht sehr günstig. Die wissenschaftlich belangreichsten Arbeiten über das Gesamtgebiet der Gnosis und einzelne Teile desselben werden begreiflicherweise gerade von theologischer Seite geleistet und streben mehr das Verständnis der Beziehungen zwischen den einzelnen gnostischen Systemen, als die Klärung des Bestandes der Überlieferung an; andere wieder treten mit ihren Gedanken und Interessen von heute auch an die Gnosis heran und scheuen, wo sie zu übersetzen versuchten, selbst nicht vor der Verwendung modern philosophischer und theosophischer Kunstausdrücke zurück.

Unter solchen Umständen blieb, wenn anders die gnostischen Texte überhaupt zum Sprechen gebracht werden sollten, nichts übrig, als selber den Versuch einer möglichst einheitlichen *Bearbeitung* (und nicht bloßen Übersetzung) zumindest aller wichtigeren Hauptstellen der Überlieferung für die einzelnen gnostischen Systeme zu machen. Hierbei ließ ich mich vor allem von der Überzeugung leiten, daß die Texte in solcher Bearbeitung mindestens von allen jenen Zufälligkeiten befreit werden müssen, welche sie in der Hand des letzten Tradenten erfahren haben. Die Selbstverständlichkeit, daß Hippolytos, Irenaios und ähnliche Quellenschriften an allen Hauptstellen über die betreffenden gnostischen Systeme Exzerpte bringen, ihre Zusammenstellungen auch als solche fortwährend kennzeichnen und überaus häufig mit Hinweisen hierauf und mit kleinen, eigenen Bemerkungen durchbrechen, ist meines Wissens allgemein anerkannt. Also war es nicht minder selbstverständlich, daß zu allererst solche Zusätze weggelassen werden mußten, daß die *oratio obliqua* in die *oratio directa* zu übertragen war, daß es an den Übergangsstellen galt, aus den verbindenden Worten noch die Meinung des Originales herauszuhören. Daß der so rekonstruierte Text nicht schon die Vorlage selber ist, da der Tradent ja auch Verkürzungen, Umstellungen und Weglassungen vorgenommen hat, ist ebenfalls klar. Man wird aber im allgemeinen, wie ich glaube, doch recht verwundert sein, zu sehen, wie einheitlich und deutlich gegliedert diese Berichte sich immerhin darbieten. Im Sinne des oben für die Undeutlichkeiten der Textüberlieferung gebrauchten

Gleichnisses könnte man sagen, daß auf diesem Wege wenigstens die verschleierte Nachahmung der ursprünglichen Büste selber sichtbar werde, und zwar befreit von den Störungen, die aus der Unebenheit des Spiegels sich ergaben, in dem wir sie zuerst erblickten. In gewissen Fällen aber meinte ich, auch noch weiter gehen und einige der Hüllen, die sich über diese Nachahmung der ursprünglichen Büste gebreitet haben, entfernen zu können. Dies gilt besonders von dem Systeme des Simon Magus, ferner für das der Naassener, wo Reitzensteins Vorarbeit zugrunde liegt. Der Eindruck, der sich so von den einzelnen gnostischen Systemen, damit aber auch von der Gnosis im ganzen, jedem, der die so bearbeiteten Dokumente liest, darbietet, dürfte allerdings – ich möchte dies ausdrücklich betonen – von dem gewohnten wesentlich abweichen. Dies beruht vielleicht zum größten Teile darauf, daß ich in meiner Übersetzung jeden Anschluß an moderne Gedankenrichtungen mit Sorgfalt vermied und vor allem Kunstausdrücke von schon geprägter und mit einer Schar historisch pointierter Auslegungen belasteter Bedeutung grundsätzlich ausschloß, ferner auf der hervorragenden Stellung, die ich dem Hippolytos zuerkannte und in der Einleitung ausführlicher begründete, dann auf der sonst nicht so weitgehend geübten Heranziehung jüdischer (No. 1) und heidnischer Urkunden (No. 6 und 7), endlich aber auch darauf, daß eben, sobald Auge und Geist nicht fortwährend über die äußerlichen Störungen der Überlieferung stolpern, auch das Einzelne sich besser würdigen läßt und durch den jetzt deutlicheren Zusammenhang mit den anderen nunmehr in gleicher Übersichtlichkeit vorliegenden Stücken selbst in neuem Lichte erscheint. Sollte der Forscher dem gegenüber das Bedürfnis nach der Herausgabe der betreffenden, entsprechend rekonstruierten Texte zusammen mit dem in solchen Fällen umfangreichen Apparate, in verschiedenen Druckarten, mit Klammern, Nachweisen und Vermerken, erst recht lebhaft in sich erwachen fühlen, so wäre mir dies ein besonders erwünschtes Nebenergebnis; nur hoffe ich zugleich, daß man es mir deshalb doch nicht verübeln werde, wenn ich solchem Bedürfnisse in dem vorliegenden Buche weder nachkommen konnte noch wollte. Denn mit Rücksicht auf das *Publikum* war gerade alles wissenschaftliche Rüstzeug möglichst ferne zu halten. Ich glaube darauf Anspruch erheben zu dürfen, daß dieser Umstand von der einsichtigen Kritik gewürdigt werde. Aus ihm leitet sich her, daß ich, wo immer ich auch durch kleine Zusätze, Weglassungen oder selbst bewußte Abweichungen dem Verständnisse des Lesers entgegen kam, jeden Hinweis hierauf (einige besondere, teils in den Anmerkungen zur betreffenden Stelle oder hier in den folgenden Quellennachweisen hervorgehobene Fälle ausgenommen) *grundsätzlich* unterließ. Wer die Texte vergleicht, wird mit leichter Mühe an der Hand der unten gegebenen Nachweise die spärlichen Abweichungen feststellen können und dabei bemerken, daß sie nie dem Geiste der Überlieferung Gewalt antun, nie in den wesentlichen Bestand eingreifen, stets aber durch sachgemäße Erläuterung dem Verständnisse dienen wollen.

### 1. DAS BUCH VON DER SCHÖPFUNG DES KINDES

Midrasch jezirah hawwlad bei Jellinek. Kleine Midraschim I 153ff.
Die Übersetzung, mit der man jetzt auch die von A. Wünsche, Aus Israels Lehrhallen III, 213–218, vergleichen kann, stellte mir Herr Dr. Michael Berkowicz zur Verfügung, wofür ich ihm auch an dieser Stelle verbindlichst danke. Einige Bibelzitate, die nach traditionell-jüdischer Art zur Begründung des Textes in denselben eingeflochten sind, ihn

aber für unser Gefühl störend durchbrechen, habe ich weggelassen. Am Schlusse kommen noch folgende, späterer
Auslegung angehörende Worte: *(Die Seele entgegnet dem
Todesengel:) Aber es sind doch vier Welten, die der Heilige,
gelobt sei er, dem Elias gezeigt hat; denn es heißt: ›Geh hinaus und tritt an den Berg‹, usw. (I. Könige XIX, 11–13.) Es
sagte der Heilige, gelobt sei er, zu Elias: Was sind diese vier?
Er antwortete: Herr der Welt, ich weiß es nicht. Da sagte der
Heilige, gelobt sei er: Das sind die vier Welten, die der Mensch
durchwandelt. ›Ein großer, starker Wind‹, das ist diese Welt,
die gleich ist einem Winde. ›Nach dem Winde ein Erdbeben‹
bedeutet, daß nach dieser Welt der Tag des Todes ist, der den
ganzen Körper des Menschen beben macht. ›Und nach dem
Erdbeben Feuer‹ bedeutet, daß auf den Todestag das Gericht
des Gehinnom (Hölle) folgt, das Feuer ist. ›Nach dem Feuer
eine stille, sanfte Stimme‹, das heißt, daß nach dem Feuer des
Gehinnom der Tag des großen Gerichtes kommt, der ein sanf-
tes Säuseln ist. (Also hat der Sterbende Hoffnung auf ewige
Seligkeit.)*

## 2. DER HYMNUS VON DER SEELE

Acta S. Thomae, c. 108–113 in Acta Apostolorum apocrypha
ed. Lipsius et Bonnet, II, 2 (1903), p. 219–224; syrisch herausgegeben von A. A. Bevan, the Hymn of the Soul (in Texts
and Studies V, 3) Cambridge 1897.
*Der Rhythmus des syrischen Textes besteht aus meist sechssil-
bigen (selten5- oder 7silbigen) Zeilen und ist durch zahlreiche
Textverderbnisse, welche auch vielfach den Sinn (vgl. Nöl-
deke ZDMG XXV 677) verdunkeln, gestört. Mit einer pro-
saischen Übersetzung wird man diesem Meisterwerke religiöser Dichtung gewiß nicht gerecht. Eine Wiedergabe in
Strophen zu je fünf Hexametern versuchte F. C. Burkitt, Ur-*

christentum im Orient, Tübingen 1907, S. 153–156. Damit aber der Leser auch den nüchternen Wortlaut einer genauen Übertragung mit meiner freien Nachdichtung vergleichen könne, stelle ich die Übersetzung von R. A. Lipsius (Die apokryphen Apostelgeschichten und Apostellegenden, Braunschweig 1883, 1. Band, S. 292–296) hierher:

Als ich ein Kind war und in meinem Königreich, in meines Vaters Hause wohnte, zufrieden mit dem Reichtum und dem Überflusse meiner Ernährer, da rüsteten meine Eltern mich aus und entsandten mich aus dem Osten, meiner Heimat, und sie nahmen von dem Reichtum unseres Schatzes im Überflusse, und banden mir auf eine reiche und doch leichte Last, die ich selbst zu tragen vermochte, Gold von Beth' Ellāje, Silber von dem großen Gazak, Rubine von Indien und Achate von Beth Kūshān, und statten mich aus mit den eisenzerschneidenden Diamanten. Und sie nahmen hinweg von mir mein glänzendes Kleid das sie in ihrer Liebe mir gemacht hatten, und die purpurne Toga, welche abgemessen und gewoben war nach meiner Gestalt. Und sie schlossen einen Vertrag mit mir, und schrieben ihn in mein Herz, daß er nicht vergessen werden sollte: »Wenn du hinabgehst nach Ägypten und die Eine Perle holst, welche mitten in der von der lautzischenden Schlange umringten Seen sich befindet, so sollst du wieder anziehen dein glänzendes Kleid und deine Toga, deren du dich erfreust (?), und mit deinem Bruder, der uns an Ansehen der Nächste ist, sollst du Erbe sein in unserem Königreich«. Und ich verließ den Osten und kam herab, begleitet von zwei Boten, denn der Weg war gefahrvoll und schwierig und ich war zum Reisen noch sehr jung. Ich gelangte durch das Gebiet von Maishān, den Sammelplatz der Kaufleute des Osten und erreichte das Land von Babel und trat ein in die Mauern von Sarbūg. Ich kam herab nach Ägypten und meine Begleiter verließen mich. Ich kam gerade auf die Schlange zu, ich hielt mich auf rings um ihre Wohnung, abwartend, bis sie einschlafen würde und ich meine Perle von ihr nehmen könnte. Und als ich einsam und allein, den Mitgenossen meines Aufenthaltes fremd war, das sah ich einen meines Stammes, einen freigeborenen Mann, einen Orientalen, einen schönen, liebenswürdigen Jüngling, einen Sohn der Salbe und er kam und schloß sich mir an und ich machte ihn zu meinem intimen Freund, zum Gesellschafter, mit dem ich meinen Handel teilte. Ich warnte ihn vor den Ägyptern und vor der Gemeinschaft mit dem Unreinen, und ich bekleidete mich mit ihren Kleidern, damit man nicht Verdacht schöpfen möchte gegen mich, weil ich von Ferne her gekommen war, um die Perle zu holen, und die Schlange gegen micht erwecken möchte. Aber auf die eine oder andere Weise fand man heraus, daß ich nicht ihr Landsmann war, und sie machten sich an mich mit ihren Listen, und gaben mir ihre Speise zu essen. Ich vergaß, daß ich ein Königssohn war und diente ihren Königen, und ich vergaß die Perle, um derentwillen meine Eltern mich gesandt hatten, und unter der Last des Druckes(?) lag ich in tiefem Schlafe. Aber alles was mir widerfuhr, merkten meine Eltern und waren betrübt um mich, und ein Befehl ging aus in unserm Königreich, daß jeder zu unserm Throne kommen sollte, Könige und Fürsten von Parthien, und alle Vornehmen des Ostens. Und sie ersannen einen Plan zu meinem Besten, damit ich nicht in Ägypten bleiben möchte, und sie schrieben mir einen Brief, und jeder Vornehme setzte seinen Namen darunter: »Von deinem Vater, dem König der Könige, und deiner Mutter, der Herrscherin des Ostens, und deinem Bruder, unserm Zweiten, dir unserm Sohn in Ägypten Gruß! Wach' auf und erhebe dich von deinem Schlafe, und höre auf die Worte unseres Briefes. Bedenke, daß du ein Sohn von Königen bist. Sieh, in wessen Sklaverei du geraten bist. Erinnere dich der Perle, um derentwillen du nach Ägypten gesendet worden bist. Denke an dein Kleid und erinnere dich der glänzenden Toga, welche du tragen und mit welcher du geschmückt werden sollst, da dein Name verlesen ist in der Liste der Braven, und daß du mit deinem Bruder, unserm Vizekönig, in unserm Königreiche sein sollst« Mein Brief ist ein Brief, den der König gesiegelt mit seiner rechten Hand vor den Bösen, den Kindern von Babel, und den wilden Dämonen von Sarbūg. Er flog wie ein Adler, der König aller Vögel, er flog und kam zu mir herab und wurde ganz Sprache. Bei seiner Stimme und seinem lauten Rauschen (?) erwachte ich und erhob mich von meinem Schlafe. Ich hob ihn auf und küßte ihn und erbrach sein Siegel und las ihn, und die Worte meines Briefes stimmten überein mit dem was in mein Herz eingeprägt war. Ich erinnerte mich, daß ich ein Sohn königlicher Eltern war und meine vornehme Geburt behauptete ihre Natur. Ich erinnerte mich der Perle, um derentwillen ich nach Ägypten gesandt war und ich begann, die lautzischende Schlange zu bezaubern. Ich wiegte sie in Schlaf und lullte sie in Schlummer, denn ich nannte den Namen meines Vaters über sie und den Namen unseres Zweiten, und den Namen meiner Mutter der Königin des Ostens, und ich nahme die Perle weg und wendete mich, um heimzukehren zu meines Vaters Hause. Und ihr schmutziges und unreines Gewand streifte ich ab und ließ es zurück in ihrem Sande, und ich nahm stracks meinen Weg, um zum Lichte unserer Heimat, des Ostens, zu gelangen. Und meinen Brief, meinen Wecker, fand ich vor mir auf meinem Wege; und wie er mich mit seiner Stimme erweckt hatte, so leitete er mich mit seinem Lichte, da die herrliche Seide durch ihren Schein (?) mir vorleuchtete, und mit seiner Stimme und mit seiner Leitung ermutigte er mich ferner zur Eile, und mit seiner Liebe zog er mich an. Ich ging weiter und kam bei Sarbūg vorbei, ich ließ Babel zu meiner linken Hand, und ich kam zu dem großen Maishān, dem Hafen der Kaufleute, welcher an der Seeküste liegt. Und mein lichtes Kleid, welches ich abgelegt hatte, und die mit demselben zusammengefaltete Toga hatten meine Eltern... dorthin gesandt durch ihre Schatzmeister, die in ihrer Treue damit betraut waren. Und da ich mich seiner Gestalt nicht erinnerte – denn in meiner Kindheit hatte ich es in meines Vaters Hause zurückgelassen – so schien mir plötzlich das Gewand, als ich es mir gegenüber sah, gleich einem Spiegel meiner selbst zu werden. Ich sah es ganz in mir und ich hatte micht ganz in ihn gegenüber, denn wir waren zwei, voneinander unterschieden, und doch wieder nur Eins, in gleicher Gestalt. Und auch die Schatzmeister, die mir es brachten, sah ich gleicherweise als zwei und doch wieder als Einen, in gleicher Gestalt, denn ein Zeichen des Königs war auf ihnen geschrieben, von dessen Händen mir durch sie mein Pfand und mein Reichtum, mein geschmücktes Klein zurückgestellt war, welches geziert war mit glänzenden Farben, mit Gold und Beryllen, Rubinen, Achaten und Sardonyxen von verschiedener Farbe. Und es war kunstfertig gewebt in seiner Höhe, und mit Diamantsteinen waren all seine Nähte befestigt, und das Bild des Königs der Könige war überall ganz darauf gemalt, und seine Farben schillerten wie der Saphirstein. Und ich sah auch, daß überall auf ihm die Regungen der Gnosis im Gange waren und ich sah ferner, daß es sich anschickte zum Sprechen. Ich hörte den Klang seiner Töne, welche es hervorbrachte mit seinem ...: »Ich bin das Tätige in den Taten, was sie vor meinem Vater auferzogen haben, und ich nahm an mir selbst wahr, daß meine Statur entsprechend seinen Arbeiten wuchs«. Und in seinen königiglichen Bewegungen ergoß es sich über mich, und an der Hand seiner Geber trieb es mich an, es zu nehmen. Und auch mich drängte seine Liebe, eiligst ihm entgegenzukommen und es zu empfangen, und ich streckte mich vor und ergriff es. Mit der Schönheit seiner Farben schmückte ich mich und ich hüllte mich ganz in meine Toga von glänzenden Farben. Ich bekleidete mich selbst damit und kam empor zu dem Tore der Begrüßung und Huldigung. Ich beugte mein Haupt, und verehrte den Glanz meines Vaters, der es mir gesandt *hatte, denn ich hatte ausgerichtet seine Befehle, und auch er hatte gegeben, was er verheißen hatte. Und an dem Tore seiner Fürsten machte ich mich unter seine Großen, denn er freute sich über mich und nahm mich auf, und ich war mit ihm in seinem Königtum und mit der Stimme ... priesen ihn alle seine Knechte. Und er versprach, daß ich auch zum Tore des Königs der Könige mit ihm gehen und mit meinem Opfer und meiner Perle zugleich mit ihm vor unserm König erscheinen sollte.*

### 3. DIE GNOSIS DES »JUSTINOS«

Hipp. ref. omn. haer. ed. Duncker et Schneidewin (Göttingen 1859) V, 26, p. 218, 63–27, p. 230, 91.
S. 26 Z. 2 v. u. riet ich: »vereint mit dem Guten«; im Texte steht p. 224, 64 κρατηθεὶς τῷ ἀγαθῷ. S. 27 Z. 4 v. u. = p. 226, 95 ist der Text lückenhaft. Ich las: ὁ δὲ τρίτος <ἄγγελος τῆς Ἐδέμ, ὃς> διὰ τὴν ψυχὴν ἀπὸ τῆς Ἐδὲμ οἰκούσην εἰς τὸν Μωυσέα κτλ. – S. 28 Z. 17–10 v. o. wich ich absichtlich vom Texte ab. Dieser läßt hier alle mütterlichen Engel die Veränderung der Namen verschulden, während p. 230, 91 wohl richtiger, weil allgemeiner und prägnanter, alle Erscheinungen dieser Art allein dem Nahaš zugeschrieben werden. Hier findet sich auch das Motiv, daß er das Gehör verschließt. – S. 29 Z. 10 v. u. beruht meine Angabe, »daß der Adler zu Ganymedes kam und Kinder aus ihm zeugte« auf einer Ergänzung, zu der ich zu bemerken habe, daß es heißt:

p. 228, 51 ὅτι κύκνος ἐπὶ τὴν Λήδαν ἦλθε καὶ ἐτεκνοποίησεν ἐξ αὐτῆς
53 ὅτι ὁ ἀετὸς ἦλθεν ἐπὶ τὸν Γανυμήδεν <καὶ ἐτεκνοποίησεν ἐξ αὐτοῦ>
55 ὅτι ὁ χρυσὸς ἦλθεν ἐπὶ τὴν Δανάην καὶ ἐπαιδοποίησεν ἐξ αὐτῆς

Die in <> gegebene Ergänzung wird durch diese Zusammenstellung wohl schon rein optisch wahrscheinlich. Nun soll der Adler Nahaš, Ganymedes der Adam sein. Ein mannweiblicher Adam ist nicht nur jüdischer, sondern auch gnostischer Überlieferung durchaus geläufig. Nach Genes. rab. VIII, 1 erschuf Gott den Menschen androgyn (Lehre des R. Jeremjah) und doppelgesichtig (Lehre des R. Samuel, Sohn Nachmans). Ferner bezeugte unser Text, p. 224, 87, daß Nahaš mit Adam geschlechtlich verkehrte, bei der Doppelgeschlechtigkeit Adams wohl kaum ohne Folgen. Da nun Adler und Ganymedes Nahaš und Adam sein sollen, wird es wohl irgend einen entlegenen Mythos gegeben haben, der auch von Kindern des Ganymedes zu berichten wußte. Die betreffende Bemerkung des »Justinos«-Textes wäre dann wegen ihrer Absonderlichkeit unterwegs unterdrückt worden.

## 4. DIE NAASSENER

a) Naassenischer Psalm. Hipp. ref. V, 10, p. 174, 36–176, 59. Vergl. die Bearbeitung durch Hermann Usener, Altgriechischer Versbau (Bonn 1887), S. 94f.

Ich las: v. 3 τρίτατον ψυχὴ δὲ φανέν, ἐργαζομένη κόσμον | μετὰ ταῦτ' ἐλαφρὸν μορφήν ‖ v. 5 θανάτου ‖ v. 7 εἰς ἐρεβον ἐρριμμένη ‖ v. 8 ποτὲ δὲ κλαίει χαίρει | ποτὲ δὲ χαίρει θνήσκει | ποτὲ δὲ θνήσκει κρίνεται | ποτὲ δὲ κρίνεται γίνεται ‖ v. 11 μελέα κακοῦ ‖ v. 24 τελέσας.

b) Systematischer Lehrinhalt. Hipp. ref. V, 6, p. 132, 69–70 (wörtlich nach der naassenischen Quellenschrift), 60–73 (erläuternde Worte des Hippolytos, verkürzt), 63–65 (wörtlich nach der naassenischen Quellenschrift); zu S. 39, Z. 7ff. vergl. Kap. 9, p. 170, 71ff., Kap. 6 gegen Ende und die Kosmologie des naassenischen Psalmes. S. 40, Z. 15 v. u. ff. = V, 9, p. 170, 75–174, 29.

S. 41 Z. 22 v. o. lese ich hinter διά τῆς Βαβυλωνος μέσης < οἱ εἰσπορευόμενοι εἰς > τὸ οἰκεῖον (nämlich das Paradies). Danach schiebe ich p. 132, 72–134, 77 in systemgerechter Erweiterung ein, um erst dann in der früheren Stelle fortzufahren.

## 5. DIE OPHITEN

Irenaei libri V adv. Haereses ed. Harvey (Cambridge 1857) I, 28, p. 226–241.

Der hellenische Text ist nur sehr unvollständig, kann aber doch hin und wieder zur Ergänzung und Berichtigung des ebenfalls mangelhaften lateinischen benützt werden. P. 228 *sua autem voluntate habentem humectationem luminis* verstand ich nicht. P. 239 *dicant discipuli – animalium dicunt* vermochte ich ebenfalls nicht zu verstehen. Vielleicht liegt ein Verschulden des Schreibers vor, der von einem *dicunt* oder *dicant* zum anderen abirrte und dazwischen etwas ausließ.

## 6. POIMANDRES

R. Reitzenstein, Poimandres, S. 328–338. Dort die Überschrift: »Des dreimal größten Hermes Poimandres.«
p. 329, 6/7 ἐκ δὲ φωτὸς λόγος. Der Zusammenhang schließt den Gedanken an das Licht aus. Vielmehr muß vom Feuer die Rede gewesen sein. 13 ἀπὸ lies ἄνευ ‖ 331, 2 <ἡ δὲ ἄλογος φύσις> ‖ 19 ἐπὶ τοῦ lies ἐπὶ γῆς ‖ 335. 18 καὶ lies κόσμον. ‖ 338, 11 ἀνατεταμένας.

## 7. ABRAXAS

A. Dieterich, Abraxas (Studien zur Religionsgeschichte des späteren Altertums in: Festschrift, Hermann Usener dargebracht, Leipzig 1891) S. 16–20.
18 λέγει – 21 κάτεστιν Glosse ǀ 32 πρῶτοι φανέντες (vgl. 10) ǀ 39 καὶ ἐτάγη wohl Zusatz 43 ǀ ἢ φρένες Glosse ǀ

116 βοσβεαδι, ich las βοσβεαδιδ; vgl. S. 79 | 134 αβωρχβραωχ χραμμαωθ προαβαθω Ιαω, es sollen aber nach der ausdrücklichen Angabe des Textes 27 Buchstaben sein, weshalb ich die drei hier hervorgehobenen, nach Analogie anderer Schreibungen desselben Namens wahrscheinlich irrtümlich hereingekommenen Buchstaben wegließ und den Namen von 27 Buchstaben wieder herzustellen versuchte. – Da mir Dieterichs Text bei der Korrektur nicht vorlag, sind einige Zaubernamen leider ungerau wieder gegeben und ich wiederhole daher alle nach dem Originale: (I:) 4 αχεβυκρωμ | 5 ααα ηηη ωωω | 8 ιιι ααα ωωω Σαβαωθ αρβαθ Ιαω ξαγουρη | (II:) 11 αραγα, αδωναι, βασημμ, Ιαω | (1:) 13 αραι | (2:) 16 λαιλαμ | 16/17 ανοχ βιαθιαρβαρβερβιρσιλατουρβουφρουμτρωμ | (3:) 24 αβρασαξ | (5:) 27 μενεφωιφωθ | (III 1:) 35 βεσσεν βεριθεν βεριο | (2:) 41 εσχακλεω …ωη αἰεὶ ὢν βεθελλε | (3:) 45 σεμεσιλαμψ | (4:) 47/48 βαατητοφωθ ζωθαξαθωζ | (5:)55/56 θοριοβριτιταμμαωρραγγαδωιωδαγγαρρωαμματιτρβοιροθ | (6:) 73 ανοχ βιαθιαρβαρβερβιρσιλατουρβουφρουμτρωμ (IV 8:) 85 ιλιλλου ιλιλλου ιλιλλου ιθωρ … φωχωφωβωχ | (V 9:) 93/94 δανουπ χατορ βεβαλιβαρβιθι | (VI 10:) 110 δανουπ χρατορ βερβαλιβαλβιθ Ιαω.

## 8. DIE PERATEN

Hipp. ref. V 12 p. 176, 71–80; V 17 p. 196, 91–19; V 16 p. 188, 85–190, 92; V 15 p. 188, 63–73; V 12 p. 178, 84–10; V 17 p. 196, 19–198, 48 (hierin vgl. zu p. 198, 33 Arch. f. Gesch. d. Philos. XXII 212 Anm. 39); V 16 p. 190, 92–194, 85.

## 9. DIE SETHIANER

Hipp. ref. V 19 p. 198, 57–206, 79.
p. 204, 30 las ich ὁρμὴ < τὴν μήτραν > ἐγκύμονα,

## 10. SIMON MAGUS

Hipp. ref. VI 9 p. 238, 94–17 p. 250, 17.
Die meiner Übersetzung unterlegte Gestalt des Textes, aus dem ich insbesondere spätere Einführungen zu tilgen und die ursprüngliche, m. E. noch deutlich erkennbare, rein heidnische Grundschrift herzustellen bemüht war, werde ich in einem der nächsten Hefte des Archivs für Geschichte der Philosophie ausführlich begründen. An dieser Stelle würden selbst Andeutungen zu weit führen.

## 11. BASILIDES

Hipp. ref. VII 20 p. 356, 69–26 p. 373, 63; 27 p. 378, 13–40; 26 p. 374, 63–371, 1; p. 378, 33–35.
Ich las p. 362, 75 ἀναφέρεται ὀρνίθιον statt ἀναφέρει τὸ πτερόν. Die Stelle p. 370, 6 ist m. E. verderbt und durch Auslassungen entstellt. Meine Übersetzung würde etwa folgenden Text voraussetzen: ἅπτει μὲν γὰρ καὶ λαμβάνει τὰ νοήματα < τῆς ἄνω υἱότητος > κατὰ τὸν < αὐτὸν τρόπον οἷον ὁ > ναφθὰς ὁ ἰνδικὸς < τοῦ πυρός, ἢ > οἷον ἀνάπτει τὸ φῶς ὁ < υἱός > τοῦ μεγάλου τῆς ὀγδοάδος ἄρχοντος ἀπὸ τῆς μετὰ τὸ μεθόριον μακαρίας υἱότητος.

## 12. KARPOKRATES

Iren. I 20, 1–2 p. 204–209; hellenischer und lateinischer Paralleltext, vgl. die Nachweise der von mir benutzten Parallelstellen Hippolytos, Tertullianus usw. in der zitierten Ausgabe des Irenaios.

# 13. DIE VALENTINIANER

a A: Iren I 1, 1–5 p. 8–24; B: 7–15 p. 36–67.
b A: 5–6 p. 24–31; B 16–17 p. 68–75; C: 18 p. 75–80.
Die Titel stammen ebenso wie die Einteilung in Abschnitte
von mir. Neben dem hellenischen habe ich häufig auch den
lateinischen Paralleltext benutzt. Stellenweise folgte ich auch
abweichenden, von Irenaios erwähnten, mir sachlich verwandter dünkenden Versionen. Irenaios hat hier offenbar
bloß ein verkürztes Exzerpt aus einer umfangreichen und
sehr systematisch und übersichtlich gearbeiteten Quellenschrift gegeben.

## 14. ERINNERUNGEN DES HEILIGEN
### JOHANNES AN JESUM

Acta S. Johannis c. 88–105 in Acta apost. apocr. II 1 (1898) p.
194–203. Der Text ist äußerst mangelhaft überliefert.

## 15. TATEN DES HEILIGEN THOMAS
### IN INDIEN

1. Tat: Acta S. Thomae c. 1–16 in Acta apost. apocr. II 2 (1903)
p. 94–124. Zu dem Liede auf die Braut (Sophia) vgl. R. A.
Lipsius, Die apokryphen Apostelgeschichten und Apostellegenden (Braunschweig 1883) I 301–311. 2. Tat: Zu meinem
Auszuge vgl. Lipsius a. a. O. S. 252–254. 3. Tat: c. 30–33 p.
147–150.
Vgl. die Übersetzung des Hymnus des Drachen bei Lipsius
a. a. O. S. 321f. Zu den »vier stehenden Brüdern« verwies
Lipsius auf den ἑστώς, στάς, στησόμενος, des simonianischen Systemes.

# Verzeichnis der
# gnostischen Fachausdrücke

Abraxas od. Abrasax, Zauberwort
mit dem Zahlenwert 365.

Achamoth, hebräisch. Wort für
Weisheit nach Spr. Sal. 9, 1.

Adonai, der Herr, hebräischer
Gottesname.

Aeinous, ewiger Geist.

Agápe, Liebe. Liebesmahl.

Agératos, der nie Alternde.

Agnosia, Unwissenheit,
Gegensatz zu Gnosis.

Akínetos, der Unbewegliche.

Alétheia, Wahrheit.

Amente, die erste Region der
Unterwelt.

Antímimon Pneuma, der
ebenbildliche Geist,
Bezeichnung des
Seelendämons.

Anthropos, Mensch. Megas A.,
der große Mensch.

Äon, der immer Seiende, der
Ewige und die Ewigkeit.

Äonen, ewige Geistwesen.

Apátor, der Vaterlose.

Apokalypse, Enthüllung,
Offenbarung.

Apóphasis, Verkündigung.

Archon, Herrscher.

Archonten, Beherrscher des
Kosmos.

Arrhetos, der Unaussprechliche;
Arrheton, das
Unaussprechliche.

Astaphäos, hebräisch: der
Wächter, nach Jes. 21, 6.

Authádes, der Eigenächtige, der
Grausame.

Autopátor, Selbstvater, der sein
eigener Vater ist.

Autophyes, der von selbst
Entstandene.

Barbelo, hebräisch: in der Vier ist
Gott.

Bythios, der Abgründige.

Bythos, der Abgrund, die Tiefe.

Charis, Gnade.

choïsch, irdisch.

Christos, Gesalbter.

Dekan, Herrscher über den
zehnten Teil seines Gebietes.

Dekas, Zehnheit.

Demiurg, Weltbaumeister,
Weltschöpfer.

Deuteronomium, das 2.
Gesetzbuch, 5. Buch Mosis.

Diáphragma, Zwischenwand.

Diagramm, Schematische
Zeichnung.

Dodekás, Zwölfheit.

Dynamis, Kraft.

Ekklesía, Kirche.

Ekklesiastikós, der zur Kirche
Gehörende.

Elohim, Götter, hebr. Plural
majestatis: der höchste Gott.

Elpís, Hoffnung.

Emanation, Ausfluß.

Ennoia, Gedanke.

Entelechie, die Auswirkung, die wirkliche Tätigkeit im Gegensatz z. bloßen Möglichkeit.

Enthusiasmus, göttliche Begeisterung.

Enthýmesis, das Denken.

Epiklese, Anrufung.

Epínoia, Ratschluß, Plan, Entschluß.

Epísemon, der nur als Zahlzeichen gebrauchte sechste Buchstabe des griechischen Alphabets.

Epoptie, die Schau.

Exodus, Auszug, Titel des 2. Buchs Mosis.

Gehenna, die Unterwelt, die Hölle.

Gematrie, Buchstaben- und Zahlenmystik.

Genesis, Zeugung, Geburt, Schöpfung. – Titel des 1. Buchs Mosis.

Gnosis, Erkenntnis.

Häresie, Ketzerei.

Hebdomas, Siebenheit.

Hedoné, Lust.

Heimarméne, Schicksal.

Helios, Sonne.

Hen, das Eine.

Hénosis, Einung.

Henótes, Einheit.

Hestós, der Stehende.

Hierophant, der die heilig. Geräte Zeigende, der oberste Kultbeamte in Eleusis.

Hierós Gamos, Heilige Hochzeit.

Homoousios, von gleichem Wesen.

Horos, Grenze.

Horothétes, Grenzbestimmer.

Hydra, Wasserschlange.

Hypertripneumatoi, die über den dreifach Vergeistigten Stehenden.

Hypóstasis, die Grundlage, das Wesen, die Substanz.

Ialdabaoth, hebr. Sohn des Chaos.

Iao, Jahwe, hebr. Gottesname.

Kakía, Schlechtigkeit.

Karpistes, der durch Berührung mit der Karpis (Rute) den Sklaven freispricht.

Katabasis, der Niedergang, das Hinabschreiten.

Kaulakau, hebr. Wort aus Jes. 28, 10, vgl. S. 140.

Kolorbas, Vierheit.

Koryphé, Gipfel.

Kosmos, Schmuck, Weltall.

Kosmogoníe, Weltzeugung.

Kronos, griech. Gottesname.

Kyrios, Herr.

Letho, Vergessen.

Leviathan, Schlange, Hiob 3, 8; 40, 25. Jes 27, 1.

Leviticus, das 3. Buch Mos.

Liturge, Diener, Verwalter.

Logismós, Überlegung.

Logos, Wort, Gedanke.

Lyra, Leier.

Lytrótes, Erlöser.

Makaría, die Selige.

Makariötes, Seligkeit.

Makrokosmos, große Welt.

Mantik, Wahrsagekunst.

Metagogeus, der Hinüberführende.

Mētra, Mutterleib.

Metrikós, der Mütterliche.

Míkrokosmos, kleine Welt.

Mixis, Mischung.

Monás, Einheit.

Monogenés, der einzig Gezeugte.

Mysterium, Geheimnis.

Naáš, hebr. Schlange.

Naphtha, Erdöl.

Numeri, das 4. Buch Mosis.

Nous, Geist als Denkkraft.

Ogdoás, Achtheit.

Oikonomía, Einrichtung, Verwaltung.

Onoma, Name.

Ophis, Schlange.

Paradies, Garten.

Parákletos, Helfer.

Patér, Vater.

Patrikos, der Väterliche.

Phallós, Geschlechtsglied.

Phoné, Stimme.

Phrónesis, Besonnenheit.

Pthonos, Neid.

Pistis, Glaube.

Pléroma, Fülle.

Pneuma, Geist.

Pneumatiker, die Vergeistigten.

Pneumatisch, vergeistigt, geistig.

Praeexistent, vor der Weltschöpfung vorhanden.

Propator, Vorvater.

Protripneumatoi, die vor den dreifach Durchgeistigten Stehenden.

Prunikos, Buhlerin.

Psychisch, seelisch.

Psychiker, die Seelischen.

Sabaoth, hebr. Gottesname, von Zaba, Heer; Jahweh Zebaoth, J., (d. Gott) d. Heere.

Sarkisch, fleischlich.

Sarkiker, die Fleischlichen.

Saulasau, hebr. Wort aus Jes 28, 10, vgl. S. 140.

Seléne, Mond.

Septuaginta, siebenzig; griechisch. Übersetzung des Alten Testaments.

Sigé, Schweigen.

Sophia, Weisheit.

Sophisma, Spitzfindigkeit.

Sperma, Same.

Spermatikos Logos, die samenhaltige Weltvernunft.

Sphära, Halbkugel.

Staurós, Pfahl, Kreuz.

Styx, die Styx, Fluß in der Unterwelt.

Synesis, Einsicht, Verstand.

Sýnkrasis, Vermengung.

Syrinx, Hirtenflöte des Pan.

Tartaros, finsterer Abgrund in der Unterwelt.

Tetraktys, die Vierzahl.

Tetras, die Vierheit.

Thálassa, Meer.

Thanatos, Tod.

Theletos, der Gewollte.

Theogonie, Götterzeugung.

Tiára, Turban, Kopfbedeckung der Perser, die bei feierlichen Gelegenheiten getragen wird.

Triás, Dreiheit.

Tripneumatoi, die dreifach Durchgeistigten.

Typos, Urbild, Vorbild.

Zelos, Eifer.

Zoë, Leben.

# Bibliographische Notizen

Die Einleitung »Begriff und Ursprung der Gnosis« findet sich zusammen mit dem »Verzeichnis der gnostischen Fachausdrücke« in dem Buch *Die Gnosis* von Hans Leisegang, Alfred Kröner Verlag, Stuttgart 1941.

Die Texte der Gnosis selbst entstammen dem Werk von Walter Schultz *Dokumente der Gnosis,* Jena 1910, welches, zusammen mit Aufsätzen von Georges Bataille, Henri-Charles Puech und Wolfgang Schultz selbst, 1986 im Matthes & Seitz Verlag, München, erschien. In dieser Ausgabe finden sich auch die hier fortgelassenen Texte »Aus der Schrift vom MENSCHEN« sowie Dokumente des Mithras, der Doketen, der Schule des Basilides und des Markos.

Zur weiteren Beschäftigung mit der Gnosis
sei folgende Literatur empfohlen:

*Die Gnosis*
Bd. I:
Zeugnisse der Kirchenväter
Bd. II:
Koptische und Mandäische Quellen
Bd. III:
Der Manichäismus
Verschiedene Herausgeber und Übersetzer, Artemis Verlag, Zürich und Stuttgart/München 1969–1980

W. Bousset, *Hauptprobleme der Gnosis*, Göttingen 1907
H. Jonas, *Gnosis und spätantiker Geist*, Göttingen 1954
K. Kerény, *Mythologie und Gnosis*, o. O. 1942
G. Quispel, *Gnosis als Weltreligion*, Zürich 1951
R. Haardt, *Die Gnosis, Wesen und Zeugnisse*, Salzburg 1967
P. Sloterdijk/T. H. Macho, *Weltrevolution der Seele*, München 1991

HEYNE
BÜCHER

# Kirchenkritik

Die aktuelle Diskussion um die jahrtausendalte Institution
Kirche, dokumentiert im Heyne Sachbuch

Karlheinz Deschner
**Das Kreuz mit der Kirche**
*Eine Sexualgeschichte des*
*Christentums*
19/16

**Der gefälschte Glaube**
*Die wahren Hintergründe der*
*kirchlichen Lehre*
19/137

Beate Kuckertz (Hrsg.)
**Gotteslohn**
*Die Kirche und ihre*
*ungehorsamen Diener*
19/230

Nino Lo Bello
**Vatikan im Zwielicht**
*Die unheiligen Geschäfte*
*des Kirchenstaates*
19/77

Rudolf Schermann
**Woran die Kirche krankt**
*Kritische Betrachtungen eines*
*engagierten Priesters*
19/260

Thomas Schweer (Hrsg.)
**Drewermann und die Folgen**
*Vom Kleriker zum Ketzer?*
*Stationen eines Konflikts*
19/194

Michael Walsh
**Die geheime Welt des Opus Dei**
*Macht und Einfluß einer Organi-*
*sation im Schatten der Kirche*
19/189

Wilhelm Heyne Verlag
München

# Rüdiger Dahlke
# Das Spirituelle
# Weltbild

08/9574

Außerdem erschienen:

**Mandalas der Welt**
*Ein Meditations- und Malbuch*
08/9552

**Der Mensch und die Welt
sind eins**
*Wie oben, so unten: unsere
Existenz zwischen Mikrokosmos
und Makrokosmos*
08/9595

**Die spirituelle Herausforderung**
*Eine Einführung in die
zeitgenössische Esoterik*
08/9632

**Habakuck und Hibbelig**
*Eine Reise zum Selbst*
Esoterischer Roman
08/9904

Wilhelm Heyne Verlag
München

**HEYNE**
BÜCHER

# Stichwort

Die neue Informationsreihe im Heyne Taschenbuch vermittelt Wissen in kompakter Form. Anschaulich und übersichtlich, kompetent, verständlich und vollständig bietet sie den schnellen Zugriff zu den aktuellen Themen des Zeitgeschehens. Jeder Band präsentiert sich zweifarbig auf rund 96 Seiten, enthält zahlreiche Grafiken und Übersichten, ein ausführliches Register und eine Liste mit weiterführender Literatur.

Wilhelm Heyne Verlag
München